重庆市人文社会科学重点研究基地
劳动经济与人力资源研究中心研究成果

RESEARCH ON THE TRANSMISSION
MECHANISM OF
MONETARY POLICY IN INTERNET FINANCE

货币政策在互联网金融中的传导机制研究

姜 松 ◎ 著

图书在版编目（CIP）数据

货币政策在互联网金融中的传导机制研究/姜松著.—北京：经济管理出版社，2019.7
ISBN 978-7-5096-6654-8

Ⅰ.①货⋯　Ⅱ.①姜⋯　Ⅲ.①货币政策—研究—中国　Ⅳ.①F822.0

中国版本图书馆 CIP 数据核字（2019）第 117635 号

组稿编辑：胡　茜
责任编辑：任爱清
责任印制：黄章平
责任校对：王纪慧

出版发行：经济管理出版社
　　　　　（北京市海淀区北蜂窝 8 号中雅大厦 A 座 11 层　100038）
网　　址：www.E-mp.com.cn
电　　话：（010）51915602
印　　刷：三河市延风印装有限公司
经　　销：新华书店
开　　本：720mm×1000mm /16
印　　张：13.75
字　　数：247 千字
版　　次：2019 年 9 月第 1 版　2019 年 9 月第 1 次印刷
书　　号：ISBN 978-7-5096-6654-8
定　　价：69.00 元

·版权所有　翻印必究·
凡购本社图书，如有印装错误，由本社读者服务部负责调换。
联系地址：北京阜外月坛北小街 2 号
电话：（010）68022974　　邮编：100836

序

  本书是重庆市人文社会科学重点研究基地——劳动经济与人力资源研究中心的研究成果，本选题源于重庆市金融学会2017年招标课题。课题最终所形成的研究成果为："货币政策在互联网金融中的传导机制"。可喜的是，课题研究成果还被当年重庆市金融学会评为"优秀奖"。这虽然是一个很小的课题并已经汇报结题，但也正是这一契机，将著者引入互联网金融发展领域，并极大地调动了著者的"敏感神经"，激发了著者的研究兴趣，进而从更为系统、更为全面、更为深层的"段位"，继续解构货币政策在互联网金融中的传导机制。

  因而，在课题结题后，著者并未停止研究步伐，而是围绕这一主题，继续梳理前沿文献、监管政策，选取更为适宜、更为前沿的实证计量方法，庖丁解牛、追根问底，形成了诸多关于互联网金融发展、货币政策这两大关键词的研究成果，其中一些成果已经在核心期刊发表。这些后续工作和条件积累，奠定了专著出版的成果基础，在更大范围、更广阔空间上，拓展了逻辑层次和研究维度。

  此外，著者为本科生讲授《互联网金融》这一课程。课堂讲授中所运用的相关案例、观点，使著者对互联网金融发展前沿以及存在的问题有了深刻的了解和认知。因而，萌生了将教学成果"科研化"的念头，将教学过程中对互联网金融的一些看法、认知融入科学研究中，以科研促教学、教学引科研，提升在这一领域的教学水平、科研能力和社会影响力。

  在现实层面，互联网金融虽然起源于西方国家，但在我国获得了爆发性、突破性和根本性发展，在实践层面受到广泛关注、高度聚焦。与每个新事物发展轨迹、成长历程类似，互联网金融发展也经历了鲜花与掌声，繁荣和低谷并存，直至批评与指责，乃至"妖魔化"的曲线成长、反复波动的路径轨迹。成长过程争议不断、政策监管争议不断，一时间将互联网金融发展推向风口浪尖，成为众矢之的、监管重点关照对象。互联网金融发展何去何从、政策体系是否需要重构受到广泛关注和热议。

在诞生之初，互联网金融便被赋予普惠金融的"光环"。与生俱来的"草根"特性和普惠特征，使互联网金融在包容"长尾群体"、引领技术示范、提升服务效率、便利居民生活以及增进整体福利水平等方面起到了前所未有的推动作用。作为新兴事物，互联网金融重构了我国金融版图、经济系统，在资源配置效率、渠道、数据信息、交易成本和系统技术等方面具有优势。通过运用大数据、区块链、人工智能和云计算等新兴技术，有效化解了传统金融服务供给过程中存在的逆向选择、道德风险等信息不对称问题，有效提升了金融服务效率及其覆盖面，提高了金融服务可获性、体验感受，为解决"金融排斥"顽疾、实现金融普惠指引了新方向、新路径，逐步成为我国经济系统衍生出来的内生性、兼容性的新型金融创新模式。

从结构类型、实践表现、业态呈现来看，互联网金融发展成绩卓越、绩效明显，在制度保驾护航、监管发力助推下，创新主体日趋多元，逐步演化为一个"谱系"概念。传统金融机构与互联网企业利用互联网技术和信息通信技术，通过资金融通、支付、投资和信息中介服务等主要金融业务、功能的创新，将我国互联网金融发展推向了新时期、新阶段，构建了完备的、全新的业态体系。尤其是自2013年"互联网金融元年"以来，我国互联网金融业态异军突起、奔流泉涌，基本形成了涵盖第三方支付、互联网保险、互联网投资、众筹、互联网消费金融等新型互联网金融业态架构，在丰富互联网金融内涵和时代特征的同时，也使互联网金融发展的功能更为凸显、内容更为饱满，对于金融市场化改革、普惠金融体系构建的包容性、推动性作用也更为显著。

万变不离其宗。互联网金融本质仍是金融。快速发展、迅速裂变的背后，也集聚了诸多风险。此时的互联网金融经常被媒体描绘为"鲶鱼""搅局者"，一时间成为我国金融体系中的"不安分"因子，直接威胁金融稳定、货币政策预期目标。加之，西方先验辅助印证，在众多风险类型中，受互联网冲击最大的也是金融稳定和货币政策。更为甚者，互联网金融发展的这些风险因子，可能还会阻滞货币政策传导机制预期目标实现。因为，互联网金融改变了货币政策发生作用的宏观环境、微观生态以及锚定目标，使政策效果面临诸多不确定性，政策效果有待评估和检验。此外，互联网金融在扩展传统金融生产可能性边界的同时，也加大了货币供应量的统计难度，使中介目标选取的"可测性"原则受到挑战。

那么，在货币供应量的统计口径面临挑战、部分互联网金融资金尚未纳入货币统计体系的现实约束下，传统渠道是否对其具有指示作用呢？我国是否应该把它纳入新的货币数量体系框架呢？这就是本书需要探索和解决的主要问题，这些问题构成了本书中的"科学问题"。以科学问题为导向，本书基于货币政策在互联网金融中传导机制的理论分析和国际经验梳理，研判当前互联网金融发展和货币政策的协调性，检验互联网金融发展和货币政策的关系、影响效应，提出新时期货币政策操作的主要应对策略。研究得到诸多有益结论，对于启迪思维、深化认知和政策参考有一定价值。具体来说：

（1）互联网金融发展会从金融市场和金融机构两个层面，通过影响利率、资产价格、汇率和商业银行经营等变量对货币政策造成影响。互联网金融发展增大了货币乘数和货币供应量。在金融市场层面，加剧了利率上涨、资产价格以及汇率下跌预期，使货币政策陷入"流动性陷阱"；在金融机构层面，互联网金融发展提升了商业银行揽储成本，挤压了其创利空间，压抑了商业银行信贷供给意愿，使逆向选择风险和道德风险陡增，降低了抵押资产价值，增加了实体经济融资成本，进而分散冲击货币政策效力。

（2）国外互联网金融监管对于我国互联网金融健康发展有重要借鉴意义。国外发达国家一般均将互联网金融纳入监管框架，并在互联网金融发展初期采用了较为宽松的政策，注重监管的持续性和反馈机制构建，实现机构监管向功能监管转变，注重消费者权益保护。但我国与西方国家在经济发展阶段、互联网金融成长水平、制度条件等方面存在明显的差异性，对于互联网金融监管应实事求是，走出一条特色化、差异性之路。由于我国货币政策体系中数量型和价格型政策并存，案例分析中的场景对我国当前实际并不适用。

（3）我国互联网金融发展总体处于成长初期阶段，存在显著的业态差异，货币政策操作应兼顾"结构性"特征。通过用 Logistic 成长曲线和非参数估计法刻画我国互联网金融发展阶段能够看出，我国互联网金融发展总体上处于生命周期成长曲线的"成长初期阶段"，发展潜力、成长空间巨大。在业态层面，互联网支付、互联网投资均处于生命周期成长曲线的"成长初期阶段"，但互联网货币基金和互联网保险则处于生命周期成长曲线的"成长后期阶段"。进一步的拐点计算和预测表明，到 2020 年，所有覆盖业态均将进入生命周期成长曲线的"成熟阶段"。参照国外经验中的"互联网金融发展初期适宜采用'宽松'政策"的基本经验，现阶段对于互联网金融监管不能过于严苛，更切忌"一刀切"。

（4）我国货币政策和互联网金融发展的静态协调适应度和动态协调适应度均已出现偏离、失衡，而且价格型货币政策和互联网金融的失衡程度更为严峻。这在很大程度上反映了当前我国货币政策在调控互联网金融发展中的错位与偏差的现实困境。从结构层面来看，互联网金融发展对于价格型货币政策的冲击要比数量型货币政策的冲击幅度更大，价格型货币政策与互联网金融协调发展之路更为艰难。这与国外案例辅助的分析结果并不一致。新时期对于互联网金融发展的干预需要综合考虑我国经济社会发展阶段、利率市场化改革进程，绝不能照搬照抄、原封不动借鉴国外经验，应充分体现中国特色、中国实际。

（5）货币政策应干预互联网金融发展，数量型货币政策和价格型货币政策均是互联网金融发展的格兰杰原因，但政策效果不同。数量型货币政策产生"加剧效应"，价格型货币政策发挥"抑制作用"。在互联网金融业态结构层面，数量型货币政策覆盖业态更广、存在绝对优势并占据主导地位，数量型货币政策不但是不同互联网金融业态的格兰杰原因，而且均存在相关性。价格型货币政策只是互联网支付和互联网保险的格兰杰原因并与两者存在相关关系。价格型货币政策虽与互联网货币基金、互联网投资相关，但并不是两者的格兰杰原因。综合而言，新时期我国运用货币政策干预互联网金融，数量型货币政策应发挥主力作用，这与国外情况是不一样的，特色性十足。

（6）互联网金融发展已经对我国经济增长产生了不良影响，但货币政策影响存在显著"时滞"。本书基于我国省际季度面板数据，构建动态面板模型，从经济增长的角度验证互联网金融对货币政策有效性的影响。研究发现，互联网金融发展已经对经济增长产生了不良影响，且随着时间推移，这种不良影响会延续下去。进一步研究表明，互联网金融发展和货币政策的交互项对当期经济增长的影响也为负。当引入所有变量后，互联网金融发展对货币政策有效性的影响虽然仍为负，但并没有通过显著性检验。互联网金融发展和货币政策的"交互影响"存在"滞后效应"。在滞后一期后，互联网金融发展和货币政策的交互影响对经济增长的影响显著为正。这也充分说明，在互联网金融发展中，货币政策有效性亦存在"时滞效应"。新时期货币政策应继续关注互联网金融发展，但也切忌过于频繁调整政策，否则将形成制度性、预期性背离。

（7）互联网金融发展对邻近地区的经济增长影响显著为负，具有很强的"极化效应"。本书继续构建静态空间面板模型和动态空间面板模型，在考察上述模型稳健性的基础上，继续解释各变量的空间效应。研究发现，互联网金融发展对邻近地区的经济增长的影响效应也显著为负，互联网金融发展具有"极化效应"。货币政策和互联网金融发展的交互项对邻近区域经济增长的影响显著为正。研究结论充分证明了货币政策作为总量调控政策的根本属性。货币政策干预互联网金融发展后会对邻近区域经济增长产生显著的促进作用，但是现行影响系数较小。这与非参数检验结果、动态面板实证结果的检验结果存在一致性。因此，货币政策干预互联网金融发展不仅会对本区域的经济增长产生促进作用，更会对邻近区域经济增长产生显著促进作用。另外，我们也应看到，货币政策和互联网金融发展的交互项对邻近区域经济增长的边际影响系数仍相对较小。这说明货币政策不仅要干预互联网金融发展，而且要在政策层级、覆盖范围、政策力度等方面做进一步调整和强化。

（8）货币政策对互联网金融的干预强度不同，互联网金融发展对经济增长的影响效应存在不确定性。研究发现，在货币政策低门槛区间，互联网金融发展对货币政策目标经济增长的影响效应一般为正；在货币政策中门槛区间和高门槛区间，互联网金融发展对经济增长的影响效应基本为负。这说明对于互联网金融发展应该实行适度从紧的货币政策。从当前我国互联网金融发展所面临的诸多问题来看，制定适度从紧的货币政策，对于实现经济增长目标有重要的指导价值和理论支撑。但值得注意的是，在货币政策干预互联网金融发展时，也应考虑"三驾马车"拉动作用的强弱、货币政策与财政政策的协同配合作用等外在因素，以免挫伤互联网金融主体进行金融创新的积极性以及在我国普惠金融体系中的重要贡献和突出作用。力争"去粗取精、去伪存真"，在防范互联网金融风险的基础上，引导互联网金融为实体经济做出更大贡献。

综合而言，本书理论诠释更为彻底，方法运用更为多元，论证过程环环相扣、层层递进，在理论性、实证性和运用性等方面，都对现有研究有一定的改进和提升。相比现有研究，本书揭示了货币政策在互联网金融中的传导机制，刻画了我国互联网金融发展阶段及其业态差别，评估了我国货币政策与互联网金融发展的协调性，检验了我国货币政策与货币政策关系、相关性及其传导机制影响效应，等等。这些方面都是对现有研究成果的有效补充、对现有研究方法的大幅改进、对现有研究层次的实质性提升。这本身也利于本书经济效益的提升以及社会效益的传播。

当然，本书只是打开了互联网金融发展和货币政策两者关系研究"神秘面纱"的一角。现实世界运作远比研究高深莫测。关于货币政策在互联网金融中传导机制的研究也仅是一个开始，并不会因为专著出版而停歇，其会随着金融综合统计口径的完善、研究方法的创新、政策检验的支撑而逐步趋于成熟、完备和系统。希望学界同人、金融机构、决策部门以研究结论的相关成果为认知基础、前期支持、"案头资料"，上下求索、左右探索、前后思索，不断挖掘、拓展货币政策和互联网金融发展更为深层、更为透彻、更为系统的传导机制,为实施金融综合统计,拓展货币政策覆盖范围,提升操作精准性,调控实体经济成效,促进互联网金融持续、健康、快速发展,提供理论支撑,贡献力量和智慧。由于时间紧迫、进度安排密集,对于专著中的不足之处、不当提法,恳请学界同人批评指正,不吝赐教。

目 录

第一章 总 论 ··· 1

　第一节 研究背景及问题提出 ··· 1
　　一、研究背景 ··· 1
　　二、问题提出 ··· 3
　第二节 研究目的及意义 ·· 4
　　一、研究目的 ··· 4
　　二、研究意义 ··· 4
　第三节 研究内容及方法 ·· 5
　　一、研究内容 ··· 5
　　二、研究方法 ··· 7
　第四节 可能的创新及贡献 ··· 9

第二章 相关概念与文献综述 ··· 11

　第一节 相关概念 ··· 11
　　一、互联网金融 ·· 11
　　二、货币政策及传导机制 ·· 13
　第二节 文献综述 ··· 14
　　一、国外研究回顾 ··· 14
　　二、国内研究回顾 ··· 17
　　三、文献述评 ··· 23

第三章 货币政策在互联网金融中传导机制的理论分析 ····· 25

第一节 货币政策传导机制 ····· 25
一、凯恩斯学派的货币政策传导机制 ····· 26
二、后凯恩斯学派的货币政策传导机制 ····· 27
三、货币学派的货币政策传导机制 ····· 28
四、其他学派的货币政策传导机制 ····· 28

第二节 货币政策传导机制的一般特征与互联网金融 ····· 31
一、货币政策传导机制的一般特征 ····· 31
二、互联网金融下货币政策传导机制 ····· 33

第三节 互联网金融对货币政策影响的案例辅证 ····· 37
一、案例选取与假设争论 ····· 38
二、论证过程与结果呈现 ····· 40
三、补充说明 ····· 43

第四章 互联网金融发展的国际监管经验及其启示 ····· 45

第一节 国外互联网金融发展渊源与监管经验 ····· 45
一、国外互联网金融发展渊源与主要模式 ····· 45
二、国外互联网金融发展的监管经验梳理 ····· 48

第二节 国外互联网金融发展监管的一般特征 ····· 56
一、监管体系特征 ····· 56
二、监管内容特征 ····· 57
三、监管过程特征 ····· 57
四、监管渠道特征 ····· 58
五、监管方法特征 ····· 59

第三节 国外互联网金融发展监管的经验及其启示 ····· 59
一、在成长初期适宜采用宽松政策 ····· 60
二、将互联网金融纳入政策监管体系 ····· 61
三、监管的持续性与反馈机制构建 ····· 63
四、实现机构监管向功能监管转变 ····· 64

五、强调消费者权益保护 ·· 66

第五章　我国互联网金融发展现状及其发展趋势　68

　第一节　我国互联网金融发展动因解析 ····································· 68

　　一、正规金融体系不健全给互联网金融留足了发展空间 ············· 68

　　二、金融排斥、金融配给使"长尾人群"金融服务需求刚性无法逆转 ····· 69

　　三、数字经济新业态出现使互联网金融必须补位 ··················· 70

　　四、互联网技术和智能终端发展助力互联网金融衍生 ············· 70

　第二节　我国互联网金融发展总体及结构特征 ····························· 71

　　一、我国互联网金融发展的总体特征 ····························· 71

　　二、我国互联网金融发展的空间布局 ····························· 74

　　三、我国互联网金融发展的业态结构 ····························· 76

　第三节　我国互联网金融发展阶段特征 ····································· 79

　　一、Logistic 模型引入与发展阶段划分 ····························· 79

　　二、Logistic 模型的估计与结果 ····································· 83

　第四节　我国互联网金融发展阶段辨识与发展趋势 ····················· 86

第六章　我国货币政策操作实践及其对互联网金融的关注　89

　第一节　互联网金融元年后我国货币政策操作环境分析 ············· 89

　　一、国际经济环境 ··· 89

　　二、国内经济环境 ··· 92

　第二节　互联网金融元年后我国货币政策操作内容及特征 ············· 95

　　一、互联网金融元年后我国货币政策操作内容梳理 ············· 95

　　二、互联网金融元年后我国货币政策操作特征 ··················· 95

　第三节　货币政策关注互联网金融发展的相应举措与评价 ············· 100

　　一、货币政策关注互联网金融发展的举措 ························· 100

　　二、货币政策关注互联网金融发展的评价 ························· 104

　第四节　货币政策关注互联网金融发展的时序模拟 ····················· 105

　　一、模型设计 ··· 105

　　二、模拟结果与分析 ··· 107

第七章 我国货币政策与互联网金融发展的协调性及其演进 …………… 109

  第一节 分析方法与数据基础 ……………………………………………… 109

    一、协调性分析方法 …………………………………………………… 109

    二、量化指标与数据描述 ……………………………………………… 112

  第二节 货币政策与互联网金融发展的协调性静态分析 ………………… 115

    一、数量型货币政策与互联网金融发展的协调性静态分析 ………… 115

    二、价格型货币政策与互联网金融发展的协调性静态分析 ………… 119

  第三节 货币政策与互联网金融发展的协调性动态分析 ………………… 122

    一、数量型货币政策与互联网金融发展的协调性动态分析 ………… 122

    二、价格型货币政策与互联网金融发展的协调性动态分析 ………… 126

  第四节 货币政策与互联网金融发展的协调性综合评价 ………………… 129

第八章 我国互联网金融发展与货币政策传导机制关系的检验 ………… 131

  第一节 检验方法说明与数据平稳性检验 ………………………………… 131

    一、检验方法说明 ……………………………………………………… 131

    二、数据平稳性检验 …………………………………………………… 134

  第二节 我国互联网金融发展与数量型货币政策关系检验 ……………… 136

    一、总体检验结果与分析 ……………………………………………… 136

    二、分业态检验结果与分析 …………………………………………… 139

  第三节 我国互联网金融发展与价格型货币政策关系检验 ……………… 142

    一、总体检验结果与分析 ……………………………………………… 142

    二、分业态检验结果与分析 …………………………………………… 144

  第四节 我国互联网金融发展与货币政策目标的关系检验 ……………… 149

    一、总体检验结果 ……………………………………………………… 149

    二、分性别检验结果 …………………………………………………… 151

    三、分年龄检验结果 …………………………………………………… 152

    四、分业态检验结果 …………………………………………………… 154

  第五节 小结 ………………………………………………………………… 156

第九章 互联网金融发展对货币政策传导机制影响实证：动态面板模型 …… 158

第一节 模型设计与估计方法 …… 158

第二节 变量说明及数据来源 …… 160

一、因变量 …… 160

二、核心自变量 …… 161

三、其他变量 …… 163

第三节 实证结果及分析 …… 166

第四节 小结 …… 171

第十章 互联网金融发展对货币政策传导机制影响实证：动态空间面板模型 … 172

第一节 模型设计与估计方法 …… 172

第二节 静态空间面板模型的实证结果与分析 …… 175

第三节 动态空间面板模型的实证结果与分析 …… 181

第四节 小结 …… 183

第十一章 互联网金融发展对货币政策传导机制影响实证：面板门槛模型 … 185

第一节 模型设计与估计方法 …… 185

第二节 门槛效应检验 …… 186

第三节 门槛回归估计结果与分析 …… 187

第四节 小结 …… 188

第十二章 研究结论与政策建议 …… 190

第一节 研究结论 …… 190

第二节 政策建议 …… 193

参考文献 …… 197

后　记 …… 205

第一章 总 论

第一节 研究背景及问题提出

一、研究背景

随着信息技术和智能移动终端普及,互联网获得迅速发展。中国工程院院士、中国互联网协会理事长邬贺铨在《2019 互联网再出发》的主旨报告中称,互联网走过了 50 年,全球的互联网普及率超过 55%,中国全面接入互联网 25 年,互联网普及率超过了全球平均水平。截至 2018 年 12 月,中国网民规模达 8.29 亿人,全年共计新增网民 5653 万人,互联网普及率为 59.6%,较 2017 年底提升了 3.8 个百分点。其中,农村网民规模达 2.22 亿人,占整体网民的 26.7%,较 2017 年底增加 1291 万人,增长率为 6.2%;农村互联网普及率为 38.4%,较 2017 年底提升 3 个百分点[①]。互联网在改变人们行为习惯的同时,也促使一些经济新形态、新业态不断涌现。

互联网金融就是这其中的典型代表,是金融业"拥抱"互联网的必然结果和共生成果。当然,其也是互联网与金融产业深度融合产生的一种新的金融业态(陈凯麟和蒋伏心,2017;杨德勇等,2017)。所谓的互联网金融,是基于互联网平台的金融,是传统金融机构与互联网企业利用互联网技术和信息通信技术实现资金融通、支付、投资和信息中介服务的新型金融业务模式,互联网平台和金融功能是互联网金融最重要的两个要素(吴晓求,2015;中国互联网金融协会,2016),是金融科技引领下金融部门自身内生演化、金融制度重构、金融体系健全的直接体现。

---

① 数据来自中国互联网络发布的第 43 次《中国互联网络发展状况统计报告》。

自2013年"互联网金融元年"以来，我国互联网金融快速发展、异军突起，逐步迈上"快车道"，互联网金融体系逐步构筑。目前已经形成涵盖第三方支付、P2P、互联网保险、互联网消费金融、互联网基金销售、互联网信托、众筹等大金融的业态体系。尤其是，《关于促进互联网金融健康发展的指导意见》的出台，更是明确了"鼓励创新、防范风险、趋利避害、健康发展"的总体要求，奠定了新时期我国互联网金融持续、健康和规范发展的制度基调和监管分工，互联网金融自此迈上了健康、规范、良性发展之路。

互联网"共享"精神属性决定着互联网金融与生俱来兼具普惠性、包容性和便捷性特征。与传统金融相比，互联网金融在资源配置效率、渠道、数据信息、交易成本、系统技术五个方面具有优势（曹凤岐，2015），不但为解决中小企业融资难的问题提供了一种思路和有效途径，提升了资金市场的配置效率（李炳和赵阳，2014；马孝先，2018），而且互联网金融机构通过运用大数据、区块链、云计算等技术，有效解决了金融服务供给中所面临的逆向选择、道德风险等信息不对称问题，也有效满足了弱质性产业部门、弱势群体、贫困阶层等"长尾群体"的金融服务需求问题。

在这方面，互联网金融是对传统金融体系的"补位"，有效降低了传统金融机构营运成本，提升了金融服务效率和金融服务质量，满足了多元市场主体的投融资需要，为经济发展注入了新动能和补充了新鲜"血液"。从这个层面来讲，互联网金融市场发展潜力巨大、前景广阔，对于完善我国金融体系、融资模式创新和金融制度创新都有重要的影响。

此外，随着互联网金融快速发展，其风险性也不断显现，对金融体系和市场运行稳定产生了不良影响。一般而言，互联网金融风险主要包括法律政策风险、业务管理风险、网络技术风险、货币政策风险和洗钱犯罪风险等类型（闫真宇，2013），但从国际发展经验看，受互联网金融冲击最大的是金融稳定和货币政策（姜松和周虹，2018，2019），也就是其中的"货币政策风险"。如王达（2014）的研究发现，互联网金融在美国的迅速发展对美国货币政策产生了一定影响，加速推进了美国货币政策从数量型调控向价格型调控的转变，并推动了美国监管体系改革。可以说，学者研究结果和国际经验，一再将互联网金融发展所引致的货币政策风险推向研究前沿。

货币政策风险衡量的就是互联网金融发展对货币供需和货币政策传导机制造成的一系列负面影响。若形成货币政策风险，将削弱其对实体经济的促进作用和影响宏观调控的有效性。当然，互联网金融对货币政策的影响也受到货币管理当局的密切关注，货币当局认为过去的政策、监管、调控等各个方面不能完全适应互联网金融的发展，需要有进一步完善（郑联盛，2014）。2017年召开的全国金融工作会议就明确提出了"加强互联网金融监管、强化金融机构防范风险主体责任"的政策基调。此外，2017年中央经济工作会议也进一步明确了"稳健的货币政策要保持中性……更好地为实体经济服务，守住不发生系统性金融风险的底线"的政策"风向标"。在这样的背景下，开展互联网金融与货币政策方面的研究无疑是一项重要的课题。

二、问题提出

随着互联网金融纵深发展，其与经济增长深度融合程度、相互交织水平也开始越发频繁。货币政策作为我国经济调节长久依赖的工具，其发生作用的宏观环境、微观生态、目标发生了很大变化。可以说，在互联网时代下，货币政策的调控对象、根植环境和传导机制发生了显著变化。那么，在互联网金融不断发展的现实背景下，我国货币政策是否已经出现所谓的"货币政策风险"问题呢？或者说，在互联网金融发展中，我国货币政策调控是否已经出现"失衡"呢？协调性如何？互联网金融与货币政策之间到底存在一种怎样的关系？互联网金融是如何改变货币政策传导机制的呢？新时期我国应该如何调整货币政策以适应互联网金融发展新时期的新要求、新趋势和新威胁呢？这些问题就构成了本书中的"科学问题"。

以这些科学问题为导向，设计研究方案，理清研究思路，搭建理论分析框架，凝练货币政策传导机制的一般特征及其在互联网金融中的理论传导机制；以我国互联网金融发展阶段刻画、现行货币政策与互联网金融发展协调性判断为基础，实证揭示货币政策与互联网金融发展的关系及其相关性；实证检验我国货币政策在互联网金融发展中的传导机制有效性及其环境条件，并据此提出在互联网金融发展新时期、新阶段中，我国货币政策调整的基本思路、调整途径以及主要政策建议，为促进互联网金融发展、提升货币政策调控效力以及实施互联网金融监管进而防范系统性金融风险、引导互联网金融服务实体经济奠定坚实的理论基础和实证支撑。

第二节 研究目的及意义

一、研究目的

本书的总体目标是揭示互联网金融发展中货币政策传导机制发生变化的主要特征及其表现，明确互联网金融发展新时期我国货币政策的调整策略及其主要途径。

若对总体目标进行细化，具体目标有四个：一是在明确相关概念和借鉴相关理论的基础上，搭建理论分析框架，揭示货币政策在互联网金融发展中的理论传导机制，为后续实证检验奠定坚实的理论基础。二是刻画我国互联网金融总体及其业态结构的发展阶段、评估我国现行货币政策与互联网金融发展的协调性，明确现行货币政策在互联网金融发展中的运行状态、偏离程度与总体走势。三是在对两者协调性进行综合判断的基础上，实证货币政策与互联网金融发展之间的相关关系、作用机制及其相关性。四是实证互联网金融发展对货币政策传导机制的影响效应，明确新时期我国货币政策调整思路及其政策途径。

二、研究意义

本书具有重要的理论价值和实践运用意义。在现行研究中，对于互联网金融的内涵界定、模式划分、本质厘清等层面的研究已经趋于成熟，互联网金融体系已经形成和日趋完善。但作为一种新兴事物，统计数据一直是制约互联网金融发展定量研究深入开展的重要障碍。因而，在具体的研究实施过程中，总体上，现行研究基本上以定性研究为主，定量研究还十分稀缺。以理论研究为基础，通过经验实证，可以明确互联网金融发展和货币政策之间偏离程度、基本关系及其效应特征，就可以形成诸多有益、有价值的研究成果。一方面，该专著在理论层面可以为理论深化提供直接实证支撑和指引；另一方面，也可以为后续学者开展类似研究提供直接的借鉴和参考证据。

与此同时，在实践层面，通过对货币政策在互联网金融发展中的传导机制的研究，也有助于推进我国金融体系改革、增强我国货币政策的执行效力和完善我国货币政策体系，为监管部门、互联网金融中介组织制定决策和进行业务创新提供思维认知，对于推进理性决策有一定现实价值。

第三节　研究内容及方法

一、研究内容

基于研究目的，本书主要内容框架设计为以下八部分：

（一）货币政策在互联网金融中传导机制的理论分析

首先，梳理、归纳凯恩斯学派、后凯恩斯学派、货币学派以及其他学派关于货币政策传导机制的经典理论观点，将其作为研究理论主体基础和逻辑引起点，通过归纳、提炼形成货币政策传导机制的一般规律。其次，以此为基础，切入互联网金融视角，搭建货币政策在互联网金融中的传导机制的理论框架，明确在互联网金融发展条件下，货币政策传导机制变化特征及其一般规律，并辅以国外研究案例予以佐证。

（二）互联网金融发展的国际监管经验及其启示

首先，梳理国外互联网金融发展渊源、主要模式，归纳形成国外互联网金融发展的监管经验，并以此为基础揭示国外互联网金融监管的一般特征；其次，综合国外互联网金融监管的一般特征，明确新时期我国互联网金融发展监管的经验启示。

（三）我国互联网金融发展现状及其发展趋势

首先，对互联网金融发展动因进行解析，结合互联网金融发展指数的测度数据，从总体特征、空间布局和业态结构三个维度提出我国互联网金融发展的总体特征及结构特征。其次，运用 Logistic 成长曲线模型，模拟我国互联网金融发展的成长规律和阶段特征，然后通过比较揭示互联网支付、互联网投资、互联网保险以及互联网货币市场基金等业态的发展阶段的差异性，明确不同发展阶段、不同业态的货币政策干预的差别。最后，通过计算拐点时间并与实际发展相比较，识别我国互联网金融发展阶段差别及其发展趋势。

(四) 我国货币政策操作实践及其对互联网金融的关注

以现状与发展趋势认知为基础,将视角转至货币政策维度,揭示我国货币政策操作实践及其对互联网金融的关注。首先,对互联网金融元年后我国货币政策操作的国内和国外环境进行分析,凝练互联网金融元年后我国货币政策操作内容及其特征;其次,对货币政策关注互联网金融的相应举措进行梳理,并就相关政策举措进行评价;最后,以上述两部分为基础,对货币政策关注互联网金融进行时序模拟,初步奠定货币政策干预互联网金融发展的经验支撑。

(五) 我国货币政策与互联网金融发展的协调性及其演进

以理论分析为基础,基于互联网金融发展指数和权威统计数据,运用静态协调度和动态协调适应度判定方法,分析我国货币政策与互联网金融发展的协调系数及其结构性差异,比较数量型货币政策和价格型货币政策与互联网金融发展的协调性及其失衡程度,并综合测度结果,对货币政策与互联网金融发展的协同性进行综合判断,奠定后续实证分析的经验认知基础。

(六) 我国互联网金融发展与货币政策传导机制关系的检验

选取多维数据类型,在明确数据平稳性的基础上,运用格兰杰因果检验的前沿发展成果——非参数格兰杰因果关系检验,从互联网金融发展和货币政策及其不同类型的关系、互联网金融发展和货币政策目标的关系两个层面,实施我国互联网金融发展与货币政策传导机制关系的检验。其中,在互联网金融发展和货币政策关系检验维度,本书主要从总体、业态结构两个维度进行,揭示数量型货币政策和价格型货币政策与互联网金融发展的关系差异;在互联网金融发展和货币政策目标的关系检验维度,本书从货币政策目标——经济增长的角度,从总体、分性别、分年龄、分业态四方面进行,力争全面反映我国互联网金融发展和货币政策目标的关系,并综合两方面的结论对互联网金融发展和货币政策传导机制的关系进行归纳与总结。

(七) 互联网金融发展对货币政策传导机制影响实证

基于理论分析框架,分别建立动态面板模型、动态空间面板模型和面板门槛模型,实证检验互联网金融发展对货币政策传导机制的影响效应及其作用路径。

其中，动态面板模型用来揭示互联网金融发展对货币政策传导机制的动态特征及其滞后效应；动态空间面板模型主要在上述基础上，引入空间因素，刻画互联网金融的空间效应及其对货币政策传导机制空间相互作用；面板门槛模型中将"货币政策"设置为门槛变量，通过运用"自回归"抽样技术（Bootstrap）获取货币政策量化指标的临界值、划分不同区间范围，以此来反映和探究不同政策干预程度下，互联网金融发展对货币政策目标——经济增长影响的阶段性特征和特殊矛盾。

(八) 研究结论与政策建议

综合运用理论与实证研究结果，形成本书的最终研究结论，并根据研究结论，提出互联网金融不断发展的新时期我国货币政策调整的主要应对策略。

二、研究方法

本书采用规范分析与实证分析、定量分析与定性分析相结合的方法揭示货币政策在互联网金融中的传导机制，研究体现了经济学、统计学等学科理论和方法的交叉集成与融合运用。

具体来说：货币政策在互联网金融中传导机制的理论分析部分，主要运用了比较分析方法、案例分析法揭示了在不同理论下货币政策传导机制的差异性；在互联网金融发展的国际监管经验及其启示部分，主要运用了案例分析法、归纳分析法等；在我国互联网金融发展现状及其发展趋势部分，主要运用了统计分析法、Logistic 成长曲线模型、回归分析方法和非线性回归方法；在我国货币政策操作实践及其对互联网金融的关注部分，主要运用了政策研究法、体制转换模型；在我国货币政策与互联网金融发展的协调性及其演进部分，主要运用了静态协调度和动态协调适应度测度方法；在我国互联网金融发展与货币政策传导机制关系的检验部分，主要运用了格兰杰因果检验的最新发展成果——非参数格兰杰因果检验方法、基于二元移动窗口函数的滚动相关系数法；在互联网金融发展对货币政策传导机制影响实证部分，主要运用了动态面板模型、动态空间面板模型和面板门槛模型。研究技术路线如图 1-1 所示。

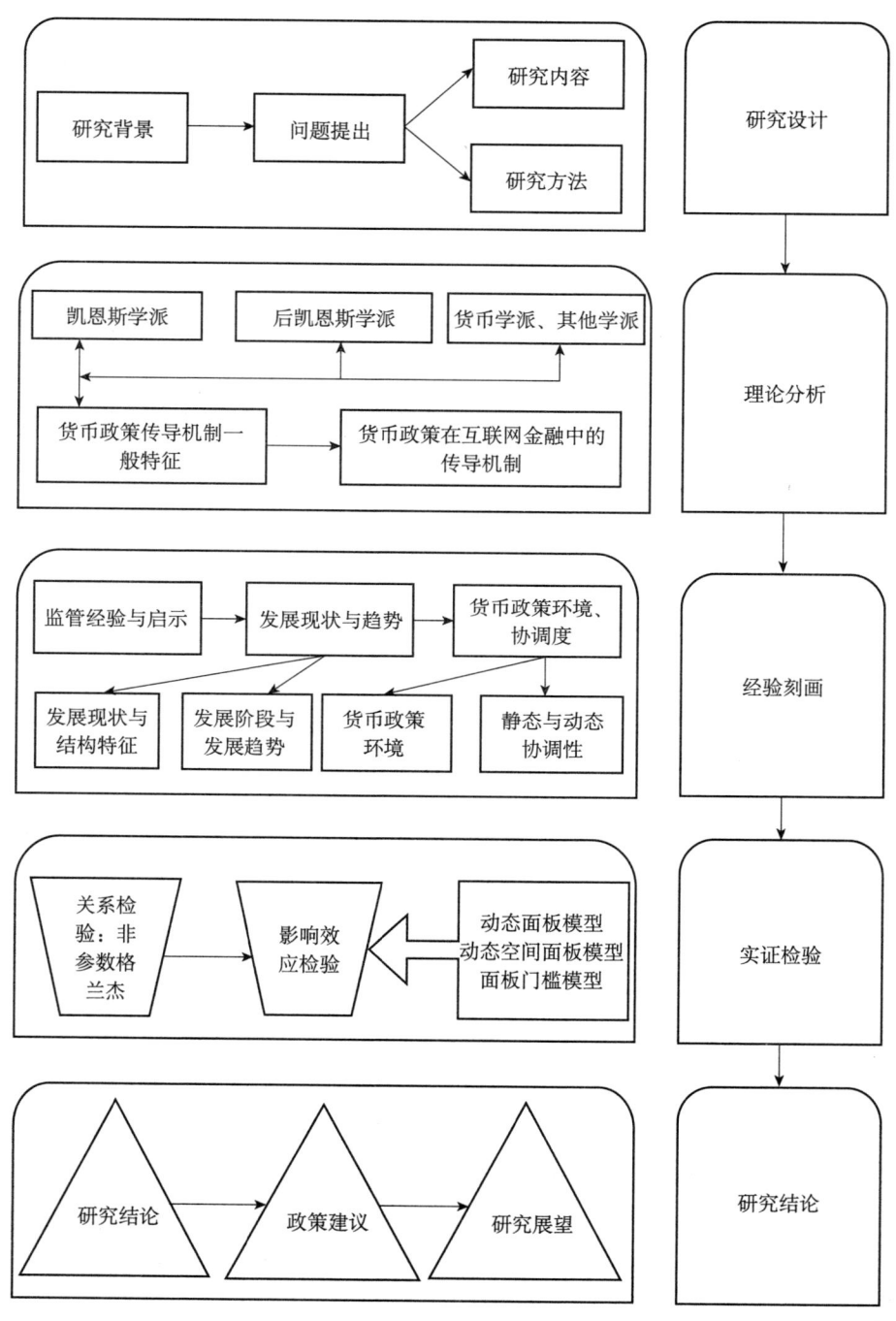

图 1-1 研究技术路线

第四节 可能的创新及贡献

（1）在理论层面揭示了货币政策在互联网金融发展中的传导机制。本书从梳理货币政策各学派的理论观点出发，凝练货币政策传导机制的一般规律特征及其传导路径，并以此为基础，提出货币政策在互联网金融中的传导机制，架构了货币政策一般传导机制理论在互联网金融中的适用性、兼容性的理论框架，拓展了货币政策传导机制内涵和应用范畴，为完善货币供应统计口径、货币政策干预互联网金融发展提供了理论支撑。同时，也为后续学者研究提供了可以借鉴的理论分析框架。这一点是本书在学理层面对现有理论的拓展，也是本书的一大贡献。

（2）刻画我国互联网金融发展阶段规律并识别各业态发展阶段差别。当前，关于互联网金融的研究大多是以指标测度、统计分析或影响效应刻画为主，关于互联网金融发展自身成长规律、阶段特征的研究还十分鲜见。本书运用 Logistic 成长曲线模型和非线性估计方法，划分我国互联网金融发展阶段、研判当前我国互联网金融总体所处发展阶段，比较不同互联网金融业态所处的阶段差异，并计算互联网金融及其各业态发展跨越成长曲线"拐点"时间。这对于认知互联网金融自身发展规律和演进趋势，根据不同阶段制定差异化、特色化货币政策可以起到经验支撑作用。对于互联网金融自身发展规律的刻画，也是本书区别于已有研究的一大特色。

（3）评估我国货币政策与互联网金融发展协调性。协调性刻画的系统内外各种关系，不仅是系统正常运转所具备的条件和环境，也是促进系统目标实现的方法。为此，本书从静态协调度和动态协调适应度，静态和动态相结合的维度，评估货币政策和互联网金融及其业态发展的协调性。这是现有研究所不曾涉及的领域。该部分的测度结果，无论是对学界的研究，还是对决策层的决策都有很强的现状认知作用，对于推动研究深化和理性决策具有较强的借鉴意义。

（4）检验我国互联网金融与货币政策关系及其相关性。互联网金融作为新兴事物，其与货币政策之间的关系在很大程度上并没有先行经验和理论予以支撑。传统的参数方法可能会使结果偏离，使研究结论丧失科学性、可信度。因此，本书主要运用格兰杰因果关系检验的前沿方法——非参数格兰杰因果关系检验方法，验证两者之间的关系，通过明确两者关系方向和滚动相关性，建立起互联网金融发展和货币政策之间的经验关系、相关程度以及作用方向，这对于增强研究的科学性、提升结果的精准性有很大作用。相比较现有研究，该部分研究问题选取、研究方法运用都有一定的超前性、引领性。

（5）从多维度检验互联网金融发展和货币政策传导机制影响效应。本书从货币政策目标——经济增长角度，分析互联网金融发展和货币政策传导机制的影响效应。和现有研究不同，本书为了克服内生性问题，分别从动态性、门槛特征和空间效应三个维度来分析，研究结果既可以体现本书的丰富性、多元性，还可以回答货币政策作用的时滞效应、政策强度和空间关联等问题，利于形成更为系统、更为综合和更具可操作性的结论。在计量方法选择上的多元化、前沿化和特色化，利于本书揭示新矛盾、新问题和提出新的应对策略，利于更好地指导互联网金融发展和进行货币政策操作决策。

第二章 相关概念与文献综述

互联网金融发展是近年来我国金融市场发展的一抹亮色。互联网金融以前所未有的速度和姿态，改写着现有金融格局和版图。但关于互联网金融的内涵界定往往众说纷纭、各持己见。而且从互联网金融发展内部来看，其所涵盖的业态也较多，不可能将其全部纳入本书的分析框架和范畴，有必要进行甄选以增强研究的针对性。因此，在本部分首先对互联网金融所涉及的相关概念进行梳理，并对国内外学术界相关研究成果进行梳理，提炼本研究要解决的主要问题、突破重点和创新之处。

第一节 相关概念

一、互联网金融

互联网金融对于所有研究者来说，都是一个全新的研究课题，是一个混沌而不太知晓的世界（吴晓求，2015）。为此，就有必要从多维度对互联网金融内涵及其实质进行梳理和界定。从目前的研究情况来看，对于学术界关于互联网金融的基本概念的认知并未达成一致，并引发了互联网金融是否是"新金融"的热议。具体来说：

一部分学者认为，互联网金融是一种全新的金融业态。如谢平等（2012）认为，互联网金融既不同于商业银行的间接融资，也不同于资本市场的直接融资，属于第三种金融融资模式。吴晓求（2015）、何师元（2015）持有类似观点，认为互联网金融是一种新型金融业态和金融创新。曹凤岐（2015）也认为，互联网金融是一种新型金融模式，是互联网和金融的结合，是借助互联网技术和移动通信技术实现资金融通、支付和信息中介的职能。李二亮（2015）认为，如果从金融创新的角度看，互联网金融本质上仍属于金融范畴，是互联网企业利用新技术、新平台，充当新金融中介所开展的金融创新业务。在这一过程中，互联网金融依托大数据对信息、数据、声誉和信用等进行科学计算，有效甄别不同个体的声誉状况和信用水平，减少互联网金融领域的逆向选择和道德风险，并带来交易成本的下降和信息不对称的缓解，这些都可以视为金融创新带来的效果。张红伟和徐镱菲（2016）认为，互联网金融重构了金融生态圈，是一种新型金融融资模式。最后，杨德勇和刘笑彤等（2017）也认为，互联网金融是金融与新技术的趋势性整合产生的一种新兴金融业态。

一部分学者对此持保留或反对意见，认为互联网金融并不是一种金融创新，代表的仅是传统金融概念内涵和外延的拓展，并未改变"金融功能"，是对现有"渠道"的改进。例如，郑联盛（2014）认为，互联网金融没有改变金融的本质，是传统金融通过互联网技术在理念、思维、流程及业务等方面的延展、升级与创新。李炳和赵阳（2014）认为，对于传统金融而言，互联网金融的核心功能不变，金融契约内涵不变，金融风险、外部性等概念的内涵也不变。王达（2014）认为，互联网金融只是在金融销售渠道和获取渠道意义上的创新，而并非是支付结构或金融产品意义上的"新金融"。韩亚欣、吴非和李志漫（2016）认为，当前互联网金融与传统金融相比，并无明显优势，在某些方面，其交易阻滞更甚于传统金融。如信用评价和甄别能力较弱、风险识别和信用评价体系不健全、网络交易违规举证困难、信息技术安全性有待提升、金融监管体系尚未完善等问题（吴悠悠，2015）。

因此，基于上述问题，有些学者认为：所谓的"第三种金融融资模式"在本质层面也就是金融脱媒的完全形态，互联网金融仍是金融"再中介化"的过程，互联网金融模式无论如何演绎都可以归至直接融资和间接融资中的一种（韩亚欣等，2016）。

基于学者的相关研究成果，本书认为互联网金融是传统金融中介与互联网企业利用互联网技术和信息通信技术所进行的所有跨时间、跨空间交易和实现资金的融通、支付、投资和信息中介服务的新型金融业务模式，是金融业与互联网深度融合、互促发展所形成的一种新型金融业态，是在新理念指引下，所形成的互联网金融产品、互联网金融市场以及互联网金融技术等方面创新的总和。互联网金融的本质是金融，但囿于数据统计层面的原因，本书中所界定的互联网金融主要是指互联网企业以互联网思维为指导，通过建立云计算平台、社交网络平台、支付平台和搜索引擎平台实现金融业务的总称。可以将互联网金融通俗化表达为"互联网平台＋传统金融业务＝互联网金融"。从具体模式来看，本书中所涉及的互联网金融模式主要包括互联网支付、互联网货币基金、互联网投资、互联网保险四种主要互联网金融业态，对于其他金融业态本书中并未涉及。划分的标准主要采用的是北京大学数字金融中心所编制的《互联网金融发展指数（第一期）》中的互联网金融业务模块划分。具体如表2-1所示。

表2-1　互联网金融业务模块划分

非金融互联网平台	传统金融业务		互联网金融细分业务	互联网金融业务分块	举例
互联网企业利用互联网技术从事金融行业	银行	存款	货币基金	互联网货币基金	余额宝、理财通、京东小金库
		贷款	P2P（直接融资）	互联网投资理财	人人贷、点融网、拍拍贷
			小微贷款（个人消费贷和小微企业贷）	互联网信贷	蚂蚁微贷、花呗、趣分期、京东白条、京东贷
		支付	第三方支付	互联网支付	支付宝、微信支付、京东钱包
	证券	理财销售渠道	互联网渠道：保险、基金、信托等理财销售平台	互联网投资理财	蚂蚁聚宝、招财宝、京东金融——理财、蚂蚁达客、天使汇、京东金融——众筹、蚂蚁聚宝——股票、京东金融——股票
		IPO业务	股权众筹		
		股票经纪业务	股票投资咨询平台		
	保险	保险产品：车险、健康险、意外险、旅游险等	互联网渠道销售传统产品	互联网保险	淘宝保险、京东金融——保险、淘宝保险——理财险、众安保险等
			理财险		
			运费险		
	基金	基金投资	互联网理财销售平台	互联网基金	数米基金、蚂蚁聚宝——基金、京东金融——基金等
	央行支持服务	征信服务	互联网征信	互联网征信	芝麻信用、腾讯征信

资料来源：《北京大学互联网金融发展指数（第一期）》。

二、货币政策及传导机制

货币政策是指中央银行为实现特定经济目标，运用各种政策工具和控制货币供应量，进而影响宏观经济政策的方针和措施的总和。在具体实践中一般主要指的是各类政策工具。从我国货币政策体系来看，这些货币政策工作一般包括公开市场业务、再贴现政策、法定准备金政策等一般性政策工具，消费者信用控制、证券市场信用控制、不动产信用控制、优惠利率和预缴进口保证金制度等可选择性政策工具以及利率最高限、信用配额、流动比率、直接干预和道义劝告等其他政策工具。

货币政策传导机制指的就是货币管理当局确定货币政策以后,从选用一定的货币政策工具进行现实操作开始到实现最终目标之间,经过的各种中间环节的有机联系及因果关系的总和。若简单进行概括,其可以表现为"政策工具→中介目标→政策目标"这一基本过程(见图2-1)。其中,中介指标又可以分为操作目标和中间目标。操作指标主要是一些短期货币市场利率、基础货币和银行准备金;中间目标又可以分为两大类——总量类和利率类,总量类指标主要包括信贷规模和货币供应量,利率类主要是指长期利率。政策目标也称为战略目标,主要包括充分就业、经济增长、物价稳定和国际收支平衡四个层面。货币政策在互联网金融中的传导机制描述的就是在互联网金融不断发展与融合的现实前提下,货币政策工具传递路径的变化进而影响到政策目标有效性和实际效果的过程。这一具体过程效果如何需要运用理论分析和实证分析进行综合论证。

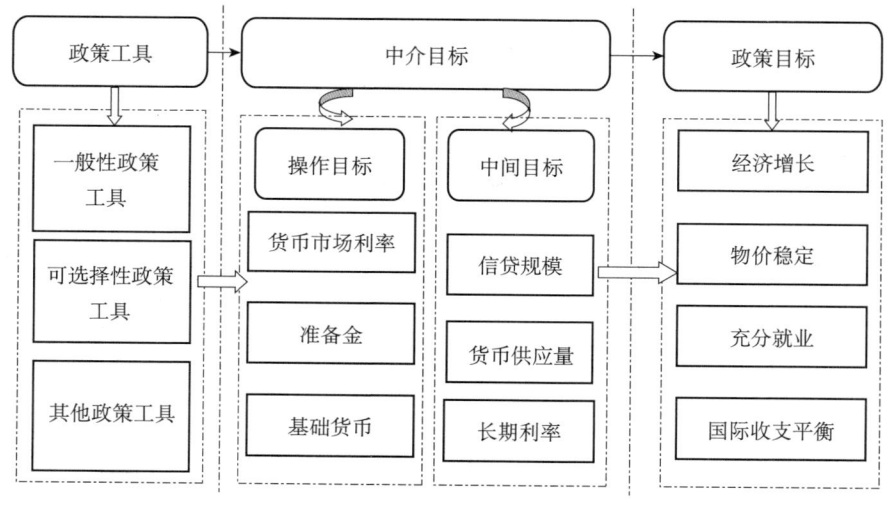

图 2-1 货币政策及传导机制

第二节 文献综述

一、国外研究回顾

(一)关于互联网金融及其主要业态的研究

互联网金融基于自身互联网及信息技术优势,对传统金融产生了强有力的替代效应，也极大提高了金融服务水平（Allen et al.，2002）。也正因此，国外学者虽然对互联网金融研究关注较早，但是研究成果较为分散且主要围绕单一互联网金融业态进行。从研究成果的分布与构成情况来看，国外学者关注第三方支付、P2P网络借贷和互联网众筹成果较为集中，并从不同维度形成了一些新观点、新认知。

具体来说，在关于第三方支付研究方面，国外学者主要从电子支付角度切入，关注较多的是电子支付的安全性及效果评价。例如，Wright（1999）以信用卡支付系统演化为出发点，提出虽然这些支付系统采用了加密技术来保障安全性，但是互联网消费者"网购"意愿并不强烈，因为他们担心黑客会窃取其财务信息。为此，学者普遍认为随着商业模式由面对面交易、邮购和电话订购转向电子商务，第三方支付发展中所面临的关键问题就是网络安全性问题（Pierce and Tewari，2001），但如有认证、授权等安全功能，通过隐私和加密可以打消用户顾虑和提高支付安全性（Alrraaitah et al.，2011）。当然，也有学者对此持反对意见，并从消费者对电子支付系统感知影响因素角度予以论证。如 Teoh、Chong 和 Lin（2013）以马来西亚为研究对象，实证揭示消费者对电子支付感知的影响因素，并发现福利、自我效能、易用性对消费电子支付感知有显著影响，但信任、安全性等因素对电子支付感知的影响并不显著。在效果评价方面，学者主要从其对经济增长影响角度进行揭示。例如，Oyewole 等（2013）认为技术进步所催生的电子支付体系，为经济交流提供了有利的交易媒介。然后，其以尼日利亚为考察对象，研究表明电子支付与经济增长间存在显著的正相关关系。

在关于 P2P 网络借贷的研究方面，国外学者的研究领域主要集中于平台存在的信息不对称问题以及其减贫效应。在对 P2P 网络借贷信息不对称问题的研究方面，学者主要以案例研究和辅助其他方法手段为主。例如，Freedman 和 Jin（2008）以 Prosper 平台为例，利用 2006 年 6 月 1 日至 2008 年 7 月 31 日的交易数据，研究发现平台上的贷款人面临额外的逆向选择问题，因为平台考察的是信用等级，而不是实际信用评分。因此，两位学者发现社交网络并没有改善 P2P 借贷平台的信息不对称问题。但也有学者对此提出了不同意见。例如，Herrero-Lopez（2009）认为，互联网 P2P 贷款从小额贷款概念演变而来，反映了"小贷原则"在互联网社区中的应用。一些平台如 Prosper、Zopa 或 lending club 等建立了借款人和贷款人的互动联结机制，通过社交网络增加了其贷款的可获得性。因而，就研究成果来看，学者还是对 P2P 持有积极态度，对其发展前景和趋势比较看好。

例如，Riggins（2011）认为，互联网 P2P 发展为小额信贷筹资、扶贫资金配置创造了新机遇。在存在识别偏差的情况下，可以利用 P2P 借贷网络增加总体减贫捐款，尽管这样的网络可能导致资金分配效率低下现象出现，但当存在强烈认同偏见时，这种低效机制可以实现减少贫困。

在互联网众筹的研究层面，国外学者对互联网众筹前沿——股权众筹的关注较多。Sharp（2014）对互联网股权众筹给予较高的评价，认为其代表一种"全球性"现象。通过构建理论框架研究发现，投资者对互联网股权众筹平台潜在风险的筛选是成功的关键因素。而且还发现，企业家在阐释项目时若通过视频方式进行叙述，股权众筹成功率会大增。但也有学者认为，更高比例的知情投资者和优质的投资项目，也并不一定能使股权众筹的成功比率增加（Parker，2014）。除这两方面以外，创始人行为、信息传递和非制度性安排也可能影响互联网股权众筹项目的成功率。例如，Mollick（2014）以 Crowdfunding 为例，研究发现，绝大多数创始人对于出资人是履行义务的，但是 75% 的创始人所交付的产品晚于预期，创始人延迟交付行为将直接影响到项目资金的预计投入程度。Vismara（2015）以世界领先的股权众筹平台 Crowdcube 为例，研究发现早期投资者影响后期投资者，投资者间的"信息传递"会直接增强互联网股权众筹的吸引力和成功率。Kshetri（2017）认为，企业家能力及其提高股权众筹的努力程度等一些"非制度性安排"，对于互联网股权众筹影响较大。为此，其认为要提高互联网股权众筹成功率，就应关注这些"非制度性安排"。

（二）关于互联网金融发展与货币政策关系的研究

以上述分析为基础，学者也从宏观层面探究互联网金融与货币政策之间的关系以及互联网金融对货币政策有效性影响的深层次机理进行分析。其中，在揭示互联网金融与货币政策关系方面，国内外学者进行诸多尝试。

国外学者从电子支付或数字货币的角度对互联网金融与货币政策关系的研究成果较多，并形成了正向论、无关论、负向约束论和不确定论四种截然不同的学派观点。在正向论方面，Davoodalhosseini（2017）基于当今许多央行正在考虑发行数字货币的现实，构建了中央银行数字货币和现金共存模型，认为中央银行数字货币增强了货币政策灵活性，央行数字货币对现金的替代可以提升货币政策的社会福利效应。在无关论方面，Berentsen（1997）认为，数字货币影响最大的是狭义货币供应量 M1、M2 和 M3 虽有影响但影响较小。由于 M2 是货币政策操作的主要常规量化指标,这一结论暗含的就是互联网金融发展并不会冲击货币政策有效性。Woodford(2000)探讨了数字货币是否会对各国央行货币政策权威性产生威胁。其认为即使数字货币全部取代本币,促进交易的需求在很大程度上完全消除,货币政策仍将有效。宏观经济稳定只取决于央行控制名义利率的能力。

除上述分析外,还有学者从实证角度来论述两者之间的关系。如 Tee 和 Ong(2016)提出了奥地利、比利时、法国、德国和葡萄牙欧盟五国的非现金支付方式间存在短期因果关系。他们发现,一种非现金支付方式的采用会影响到另一种非现金支付方式,但任何非现金支付方式不会立即影响经济增长。在负向约束论方面,Tak(2002)认为,如果假设货币供应量固定,随着电子货币使用量的增加,货币权重逐渐下降,中央银行的资产和负债规模将减少,这可能会导致货币管理弱化,利率管理也会因公开市场操作而减弱。Allaham 和 Altarawneh 等(2009)认为如果在货币层次中,各货币随着电子货币的依赖程度增加而减少,那么其就不能作为中介目标的精确计量,将直接限制央行进行公开市场操作和调节货币供应量的能力。在不确定论方面,Lamberte(2001)以菲律宾为研究样本,发现电子支付媒介的创新可能会增强或减弱货币政策的有效性。从中可以看出,国外学者对于互联网金融的研究成果大多是从不同业态的角度进行切入的,主题大多聚焦于发展风险防范、效果评价和演进趋势的研判。

这些研究成果对于开展我国互联网金融研究有一定指导和借鉴价值,有利于在综合比较基础上发现互联网金融发展的一般规律和演进趋势。但从中也可以看出,尽管互联网金融诞生于美欧等国,但是由于其金融体系已经十分健全和发达,因而互联网金融并未形成整体性概念框架和综合认知。在揭示互联网金融与经济增长关系时,现有研究成果中也只有在第三方支付层面涉及其与经济增长关系的实证性探讨,在其他互联网金融业态的研究成果中并未涉及。随着互联网金融新业态不断涌现,监管制度框架不断完善,从系统性、全局性维度,对互联网金融和经济增长之间的关系进行理论与实证分析,就显得十分必要和迫切。

二、国内研究回顾

一般来说,西方发达国家并没有用"互联网金融"这一概念,用的都是"网络银行、电子银行、金融互联网技术"等(周应恒和巩世广,2016)。因此,对于互联网金融的认知大多集中于实践探索和应用层面,理论方面的成果并不多见，所以从目前学术成果的发展来看，我国关于互联网金融研究的热情不断高涨。根据中国知网学术趋势图的研究来看（见图2－2）：学术界关于互联网金融的学术关注度持续上升，尤其是2013年后，我国互联网金融的研究呈现突飞猛进的态势。学者从不同维度对互联网金融进行了揭示和研究，并形成了诸多研究成果。如果对研究成果进行归纳总结，基本上可以概括为关于互联网金融模式及其趋势的研究、关于互联网金融影响效应的研究、关于互联网金融风险与监管的研究以及关于互联网金融与货币政策关系及其有效性的研究四个主要方面，具体来说：

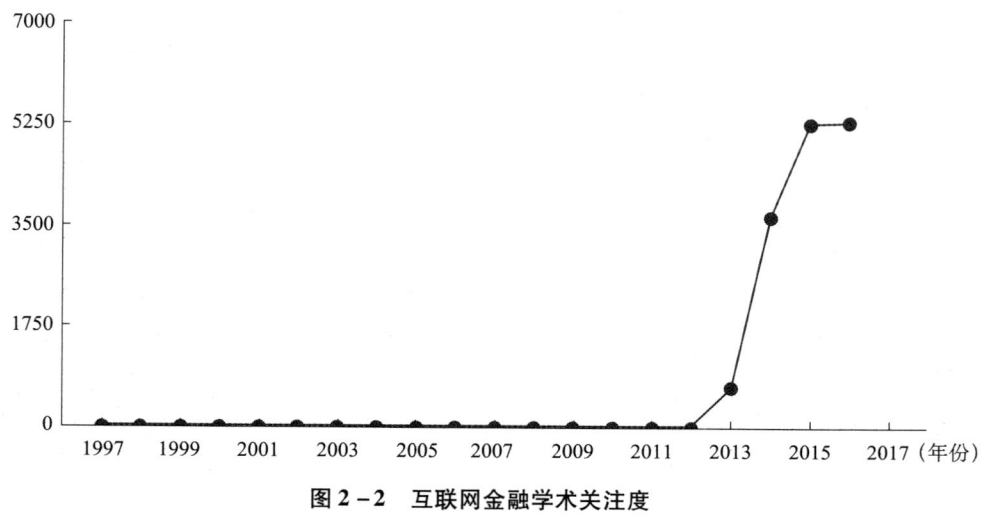

图2－2　互联网金融学术关注度

（一）关于互联网金融模式及其趋势的研究

谢平在最早提出互联网金融概念的同时，也对互联网金融发展模式进行了界定。其从支付方式、信息处理和资源配置三个维度，对互联网金融模式进行了划分。周应恒和巩世广（2016）认为，互联网金融主要有第三方支付、P2P网贷、大数据金融、众筹融资、传统金融机构的互联网经营、虚拟货币六种主要模式。虽然后续学者也从不同维度对互联网金融模式进行划分，但仍可以将其划分列入上述三个维度并归结为"六大模式"。

在对模式界定形成共性认知的前提下，学者开展互联网金融模式的演化动力及其发展趋势的探究。何飞和张兵（2016）认为，我国互联网金融发展模式将按照由点及线、由线到面的路径演化，而驱动模式演化的根本动力就是大数据，并认为，大数据驱动的互联网金融发展模式演变既有内在逻辑，又有外在基础。刘芳华等（2016）认为，互联网金融，尤其是其中的P2P网贷平台，以其"债权式直接融资"模式，实现了金融功能模式的创新性金融特征，改变了金融资本循环形式和周转规律，对于推进中国金融格局"蝶变"、探寻小微企业融资新路径等大有裨益。

在对互联网金融模式及其演进的内在机理进行解析的基础上，学者进一步揭示了互联网金融发展的方向，在这一层面，不少学者认为互联网供应链金融、互联网消费金融是互联网金融发展的重要方向之一。王宝森和王迪（2017）认为，互联网供应链金融是互联网平台支持下的供应链金融生态圈，在生态圈中，电商、银行、物流企业、核心企业以及中小企业跨界合作，减缓过分依赖传统金融机构的程度。张荣（2017）认为互联网消费通过丰富的线上线下消费场景、强大的风控体系、强有力的合作伙伴，势必成为中国经济转型升级的"创新风口"。邵腾伟和吕秀美（2017）认为互联网消费金融是服务实体经济的普惠金融，可使消费金融服务低成本、高效率地延伸到"长尾人群"，并降低风险地覆盖广大中低收入人群，我国消费金融市场远未饱和，互联网消费金融具有广阔的发展潜力和创新空间。

（二）关于互联网金融影响效应的研究

目前，学者普遍认为，互联网金融的快速发展正深刻影响着我国的金融体系（刘柳和屈小娥，2017）。在具体论证中学者一般从商业银行、企业以及金融市场三个维度进行论证。在揭示互联网金融对商业银行影响层面，郑志来（2015）认为，互联网金融对商业银行在负债业务、中间业务、资产业务三大业务上产生深刻影响，从而引起"金融脱媒"并危及商业银行经营业绩、商业模式，其影响路径与零售业具有一致性。王达（2014）认为，尽管互联网金融模式的发展对传统金融机构产生冲击，但是其从根本上颠覆传统金融业态与竞争格局的可能性很小。沈悦和郭品（2015）发现互联网金融通过技术溢出效应，显著提升了我国商业银行的全要素生产率。

但不同类型商业银行对互联网金融技术溢出的吸收能力具有显著差异，股份制商业银行的吸收能力较强，城市商业银行次之，大型商业银行较弱。刘忠璐（2016）认为，互联网金融的迅猛发展使商业银行风险管理发生变革，经营效率得到有效提升，弥补了其在营利性及风险方面的不利冲击，降低商业银行破产风险，促进了整个金融体系的稳定。吴成颂和周炜等（2016）为探究互联网金融是否会对银行的创新能力产生影响而选取中间业务收入对银行的创新能力进行度量，研究发现互联网金融与城商行的创新能力呈负相关关系，现阶段互联网金融发展会削弱商行的创新能力。邹静和王洪卫（2017）的研究表明，互联网金融发展在短期内会增加我国银行系统性风险，但从中长期来看，对我国银行系统性风险的影响并不大，两者可作为互利共生的事物共同发展。

在揭示互联网金融发展对企业影响层面，学者一般都是从融资结构角度切入和进行论证。例如，刘柳和屈小娥（2017）认为，互联网金融快速发展为企业融资选择带来了新冲击，互联网金融的"规模替代效应"和"长尾效应"，有助于提高债券融资比例，而技术外溢效应及风险传递效应会降低债券融资占比。徐细雄和林丁健（2014）研究了互联网金融对小微企业融资模式创新的影响，并认为在互联网金融视角下，小微企业融资模式可以细分为P2P网络信贷融资模式、大数据金融融资模式和众筹平台融资模式三种类型。何启志和彭明生（2017）研究发现，互联网金融和股票市场未能有效推动中小企业乃至整个实体经济的发展，中小企业的发展主要依靠自身的积累。王馨（2015）认为，小微企业是金融需求的"长尾"，互联网技术可以促进"长尾"小微企业的需求甄别，而对于小微企业融资市场具有外部经济、规模经济和范围经济"三重效应"。

在揭示互联网金融发展对金融市场影响方面，史小坤和刑雯倩等（2017）认为，我国网络借贷市场不会由于投资者的"羊群行为"而引发市场风险。滕超和叶蜀君（2016）从互联网金融的技术供给视角分析表明，创新型互联网金融工具打破传统融资模式，促进直接融资体系发展，影响金融结构。陈继勇和陈龙等（2016）认为，互联网金融理财市场发展迅速，对传统银行业带来了冲击，市场需求和购买决策的变化将影响市场的发展与繁荣。何启志和彭明生（2017）认为，互联网平台的大量资金流向了股票市场，助长了资本市场的繁荣。杨伊和高彪（2017）认为，发展农村普惠金融已成为我国现阶段深化农村金融体系改革、提升农村地区金融运行整体效率的重要方向之一，互联网金融以其独特的优势为农村普惠金融发展提供了新的途径，为构建我国农村普惠金融体系提供了新契机。

（三）关于互联网金融风险与监管的研究

互联网金融在蓬勃发展的同时，其风险性问题也不断显现并广受关注，成为学者竞相关注的热点问题。学者从不同的角度对互联网金融风险进行识别和提出风险防范措施。冯乾和王海军（2017）认为，虚假产品宣传、违规销售、泄露客户信息、绑架银行信用、提现困难、捐款跑路等互联网金融风险给市场诚信、公平竞争和互联网消费权益带来了损害，并认为交易双方信息不对称、地位不平等、行业"羊群行为"、道德风险和不当激励,是其产生的深层次原因。李克穆(2016)认为,主要有技术类风险、业务类风险、信用风险、法律类风险和监管类风险五类互联网金融风险值得关注,并认为互联网金融仍处于发育成长阶段,促进互联网金融这一新生事物健康发展,既要尊重市场选择又要防范风险。杨东(2015)从法律风险角度进行切入,认为我国现行管制型立法对互联网金融信用风险规制失灵,催生刚性兑付和过度依赖担保,抑制竞争且加剧信息不对称,应重新厘定信息工具范式,以大数据和征信体系为基础,规范市场准入并明确市场主体法律地位,发挥信息工具的风险预警作用。

此外,基于对互联网金融风险识别和生成原因的综合认知,学者进一步提出了风险管理对策。杨东(2015)还进一步提出,符合市场理性、回归金融本质的交易结构变革,引发了实现金融消费者风险吸收能力与金融资产风险匹配的金融风险规制路径。谢平、邹传伟和刘海二(2014)认为,对互联网金融不能因为发展不成熟就采取自由放任的监管理念,应该以监管促发展,在一定的底线思维和监管红线下,鼓励互联网金融创新,审慎监管、行为监管和金融消费者保护等主要监管方式都适用。刘志阳和黄可鸿(2015)以P2P网贷为分析对象,借鉴梯诺尔的金融规制理论,认为我国金融监管应坚持适度监管、分类监管、依法监管和负面清单管理等基本准则,并认为在国安委框架下建立金融系统风险管理理事会,将互联网金融风险纳入管理,由其统一履行宏观金融监管职责和制定金融冲击对策,在已有"一行三会"的监管框架下,分类逐步推进互联网金融微观审慎监管。

(四)关于互联网金融与货币政策关系及其有效性的研究

由于互联网金融在我国实现了突破性、爆炸性发展,关于互联网金融发展和货币政策之间关系的研究也引发了国内学者的兴趣,研究成果丰富。学者研究大多从总体和结构两个角度来论述:

在总体层面,邹新月、罗亚南和高杨(2014),肖大勇和胡晓鹏(2014),张文庆、李明选和孟赞(2015),中国人民银行惠州市中心支行课题组(2016),黄小英、许永洪和温丽荣(2016),吕凯波和王晓蓉(2017)论述了互联网金融发展对传统货币政策传导产生影响,并普遍认为互联网金融发展虽然提高了利率市场化程度,但是也加大了货币政策调控的难度,削弱了货币政策中介目标和最终目标之间的关联度,使货币政策效应的随机性和内生性增加、改变了货币的流通速度和流通方式、削弱了货币政策调控实体经济的敏感程度、迫使商业银行进行集体转型等,对传统货币政策的有效性产生影响。张文庆、李明选和孟赞(2015)认为,央行的货币政策实施效果依赖对银行准备金以及社会流通货币的控制,而互联网金融的发展会改变货币的流通速度和流通方式,影响到货币的供给和需求,进而对传统的货币政策效果产生影响。吕凯波和王晓蓉(2017)发现,互联网金融发展加速了利率市场化改革步伐,但也加大了货币政策实施和金融监管难度。杨德勇、刘笑彤和赵袁军(2017)结合 Johansen 检验和 VEC 模型实证发现,互联网金融提高了货币供给内生性,从而增加了非计划货币的供应量和数量型货币政策对中介目标的偏离程度。

在结构层面,学者在开展研究时也主要从互联网金融新业态以及货币政策类型两个角度来进行论述。在互联网金融新业态方面,全颖和杨大光(2016),方兴和郭子睿(2017)从第三方支付的视角研究发现,支付货币电子化对流通中的现金和活期存款的替代效应十分明显,对货币供给、货币需求和货币传导机制也造成了一定负面影响,削弱了货币政策调控实体经济的敏感程度。杨德勇、刘笑彤和赵袁军(2017)以网络借贷为出发点,研究发现网络借贷等互联网金融业态加强了银行存贷款规模及利率对同业拆借利率的敏感度,提高了价格型货币政策的实用效率。在不同类型货币政策层面,刘澜飚、齐炎龙和张靖佳(2016)分析了互联网金融对我国价格型和数量型货币政策传导有效性的影响,其发现互联网金融增加了银行存贷规模以及利率对银行同业市场利率的敏感性,提高了价格型货币政策的有效性。

相比较总体和结构层面的研究,还有学者从理论和实证两个角度来论述互联网金融发展和货币政策传导机制之间的关系。在理论分析方面,姜松和周虹(2018)认为,互联网金融发展增大了货币乘数和货币供应量,在金融市场途径和金融机构途径都对货币政策传导机制形成了较大冲击。在金融市场层面,互联网金融发展加剧了利率上涨、资产价格以及汇率下跌预期,使货币政策陷入"流动性陷阱";在金融机构层面,互联网金融发展提升了商业银行揽储成本,挤压了其创利空间,压抑了商业银行信贷供给意愿,逆向选择风险和道德风险陡增,降低了抵押资产价值,增加了实体经济融资成本和冲击货币政策效力。在实证分析方面,姜松和黄庆华(2018)从总体、性别、年龄和业态等维度,实证检验互联网金融发展和货币政策目标——经济增长关系及其结构性特征。总体检验结果表明,互联网金融发展是经济增长的格兰杰原因,但经济增长不是互联网金融发展的格兰杰原因;不同性别的分类检验结果与总体结果一致;不同年龄层的互联网金融发展指数与经济增长之间存在双向格兰杰因果关系和相互作用机制,但呈现非对称性特征；除互联网支付外，互联网货币基金、互联网投资和互联网保险均与经济增长存在双向格兰杰因果关系。

三、文献述评

学者关于互联网金融模式及趋势、互联网金融影响效应、互联网金融风险与监管以及互联网金融与货币政策有效性等方面开展了大量的研究工作，并形成了诸多有益的研究成果和研究结论。这些观点表现为：

一是互联网金融是一种新型金融业态和金融创新，是互联网和金融的结合，通过运用大数据、云计算以及人工智能等互联网前沿技术，有效缓解了传统金融服务供给中所面临的道德风险和逆向选择问题，提升了金融服务效率，但是随着互联网金融模式的不断衍生，作为一种新型互联网金融形态，也改变了传统货币需求与货币供给均衡点，对货币政策影响路径、传导机制产生影响。这一观点也是本研究认知货币政策在互联网金融中的传导机制研究的特征事实和逻辑起点。

二是在互联网金融影响效应层面，互联网金融现阶段主要从银行、企业以及金融市场层面都产生了诸多影响。按照一般理论认知我们可知，货币政策主要有金融机构和金融市场两种传导机制。既然互联网金融对金融机构和金融市场都产生了影响，那么互联网金融对货币政策及其传导路径的影响也就不言而喻，其会改变传递路径中的某些关键变量和影响货币政策有效性。

三是互联网金融风险类型多样，主要有技术类风险、业务类风险、信用风险、法律类风险和监管类风险五类需要特别关注，其本身所隐匿的各类风险势必要求货币政策及时补位和发挥作用。这些研究结论以及观点认知为开展货币政策在互联网金融中的传导机制研究提供了坚实的认知基础、理论支撑和逻辑铺垫。

通过文献回顾我们也发现现有研究在以下方面需要进一步凝练和进行深入拓展：

现有研究在揭示互联网金融发展影响效应时大多从商业银行和企业层面进行切入，在宏观层面的研究成果还十分鲜见。货币政策作为我国宏观调控体系的主要构成部分，其所要达到的最终目标或战略目标往往是宏观层面的，研究互联网金融在宏观层面的影响就显得十分必须和迫切。

现有研究在论述互联网金融发展和货币政策之间关系时更多论述的是互联网金融发展对货币政策有效性的影响，而对于货币政策是否应该关注互联网金融发展并未给出直接回答，这也是现有学界存在争议最重要的源头，揭示互联网金融发展和货币政策之间关系的研究就显得比较迫切，已成为澄清争议、强化货币政策干预互联网金融发展的理论支撑。在货币政策构成方面，学者在数量型货币政策和价格型货币政策方面对互联网金融发展的影响，所得到的结论不一致。随着我国利率市场化进入新阶段、新时期，这种不一致性在一定程度上可能更多的是反映研究结论的不可信性或理论背离性，研究亟待深化和补充。

互联网金融作为一种新兴事物，统计数据一直是制约研究深入开展的重要因素。因而现有研究在揭示互联网金融对货币政策及其有效性影响的时候大多从第三方支付和P2P网贷的角度进行切入，缺少总体层面的把控和全局思考，这也就导致无法准确预知互联网金融发展对货币政策影响的真实效应和刻画现阶段货币政策与互联网金融发展之间的协调性，无法形成一个完整的理论和经验框架。

此外，由于受制于各类数据的支撑，现有研究仍以定性研究居多，实证研究还是十分稀缺。而且如有实证研究，在具体实证操作中选取的也是传统计量经济方法。在真实世界中，变量之间的关系复杂多变，尤其是作为新兴事物的互联网金融，现阶段并没有成熟理论对其进行支撑和解释，其与货币政策的关系和相互作用机制远比想象的复杂，既定的线性模式就显得并不科学和缺少"理论土壤"。在这样的情形下，各类动态计量、非参数计量和非线性计量方式无疑具有重要的借鉴意义，其可以挖掘和利用一切潜在的隐匿信息，进而增加实证分析的操作维度和研究结论的科学性、有效性和可信度，进一步为理论深化和实践操作提供更为直观的证据。

最后，在现阶段实证研究中，数据选取运用的也基本上都是时间序列数据，其他数据类型，尤其是面板数据的涉及较少，因而样本量较少，通过多类型数据的运用来扩展也就成为要研究深化的重要方向。为此，本书将从理论分析和实证分析相结合的角度，揭示货币政策在互联网金融中的传导机制，为增强货币政策有效性和规范互联网金融发展提供理论和实证支撑。

第三章 货币政策在互联网金融中传导机制的理论分析

为揭示货币政策在互联网金融中的传导机制,在本部分首先梳理货币政策传导机制的一般规律性特征,并以此为基础,探究在互联网金融条件下,货币政策传导机制中主要传递变量、中介目标的变化规律及其内在机理,进而揭示货币政策在互联网金融中传导机制的变化及其主要规律,为后续实证研究提供理论支撑。

第一节 货币政策传导机制

在对货币政策传导机制进行揭示层面,理论成果较为丰富,各个学派从不同角度对货币政策传导机制进行探究,基本形成了凯恩斯学派、后凯恩斯学派和货币学派等不同派别格局和观点争论。其中,凯恩斯学派主要秉承货币政策利率传导机制理论。这也是关于最早的货币政策传导机制的理论,其集大成者是著名经济学家凯恩斯。但事实上,关于货币政策的利率传导机制理论在休谟短期分析理论、魏克赛尔的累积过程理论以及费雪的过渡期理论中均有不同程度的涉及。但是,直到凯恩斯《就业、利息和货币通论》的论述以及英国经济学家约翰·希克斯和凯恩斯学派创始人汉森所提出的 IS-LM 模型货币政策的利率传导机制理论才正式得以健全和发展。后凯恩斯学派的典型代表人物主要有詹姆斯·托宾、米什金等,其关于货币政策传导机制的论述更多的是从股票价格、金融资产价值和财富效应等方面进行论述的。货币学派的典型代表人物则是弗里德曼,其所提出的现代货币数量论则认为货币供应量变动直接影响名义国民收入。此外,其他货币政策传导机制层面,如伯南克所提出的信用传导机制以及汇率传导机制等。

一、凯恩斯学派的货币政策传导机制

理论界对于货币政策传导机制的广泛关注始于凯恩斯。20 世纪 30 年代爆发大危机，失业潮不断涌现，传统经济理论的解释力不断下降，为寻求一种新的理论对这一现象进行解释，凯恩斯在其著作《就业、利息和货币通论》中就建立了生产的货币理论。在凯恩斯看来，产出主要由社会总供给和社会总需求达到均衡状态所决定，这一均衡状态被凯恩斯称为"有效需求"。在凯恩斯看来，由于受资源条件和要素条件的制约，社会总供给在短期内并不会发生较大变动，可以看成是恒定的。因此，产出水平就主要由社会总需求和"有效需求"共同决定。有效需求又可以进一步细分为消费需求和投资需求，两者之间是一种"此消彼长"的关系。那么有效需求是由什么决定的呢？凯恩斯认为其主要由边际消费倾向、资本边际效率和流动性偏好三个因素决定。随着边际消费倾向不断降低，消费需求就会"疲软"。投资需求就会成为弥补社会总供给和社会总需求"缺口"的重要部分。投资需求又会受到资本边际效率和利率两个因素的影响，并取决于两者之间的对比关系，在资本边际效率随着投资增加而不断降低的情况下，利率就成为影响投资需求的重要因素。利率的变动情况则受到流动性偏好的影响。在这样的条件下，有效需求、投资、利率和货币就成为凯恩斯货币政策传导中所涉及的几个主要变量。后来约翰·希克斯和凯恩斯学派创始人汉森所提出的 IS-LM 模型实际上就是对凯恩斯的观点进行"数理化表达"，两者之间所反映的货币政策核心内涵实质是一致的。

所以，基于这样的认知，凯恩斯学派所提出的货币政策传导机制中的利率就是一个重要的中间变量。具体可以从两个层面进行理解：一是利率与货币之间的关系，就表现为流动性偏好；二是利率与投资之间的关系，就表现为投资利率弹性。当货币供应量不断下降后，首先产生影响的是利率下降，由于其反映的是资金利用成本，因而投资增加，若此时边际消费倾向为已知量，就可以通过乘数效应促进国民收入增加。但这种增加可能会随着条件的不同而发生不同的变化。凯恩斯也指出，增加的货币数量既可能对物价产生影响，也会对产出产生影响。但首先是对产出产生影响，在达到充分就业后，货币供应量的增加才会对物价产生影响。为此，基本上可以将凯恩斯学派的货币政策传导机制表示为式（3-1）。

$$M_S \uparrow \rightarrow i \downarrow \rightarrow I \uparrow \rightarrow Y \uparrow \rightarrow P \uparrow \qquad (3-1)$$

其中，M_S 表示货币供应量，i 表示利率，I 表示投资，Y 表示产出水平，P 表示物价水平。

二、后凯恩斯学派的货币政策传导机制

相比较凯恩斯学派所提出的货币政策利率传导机制，后凯恩斯学派则从不同的角度对货币政策传导机制进行揭示，若对其进行总结基本可以概括为资产价格和耐用消费品传导两种主要观点。持前一种观点的代表人物是詹姆斯·托宾。其提出了托宾 Q 理论，该理论揭示了资产价格，尤其是其中的股票价格与投资支出之间的相互作用机制。詹姆斯·托宾根据经济学家所提到的货币政策通过股票价格传导的理论假设，设计了一个 Q 系数来描述股票价格和投资支出之间的关系。

按照托宾的概念，Q 系数可以用企业的市场价值和企业重置成本之间的比值来表示。如果 $Q>1$，就意味着企业的市场价值高于企业重置成本，新厂房设备的资本要低于企业的市场价值，在这样的情形下，企业就可以发行较少的股票而筹集到更多的资金，进而可以买进更多的投资品，投资支出就会增加。相反，如果 $Q<1$，就意味着新厂房设备的资本成本要高于企业市场价值，企业一般不会选择购买新的资本品，如果企业想获得资本，它将购买其他便宜的企业而获得相应的旧的资本品。换言之，当货币供应量增加后，公众会发现其手中持有的货币比他们实际持有的要多，于是必定通过支出来花费这部分货币，花费的方式就是购买股票。无形中就会增加对股票购置的需求，进而提升股票价格，反映在托宾 Q 值上的直接结果就是企业市场价值不断提升，进而 Q 值不断提升，企业投资支出增加，进而促进产出增长。因此，可以进一步将詹姆斯·托宾的货币政策传导机制表达为式（3-2）。

$$M_S\uparrow \to P_S\uparrow \to Q\uparrow \to I\uparrow \to Y\uparrow \quad (3-2)$$

其中，P_S 表示股票价格。

除詹姆斯·托宾外，后凯恩斯学派在对货币政策传导机制研究中，还有一位代表人物——米什金，主要从财富结构的角度对货币政策传导机制进行论述。在其看来，当货币供应量增加导致个人财富增加时，其并不一定会立即增加耐用消费品的开支。因为，耐用消费品的"流动性"较差。相反，如果其用于金融资产开支，就能很快将金融资产变现以化解所面临的"财务困难"可能性。在此基础之上，其才会增加耐用消费品开支，进而通过"三驾马车"中的消费推动产出增加。基于此认知，可以将米什金的货币政策传导机制表达为式(3-3)。

$$M_S\uparrow \to P_S\uparrow \to V\uparrow \to D\downarrow \to I\uparrow \to Y\uparrow \qquad (3-3)$$

其中，V 表示金融资产价值，D 表示财务困难可能性。

三、货币学派的货币政策传导机制

弗里德曼及其货币学派认为，货币政策的传递过程并不像凯恩斯学派及后凯恩斯学派所提到的那样"迂回"，其传递过程应该比较直接、迅速。弗里德曼等研究发现：如果货币供应量增加到供过于求的状况，则货币资产的持有者即个人或企业等经济单位会发现他们实际持有的货币资产比他们希望持有的数量要多。但在购置相应资产时，其并不像米什金所提到的那样，侧重于购置金融资产。在弗里德曼看来，其会将多余的货币用于购买各种资产，既买金融资产，如债券、股票等，也买实物资产，如汽车和其他消费品等一些耐用消费品。这种支出（资产结构的调整过程）既会影响到资产价格（如有价证券利率变动），也会影响到商品供给的数额，而价格的变动又会影响到货币库存余额的实际价值，从而通过货币需求函数再一次发生作用。虽然货币学派认为这一过程十分复杂，但是他们将货币需求函数看作稳定的量。所以，即使不知道这个过程发生了什么变化，人们也可以预测货币供应量变动所带来的结果。可以将这一过程表达为式（3-4）。

$$M_S\uparrow \to A\uparrow \to C\uparrow \to I\uparrow \to P\uparrow \cdots \to Y\uparrow \qquad (3-4)$$

其中，A 表示金融资产，C 表示消费，P 表示价格。

同时，弗里德曼还进一步指出，在短期内货币政策是决定名义收入和实际收入的主要因素，或者说，在短期内货币政策是决定经济变动的主要因素。但从长期来看，货币增长率的变化只会对价格变动产生影响，不会对实际产量产生影响。

四、其他学派的货币政策传导机制

（一）信用传导途径

除上述学派关于货币传导机制的研究外，理论界对于货币政策传导机制的认知还有信用传递路径和汇率传递路径两种理论。其中，货币政策的信用传导机制最早可以追溯到信用利用可能性理论。该理论最早是由魏克赛尔在其著作《利息与物价》中提出的,其认为信用利用可能性学说包含三个命题:一是中央银行变更利率,商业银行将随之进行相应调整;二是整个长短期利率体系将同时全面地相联系地变动;三是借款人和储蓄人对利率变动的反应都有弹性。但是关于这三个命题鲜有实际论证。尤其是,20世纪30年代末牛津大学等对投资的利率弹性的调研结果都表明利率并不是影响投资的重要因素,因而长久以来人们都认为投资对利率无弹性,进而也对货币政策持否定态度。直到第二次世界大战后,金融机构获得长足发展,在金融市场上的作用不断凸显,并为社会公众保管资金,对资产的安全性也就格外关注和看重。在资产结构层面,对无风险且利率较低的证券有格外偏好。同时,又由于金融机构以微小的利益管理着资产,因而对利率的微小变化的反应就比较大,这也使金融市场对利率的反应敏感度较之前不断变大。于是魏克赛尔提出的三个命题又是成立的。金融当局变更利率会起到一定的政策效果。但是这个政策效果并不是借款人的利率弹性产生的,而主要是从贷款人的利率感应层面引起的,或者说是通过贷款人的利率弹性产生的。这也在一定程度上矫正了过去从借款人角度揭示金融政策无效的理论缺陷。

基于此,罗沙、卡莱肯和林德贝克等学者开始从贷款人的角度分析利率变动敏感性以建立信用利用可能性理论的新框架,并从这一角度揭示其对流动性的影响效应。在这些学者看来,由于贷款人对利率具有较高的敏感性,因而会影响到贷款的供给和借款人信用利用可能性。这主要是因为由于贷款人必须保持足够流动性,因而其对于流动性十分关注,当流动性不佳的时候,贷款人势必会调整其资产结构以弥补流动性不足的困境,这样所导致的直接后果就是信用供给的减少甚至停止,影响到借款人信用利用的可能性,进而达到调整经济的目的。当然,除了流动性效应以外,金融当局对利率的调整还会产生封锁效应、期待效果、资产调整效果和信用配给加强效应四个影响。

其中,封锁效应描述的是利率上升后,政府债券的价格随之下跌,此时金融机构一般都不愿意卖出政府债券,而将其"封锁",期待价格回涨,进而使企业既不能利用贷款也不能购置债券,使企业信用可利用性不断减少。期待效果指政府债券价格上升,预期市场利率会变动,进而导致金融市场的波动性将不断增大,此时金融机构与其将资金贷给企业,不如将流动性较高的资产持在手中,这会使金融市场上资金供应量减少,这就是期待效果。资产调整效果主要是指,当利率上升时,政府证券和企业债券的价格差异扩大,长期利率和短期利率变动频繁,这会使金融机构在安全性和收益性两大原则上进行权衡,但不增加贷款而使信用利用可能性减少。在资金市场不完全的状态下,金融机构的资金供给态度直接影响借款人利用可能的信用量。一般而言,贷款利率是管理价格,是由借款人财务能力、抵押资产等其他信用标准决定的,因而从某种意义上来说,其并不是竞争价格,而是管理价格。当金融当局货币供应量减少以后,金融机构流动性不足,信用利用性成分得不到满足的信用需求者增加,信用配给效应势必逐步凸显。以上述理论为基础,伯南克进一步提出了银行信贷渠道和资产负债渠道,并认为货币政策传递过程中即使利率没有发生变化,也会通过信用渠道对产出产生影响。具体表达为式(3-5)。

$$M_S\uparrow \to L\uparrow \to I\uparrow \to Y\uparrow \tag{3-5}$$

其中,L 表示贷款供给。

(二) 汇率传导途径

在其他关于货币政策传导机制的研究中,除信用渠道的传导机制以外,还有一种就是汇率传导途径,主要的代表人物就是蒙代尔和弗莱明。蒙代尔在1963年发表的《固定和浮动汇率下的资本流动和稳定政策》一文中系统阐述了开放经济条件下,货币政策的传导机制和短期效应。在后续研究中,弗莱明也探究了开放经济条件下的不同政策效应,并得出了类似的研究结论,这也就是我们熟知的"蒙代尔—弗莱明模型"。在模型中,两位学者认为,经常性项目净差额是实际收入和汇率的函数。资产项目的净差额是本国与外国利差的函数,实际收入是货币政策与财政政策的函数,随着政府支出的增加而增加,但随利率的提高而减少。其研究发现,在不同的汇率制度下,货币政策和财政政策的效果是不同的。在其看来,在浮动汇率制度下,货币政策有效而财政政策无效,但在固定汇率制度条件下,财政政策有效而货币政策无效。但在后续研究中,蒙代尔将模型进行一般化表达,并发现在固定汇率制度条件下,货币政策效应并未完全消失,而是传递到国外。与此同时,在浮动汇率制条件下,财政政策的效应也并未完全消失,而是传递到世界其他地区。当然,模型由于假定严格,其研究结论并非具有普适性和一般特征。这一点蒙代尔也进行了说明和解释。为此,可以将货币政策传导机制中的汇率传导途径表达为式(3-6)。

$$M_S\uparrow \to i\downarrow \to E\downarrow \to NX\uparrow \to Y\uparrow \tag{3-6}$$

其中,E 表示汇率,NX 表示净出口。

各学派货币政策传导机制理论如表3-1所示。

表 3-1　各学派货币政策传导机制理论

学派	代表人物	货币政策传导机制	变量含义
凯恩斯学派	凯恩斯、希克斯和汉森	$M_S\uparrow \to i\downarrow \to I\uparrow \to Y\uparrow \to P\uparrow$	M_S 表示货币供应量，i 表示利率，I 表示投资，Y 表示产出水平，P 表示物价水平
后凯恩斯学派	詹姆斯·托宾	$M_S\uparrow \to P_S\uparrow \to Q\uparrow \to I\uparrow \to Y\uparrow$	P_S 表示股票价格
后凯恩斯学派	米什金	$M_S\uparrow \to P_S\uparrow \to V\uparrow \to D\downarrow \to I\uparrow \to Y\uparrow$	V 表示金融资产价值，D 表示财务困难可能性
货币学派	弗里德曼	$M_S\uparrow \to A\uparrow \to C\uparrow \to I\uparrow \to P\uparrow \cdots \to Y\uparrow$	A 表示金融资产，C 表示消费，P 表示价格
其他学派	魏克赛尔、罗沙、卡莱肯和林德贝克、伯南克	$M_S\uparrow \to L\uparrow \to I\uparrow \to Y\uparrow$	L 表示贷款供给
其他学派	蒙代尔、弗莱明	$M_S\uparrow \to i\downarrow \to E\uparrow \to NX\uparrow \to Y\uparrow$	E 表示汇率，NX 表示净出口

第二节　货币政策传导机制的一般特征与互联网金融

一、货币政策传导机制的一般特征

以各学派关于货币政策传导机制相关理论为基点，对其进行概括、提炼，就可以得到货币政策传导机制的一般规律性特征。当然，若从结构维度进一步划分，可以梳理成金融市场传导路径和金融机构传导路径两种。其中，在金融市场层面主要通过利率、资产价格以及汇率进行传递；在金融机构层面主要通过银行信贷进行传递。为了更好地表达和论述货币政策的一般传递过程，我们绘制图3-1对其进行说明和论述。同时，一般来说，货币政策工具在类型划分方面主要分为数量型工具和利率型工具（马勇和陈雨露，2014；郭路、刘霞辉、孙瑾，2015）。在本书中，我们主要关注货币政策中数量型货币政策，也就是以货币供应量作为中介指标为例进行说明。事实上，如果一国金融市场化、利率市场化程度较高，无论是数量型货币政策还是价格型货币政策（以利率作为中介指标），其反映的核心实质是一致的，唯一不同的就是影响符号正好相反，因为货币供应量和利率之间本身存在一种负向关系。所以，在本部分我们主要以数量型货币政策中的货币供应量为例展开。

在金融市场传导路径层面，货币政策主要通过利率、资产价格和汇率等中间变量对投资和消费产生影响，进而作用于产出水平。当货币供应量增加以后，利率水平不断下降，作为企业利用资金成本直接反映，利率降低也就意味着企业投资成本下降，投资热情高涨，进而通过投资增加促进产出水平的增长。当然，随着利率水平的降低，居民对于耐用品的消费水平也会不断上升，也会通过消费这驾"马车"促进产出增加。在资产价格层面，随着货币供应量增加，人们会发现其手中所持有的货币比他们期望持有的要多，对各类资产的购置需求会逐步增加，会导致资产价格上升和投资收益增加，进而促进消费水平和投资水平的不断提升、产出水平的增加。最后，随着货币供应量的增加，利率水平不断下降，将通过经常性账户对汇率产生影响。仔细来看，当利率不断下降后，企业投资成本下降，商品供应量增加，出口水平不断提升，本币汇率不断下降，进而净出口水平不断上升，产出水平不断上升。

在金融机构传导路径层面，随着货币供应量的增加，利率不断下降，资金利用成本较低，市场主体所面临的逆向选择和道德风险问题显著降低，商业银行等中介贷款意愿不断增强，促进投资水平不断上升，进而导致产出水平不断增加。同时，随着货币供应量增加，资产价格不断上升，这也会对抵押资产价格产生重要影响。因为在这样的情形下，抵押资产价格不断上升，银行贷款供应意愿也会不断提升，进而促进市场经营主体投资水平上升，产出不断增加。当然，无论是金融市场传导路径还是金融机构传导路径，所有过程又会通过"乘数效应"进一步对产出发生作用。

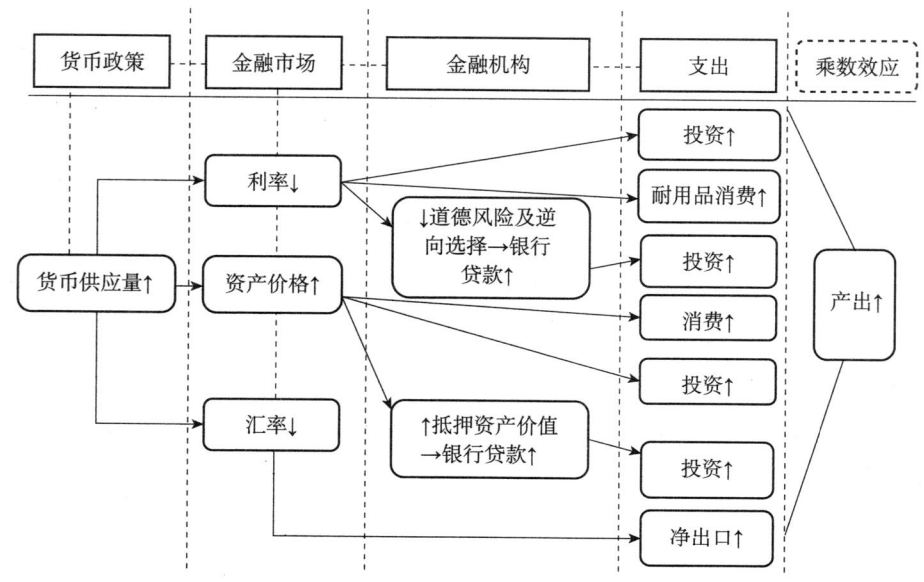

图 3-1　货币政策传导机制的一般表达

二、互联网金融下货币政策传导机制

互联网金融发展形成了以互联网为载体的新金融业态,通过引入互联网这一先进生产要素,在技术引领、服务创新、效率改进等方面都为我国金融体系注入了新动力、新血液,促进我国金融体系的内生化、自适应发展。但互联网金融创新浪潮并未产生新的金融工具、新的金融市场或金融功能(汪炜、郑扬扬,2015),鉴于此,货币政策一般规律特征中所揭示的货币政策传导的金融市场途径和金融机构途径两种主要路径并不会发生改变,可能发生变化的是其中的中间变量的方向。以此认知为基础,揭示互联网金融发展对货币政策传导机制的冲击,就要分别弄清楚在金融市场途径和金融机构途径,其与货币政策传导机制间关系的变化方向以及在两种传导机制中,互联网金融发展对货币供应量、利率、资产价格和汇率等主要中介指标的影响等。接下来,我们将逐一进行分析。

(一)互联网金融对货币政策金融市场传导机制的影响

货币政策在金融市场传导途径层面,主要通过利率、汇率和资产价格等价格指标发生作用。按照经济学基本理论,价格类指标的变动遵循供需一般规律特征。因此,要揭示互联网金融发展对这些价格类指标影响之前,应该首先揭示互联网金融对货币供给的影响。按照经验判断,在互联网金融发展大背景下,货币层次结构中的 M_0 变化较大。因为随着第三方支付以及货币市场基金等新业态的不断发展,央行的货币印制、运输压力得到明显改善,尤其是零钞的供应压力变小。但这是否意味着整体货币供应量减少呢?答案显然是否定的。虽然货币层次结构中,现金供应减少,但是却增强了金融中介机构的"信用创造"功能,在某种程度上使货币供应量 M_2 增加和增大了货币乘数。具体来说,按照货币供给公式我们可知,货币供给量一般可以看作货币乘数与基础货币的乘积,用公式表达为:$M_S = m \times B$。其中,M_S 表示货币供应量,m 表示货币乘数,B 表示基础货币。将其进行变换,得到式(3-7):

$$m = \frac{M_S}{B} \qquad (3-7)$$

货币供应量一般分为狭义和广义两个层面。我们可以将狭义货币供应量表示为流通中现金和活期存款之和。如果将流通中现金表示为 C,活期存款表示为 D,则 $M_S = C + D$。基础货币则为流通中现金和准备金之和,而准备金又可以分为库存现金、法定存款准备金和超额存款准备金。由于在我国库存现金并不列入准备金范畴，在本部分我们主要考虑法定存款准备金和超额存款准备金两种情况，并将其分别表示为 R_L 和 R_E，为此，$B = C + R_L + R_E$，则式（3-7）可以进一步转化为：

$$m = \frac{M_S}{B} = \frac{C + D}{C + R_L + R_E} \quad (3-8)$$

进一步地，将式（3-8）中分子分母同时除以 D，则可得：

$$m = \frac{c + 1}{c + r_L + r_E} \quad (3-9)$$

为了进一步揭示互联网金融发展中货币乘数的变化，本书借鉴中国人民银行惠州市中心支行课题组（2016）的基本做法，继续假定经济体中电子商务对传统经济形式的替代率为 h。在互联网金融发展所引领的电子商务形态下，支付方式由传统的现金支付向使用互联网支付转变是其主要特征和内容，如果将整体交易额用 y 表示，那么通过互联网进行支付所形成的交易额就是 $h \times y$。换言之，居民和企业需用等额的现金向互联网支付机构购买同等额度的电子货币 $h \times y$。由于互联网支付机构的资金都存放在银行的备付金账户托管，互联网金融机构本身不存在"资金池"，所以，为了更好贴合实际和进行推导，继续假定在交易过程中互联网支付机构并不持有货币，而且不存在超额准备金。为此，互联网支付机构将其交易所得 $h \times y$ 存入银行，银行则获得准备金 $h \times y$，按照法定存款准备金比率向央行缴纳的法定准备金比率为 $h \times y \times r_L$，用于发放贷款的资金就为 $h \times y \times (1 - r_L)$，则派生存款的总额就为 S，则在此情况下，货币乘数就变为：

$$m' = \frac{M_S}{B} = \frac{C + D}{C + R_L} = \frac{C + D + h \times y \times \frac{1}{r_L}}{C + R_L} = m + \frac{h \times y}{R_L \times B} > m \quad (3-10)$$

综上两点，互联网金融发展将直接导致货币供应量和货币乘数增加，然后以此为基础，通过金融市场对利率、汇率和资产价格等指标发生作用。在理论方面，随着互联网金融对货币供应量影响效应增大，在一定程度上会拉低市场利率水平。真实情况是否如此呢？事实上，货币供应量和利率之间的反向关系如同供需和价格之间的关系一样，必须建立在严格的假设前提之上。那就是金融市场是有效的，利率市场化进程已经发展到成熟的高级阶段。在实践中，我国金融市场化改革不断推进，金融市场不断健全，利率形成机制不断完善，我国利率市场化改革进程进入了一个全新的发展阶段。甚至有学者说，随着我国存款利率的放开，我国利率市场化进程已经完成。例如，李宁（2017）认为 2015 年 10 月中国人民银行取消存款利率浮动上限，我国利率市场化走完了最关键一步，利率市场化基本完成。但这种观点稍显片面。按照国际经验，虽然存款利率放开是利率市场化改革中的关键举措和标志，但并不是说，存款利率放开就意味着利率市场化完成或结束。因为利率市场化是一个"过程"，其只有阶段性特征，这一过程本身会一直持续、不断推进。

所以，存款利率放开也只意味我国利率市场化改革和进程迈入全新阶段，我国利率市场化改革仍在路上，现实中仍存在诸多金融抑制问题，这一点在利率层面的表现尤为明显。利率在金融资源配置、服务实体经济的"指挥棒"方面功能还有待进一步激发。虽然，互联网金融发展会提升金融机构货币派生能力、增加货币供应量和扩大货币乘数，但囿于各类隐性金融抑制问题、利率市场化未到高级阶段时，互联网金融发展并未解决降低利率水平和缓解实体经济融资难、融资贵问题。具体来说，互联网金融中介的不断涌现，打破了长期以来被银行业垄断低水平利率的均衡，各类互联网金融机构为了吸引投资者，所制定的利率水平均高于商业银行业，这在一定程度上增加了商业银行的揽储成本、经营成本，进而缩减了其利润空间。商业银行为应对冲击，势必会采取相应措施进行应对，这注定是一场"零和博弈"。虽然商业银行和互联网金融中介机构间"竞争机制"在短期内会拉低市场利率均衡水平。但从长期来看，这种"竞争机制"会加剧利率上涨、资产价格下跌的预期，使货币政策陷入"流动性陷阱"。一言以蔽之，在金融市场传导层面，互联网金融发展虽然扩大了货币乘数、增加了货币供应量，但却加剧了利率上涨预期，陷入货币供应量不断增加、利率不断上涨、资产价格不断下跌的困境，进而抑制消费、投资和对经济增长产生不良影响。同时，利率上升也会使本币升值，使出口减少、进口增加，净出口减少，阻碍出口对经济增长的带动作用，使货币政策金融市场传导路径阻塞和抑制货币政策效力。

(二) 互联网金融对货币政策金融机构传导机制的影响

互联网金融发展除了会对货币政策的金融市场传导机制产生冲击外，还会对货币政策的金融机构传导机制产生重要影响。互联网金融发展提升了互联网金融中介在我国金融体系中的地位、谈判和讨价还价能力。如蚂蚁金服、京东金融的总体实力、竞争力都已经超越很多商业银行，基本形成了全产业链的金融体系，市场引领和号召力已经今非昔比、不可同日而语。如王达（2004）发现，以"余额宝"为代表的互联网货币基金分流了商业银行存款，然后再以协议存款等形式高息拆借给有流动性需求的商业银行。加之，银行金融机构在金融服务效率层面和互联网金融机构存在的劣势，银行的生存环境和创利环境都发生了实质性变化，传统的基于商业银行框架的调控架构的不确定性因素增加，货币政策效果受到的冲击比较严重。商业银行的本质是企业，为应对冲击和缓解生存困境，其势必会提升贷款利率水平，将提高的经营成本转嫁给贷款企业，但这无形之中增加了逆向选择风险和道德风险，直接缩减商业银行信贷规模，影响企业投资水平，进而影响货币政策效果。另外，由于利率水平提升，使企业的抵押资产的价值贬值，也会使银行信贷规模缩减，影响企业投资水平，进而抑制经济增长水平提升，使货币政策传导机制失效。

综合来看，在互联网金融发展的过程中，互联网金融中介的不断涌现，并没有从根本上缓解当前实体经济的融资成本，融资难、融资贵的问题仍是困扰我国经济社会发展的重要约束瓶颈，实体经济的发展仍步履维艰。同时，互联网金融机构通过金融资金的"空转"实现了自身套利，但这也迫使商业银行将上升的经营成本转嫁给贷款企业，贷款供应减少，影响了投资水平，制约了经济增长，使货币政策的金融机构传导机制失效。可以说，无论是货币政策的金融市场传导机制还是其金融机构传导机制，在互联网发展大背景下，均面临诸多不确定性因素，对产出的影响均有可能适得其反（见图3-2）。

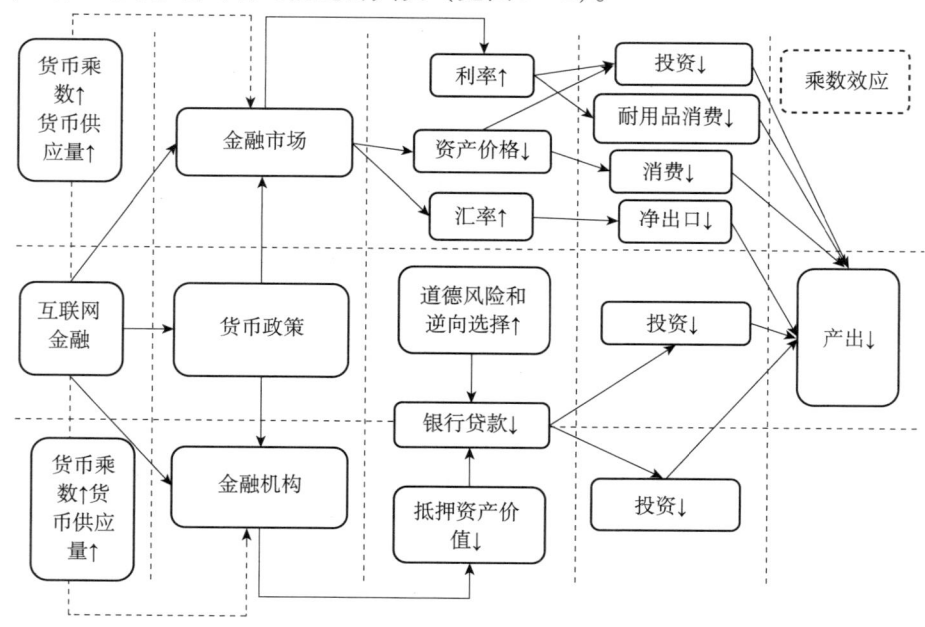

图3-2 货币政策在互联网金融中的传导机制

第三节　互联网金融对货币政策影响的案例辅证

以货币政策在互联网金融中的理论传导机制为理论基础，将视角转至货币政策操作实际。互联网金融虽然在我国获得了根本性发展，但若追根溯源，其仍旧诞生于西方国家。那么，西方国家货币政策对于互联网金融发展持怎样的态度呢？是否有一致性结论呢？对于这些方面的揭示能为后续研究，尤其是实证检验奠定一定的理论基础。金融科技的进步、发展与崛起，在一定程度上对商业实践、商业模式形成了颠覆式改变，是"破坏式创新"。形成的各类"新经济"能否与"旧经济"兼容、共生的问题一直被学界、政界和商界反复提及，其中就涵盖央行调控经济能力、稳定货币价值的作用和地位问题。这些问题的核心本质就是在互联网金融发展新时代，货币政策效力能否继续有效的问题。

事实上，从现实情况来看，西方学者对这一问题的探讨也没有一致性意见。有些学者较为悲观，认为互联网大时代下，货币政策效力将丧失。正如弗里德曼在1999年所指出的一样，"在没有积极的监管干预来阻止这种发展的情况下，未来的央行将成为只有信号兵的军队"。货币政策效力所面临的困境不言而喻。还有一些学者，如King（1999）也认为，在这样的条件下，"央行应表现出一定程度的谦卑，免得他们带着不正当的愤慨从舞台上冲出来"等。两位学者的论断都表明互联网金融这一新经济形态、新模式对货币政策的冲击效应已经到了十分严峻的地步。

但也有学者对此进行了否定，认为互联网金融并不会对货币政策形成冲击，在互联网发展大背景下，货币政策仍将继续有效。这其中比较有代表性的就是Woodford。Woodford（2000）以电子货币对央行货币政策的影响为主题，探讨了在金融科技发展中货币政策的作用、基本走势，以及"电子货币"的发展是否对央行通过常规货币政策，控制本国货币价值的能力构成威胁。在其看来，即使用于便利交易需求的基础货币，在一定程度上完全消除，货币政策也应继续有效。宏观经济是否稳定只与央行控制短期名义利率的能力有关，特别是通过使用"渠道"制度执行政策。我们在上述部分实际上已经揭示了互联网金融发展大背景下货币政策受到的冲击和挑战。在这一部分，本书梳理Woodford的观点，通过对其观点的分析和上述理论传导机制进行对比，明确我国货币政策干预互联网金融发展的现实出发点及其路径选择，也为后续的实证检验和分析提供一定的认知借鉴前提。

一、案例选取与假设争论

Woodford 主要立足的是互联网金融中的电子货币这一业态对象，主要研究的科学问题是：支付技术进步和电子货币发展是否会影响到央行调节经济总体产出水平进而影响到物价总体水平呢？在其看来，互联网金融发展中，货币政策效力是否有效主要取决于私营部门持有基础货币的动机和必要性。电子货币或现代支付体系发展的终极目标和最终归宿，就是要彻底消除持有基础货币的需要。按照金融学理论的内涵界定，基础货币实际上就是中央银行为了便利支付所持有的对社会公众和金融机构的负债。从构成来看，主要分为私人部门持有使用、作为支付手段的现金（纸币和硬币）以及商业银行在中央银行所开立的储备账户，用于为客户提供交易服务的有关账户，持有比例和交易余额的大小一般与各个国家的法定准备金政策有很大关联。

但也有一些例外情况，如英国、瑞典、加拿大、澳大利亚和新西兰等国家，已经不再对商业银行有任何准备金要求。按照一般理论要求，不论基础货币的组成部分如何，私营部门对这类资产的需求与经济交易的货币价值成正比。也即，人们往往认为基础货币供应量的变化将直接决定产出水平。但随着电子货币、现代支付技术的发展，私人部门所持有的基础货币将会不断减少，甚至有可能消失殆尽，这也已经演变为一种世界趋势。这也是其他学者质疑货币政策会在互联网金融发展中失效的主要出发点和立足点。然而，Woodford（2000）从以下三个方面对这些观点进行辩驳，并认为之所以会出现这样的问题，主要和"共同假设"不足有关，即货币政策的影响取决于基础货币与名义支出的数量之间的机械性、单一性关系，这种假设容易导致一些误解。

（1）这种误解没有认识到一国央行只需要控制短期名义利率水平，就可以达到调控经济的预期目标。在实践中，中央银行通常寻求在银行间同业拆借市场实现隔夜利率控制的操作目标。这种利率的控制将直接影响到其他短期利率，而这反过来又决定长期利率和汇率，最终决定经济产出水平和资产定价水平。但值得注意的是，隔夜拆借利率与央行有效控制的基础货币规模之间并不存在一个稳定的关系。所以，互联网金融发展大背景下的支付手段、支付体系以及支付方式的创新，会使数量型货币政策的操作和传导机制变得更为复杂。因此，一些国家的中央银行，如美国联邦储备委员会，可能不得不修改他们的操作程序来修复隔夜利率调控流程。但这将不需要改变美联储调整联邦基金利率的运作目标方式，以应对不断变化的经济困境。

（2）基础货币对于零售交易至关重要，会影响货币传导机制。这也是一个非常明显的误解。事实上，私营部门对基础货币的需求是最大的。因此，大幅减少使用货币可以大大减少基础货币的规模，但这并不是央行进行货币政策操作的必要条件，期限利率才是。央行试图控制的同业拆借利率实际上也是在确定银行储备的水平。因为一般情况下，如果人们希望持有更多货币，银行就需要减少他们在央行的储备以满足人们支付的需要。但事实上，从央行角度来看，这并不是为了减少银行储备的供应，而是要抵消公开市场操作，这在某种程度上是一个非常小的"并发症"。因此，如果彻底取消小额交易，只会在现行操作程度进行货币管制，进而使央行更容易控制银行储备的供应。

（3）为收紧"银根"、紧缩政策，央行需要提高同业拆借利率。在这样的情形下，央行需要定量化各个银行储备。尽管此时持有储备的机会成本已经上升，但是如果能使储备足够稀缺，银行也愿意持有剩余准备金。要产生这种效果，在一定程度上和供应配给的能力、有无更好替代品有很大关系。因此，即使其他流动资产利率与准备金支付率存在较大差距，也不会导致法定准备金政策失效，实现这种效果需要中央银行的垄断权力。这一点也恰巧是人们所担心的。由于电子货币所主导的支付手段的创新可能会破坏这一点，传统分析中往往假设准备金利率为零。因此，提高这一利率水平将导致整个经济体的产生以"乘数效应"增加。这个标准假设在美国是真实存在的，但在其他国家则并不一定成立。因为，其他国家的银行间同业拆借利率和准备金利率之间的差距并不明显。

相反，同业拆借利率和法定准备金利率总是同步提高或降低的。因为，如果一国央行提升准备金率，其政策意图是进行政策收缩和限制商业银行的提供流动性，但本质是企业的商业银行这时候要实现其收益最大化，往往会将目光转至同业拆借市场，这时候就会提升同业拆借市场的资金需求，进而会带动同业拆借利率的上升，这实际上和央行的政策存在一定的背离性。因此，两者之间往往是同步提高的。

因为，在这样的制度下不需要在其他资产的收益和银行储备之间寻求差异，根本目的就是给中央银行垄断权力。既然如此，支付技术的进步只会改变货币政策的执行方式，但是只行控制通货膨胀的能力不受影响和损害。目前，各个国家所使用的利率控制方法应该是完全有效的，即使面对最激进的支付技术的变革及电子货币的发展。

二、论证过程与结果呈现

在不对银行准备金支付利息的情况下，利率控制是否依然是可能的或者有效的呢？本部分主要以美国的货币政策框架安排为例，继续探讨名义利率的决定方式。因为美国的货币政策主要锚定的是利率，并不涉及银行准备金的利息支付。一般来说，美国联邦储备政策所依赖的基准利率主要是同业拆借利率。其均衡水平可以由式（3-11）来表示：

$$TR = NBR + b(FF - DR) \quad (3-11)$$

其中，TR 表示总储备，NBR 表示非借入准备金数量，函数 $b(s)$ 表示银行通过贴现窗口借入的准备金数量，体现的是一种"差价"的功能。s 代表的是联邦基准利率 FF 与贴现率 DR 的差值。在差值为零的情况下，银行所有的储备都是非借入准备金。这里需要注意的是，如果联邦基准利率低于贴现率，银行将不愿意前往贴现窗口借款，因为这时求助同业拆借市场能以更低的资金成本满足资金需求。但如果同业拆借利率高于贴现率，这时候银行愿意借入资金。但这一差值并不会无限扩大，只会保持在一个很小的区间范围。因为通过贴现窗口借贷存在"隐性成本"。随着借入金额的增加，"边际隐性成本"也不断增加，进而导致同业拆借利率和贴现率出现"倒挂"的问题，使货币政策调控失效。为更好地对这一机制进行解析，绘制形成图 3-3。

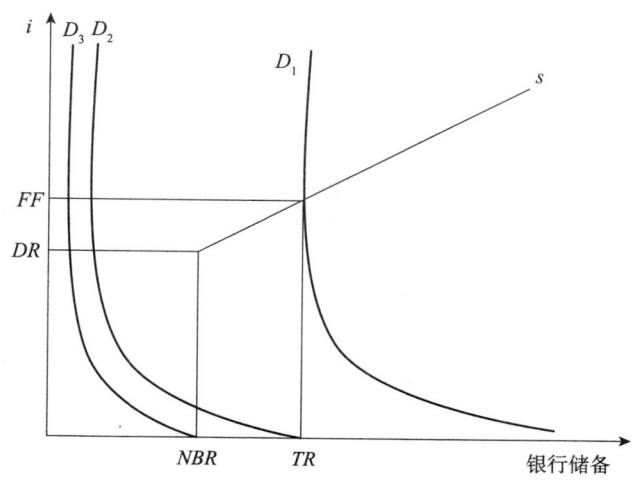

图 3-3 美国的银行储备市场

式（3-11）事实上蕴含的是储备存量的有效总供给水平。银行对于储备的总需求动机主要源于储备制度的要求。图3-3中D_1为银行储备的总需求曲线，同业拆借利率FF和银行总储备水平TR的交点代表的是均衡利率水平。从美联储的政策操作实践来看，其一般通过公开市场业务工具，购买或销售政府证券来影响均衡利率水平，进而改变银行非借入储备的总量水平。例如，通过公开市场业务销售证券，减少银行非借入储备，进而导致较高的均衡资金利率。一般来说，银行储备总需求往往被看作相对无弹性的，特别是在短期内。因而，美联储通过公开市场操作所释放的流动性规模，主要取决于银行全额借入准备金的意愿以及同业拆借利率与贴现率之间的差额。

那么在互联网支付体系下，电子货币支付方式是如何影响这一机制的呢？如上述分析，发展"电子货币"取代小型交易中货币的使用，对于货币传导机制并未产生实质影响。请注意，上述分析中对公众货币的需求并未发生改变。事实上，如果货币需求对利率是敏感的，这时候事情就会变得稍微复杂些。当家庭和公司选择通过将货币存入银行，来减少货币持有的时候，公开市场规模的扩大会在一定程度上提高短期利率水平，以用来"纠正"非借入准备金的增加。如果电子货币发展完全取代流通货币，或者货币用于某些特殊用途，如非法交易，这时候剩余的货币需求对于利率将变得完全无弹性，此时通过公开市场操作将更为有效、更加完美。

但也会出现一个较小的问题，就是随着支付技术创新、电子货币发展，可能会大幅减少对银行储备的需求。因为，这时候将需求曲线彻底转移至最左边，如移至D_3，这无疑会给上述货币操作方式带来新问题。要解决这种问题，需要创造一个相对于银行总预期储备规模足够的非借入储备，以诱导预期利率蔓延。然而，如果所需要的银行储备本身微不足道，银行也不可能以这种方式在贴现窗口撬动非常大的借款。当然，在此情形下，仍可以通过公开市场业务改变银行储备的供应。如果对于银行储备的需求是无弹性的，如需求曲线位于D_2或D_3，通过贴现窗口也不能带来显著变化。在这个时候，要确切计算这一规模也是十分困难的。特别是，当银行储备的剩余需求介于D_2和D_3之间时，通过公开市场操作控制非借入准备金的数量可能导致极端的利率波动。

然而，通过控制非借入准备金方式实现利率调控目标的货币政策操作方式，确实仍是一个悬而未决的问题。在这样的环境以及银行准备金供应充足的情况下，央行不具备任何调控资金利率的可能性。但实践操作中，如何确保美联储提供的储备数量恰好与预期目标利率相吻合就是十分必要的。只要美联储宣布它向市场提供储备的利率水平,这时候无论对于非弹性需求还是对于不稳定需求都不会造成任何问题。因而,这根本不需要美联储预先计算提供的储备数量。非借入准备金供应变化将不再是一种有用的政策工具。

那么,对于有准备金需求的银行,这类需求如何得到满足呢?其可以通过贴现窗口获得。此外,美联储还可以继续使用"道义劝告"的政策工具来限制贴现窗口借款规模,从而可以使该来源的借款"隐性成本"高于贴现率。因为,借来的银行储备的规模在任何情况下总是相当小的。贴现窗口也可以被其他国家借鉴,只要有合适的抵押品,就可以借入任意数量的银行储备。在这样的情况下,联邦基金均衡利率应该简单地等于贴现率。随着时间的推移,贴现率的变化将是实现基准利率预期变化的关键工具变量。

当然,这种分析还是建立在一个非常重要的假设之下的,不管同业拆借利率和储备支付的零利率之间的利差有多大,银行储备的积极需求都很小。为了进一步对其进行论证,Woodford(1998)也提供了一个简单的模型予以说明。在这个模型中,家庭追求最大化的差异化商品,为了便于分析分别将其标记为现金商品和信用商品。其中,现金商品必须使用一种付款方式购买,持有这些商品的数量需与其货币支出数量呈比例关系。信用商品主要是运用现代支付技术购买。事实上,如果运用现代支付技术来购置商品不用支付利息,这将直接增加使用现金的成本。因此,家庭单位要实现消费决策优化就必须替代这些商品消费,替代程度主要取决于名义利率水平。然而,这一假设的偏好也意味着,在有限利率水平下,现金商品的消费仍然是比较理想的。因此,银行仍然需要维持一定量的银行储备规模。只要这些现金商品存在,规模不管多小,这一假设仍然是正确的。

这个模型还允许一个呈现方式,就是央行对短期名义利率的控制是绝对没什么问题的,即使流通现金被现代支付技术完全取代,这一结论依然是成立的。而且这种对于名义利率的控制,进而调控宏观经济的方式不会带来任何不良影响。Woodford(1998)还进一步明确界定了"无现金限制"。在经济学意义上,只要现金货物足够小,价格就能实现均衡水平。因为在这种情况下,利率对支出和价格决策的影响主要取决于额外支付的边际效用。这种关系一般取决于货币摩擦的性质和经济中实际货币余额。但在足够接近"无现金限制"的任何经济条件下,这种关系本质上都是成立的,独立于真实货币余额水平的变化。

因此,随着时间的推移,基础货币需求由 D_2 移动至 D_3,例如,随着时间的变化,那些"现金货物"会给通过数量型货币政策控制利率水平的货币政策操作带来一定问题,但不一定给央行直接控制短期名义利率造成任何问题。此外,也不会影响到央行稳定物价的政策目标。在实践中,摆在央行面前最大的困难就是实现操作流程和操作方式的变革。因此,没有理由管制互联网支付方式的发展和进行货币管制。

三、补充说明

事实上,如果对上述案例中选取的作者观点进行梳理和归纳,我们会发现,其主张不对货币政策操作框架进行调整,只需要对货币政策的操作方式进行改变。从政策类型来看,电子货币只会给数量型工作造成一定困扰,价格型货币政策仍然是有效的。电子货币作为互联网金融的业态构成,也就表明货币政策不应特别为互联网金融发展做出改变,但一国的货币政策方式、工具选择应做出一定的调整,逐步由数量型工具向价格型工具转变。

但需要特别注意的是,案例中作者的研究对象运用的是美国的货币政策操作实践,之所以电子货币不会对其货币政策形成冲击效应,本书认为,一个非常重要的原因是美国已经实现了利率市场化,利率作为资金配置的"信号"功能已经传递至金融市场的每个角落,只要央行锚定利率就可以达到货币政策操作的目标。同时,美国在货币政策锚定时也和其他国家存在显著的不同,其主要是将物价稳定作为货币政策调控的主要锚定目标。因此,按照弗里德曼所创设的货币数量理论,只要能实现名义利率的掌控就可以实现对价格的调控目标。因而,美国货币政策即使在电子货币、互联网支付体系下,仍能有效发挥作用。

但这是否意味着我国货币改策不需要对互联网金融进行干预呢?答案显然需要后面分析的多重辅助和论证。

一是我国利率市场化改革仍在路上。虽然放开存款利率后,很多人认为我国已经完成了利率市场化改革,但这种观点并不恰当。放开存款利率在一定程度上只能表明我国利率市场化改革进入了新时期、新阶段,并不代表着利率市场化改革的完结。因而,数量型工具和价格型工具可能并未形成互通机制。这样可能导致的一个问题是,互联网金融发展既可能对数量型货币政策产生冲击,也可能对价格型货币政策产生冲击,而并不像美国的情况一样。这一点需要特别明晰。也即,面对快速发展的互联网金融发展,是否已经对货币政策效果产生冲击?我国货币政策是否应做出回应和调整?如果做出回应,数量型货币政策和价格型货币政策如何分工呢?这些问题都有待进一步揭示。

二是相比较美国,我国货币政策目标也不是单一的,而是多元的。我国货币政策操作，基本上是在经济增长、物价稳定、充分就业、国际收支平衡以及金融稳定之间寻求最佳平衡点，这种多元化操作虽然也被很多学者所诟病，认为会分散货币政策操作效率和实际传导效果。但如果从我国的金融市场完备程度、金融发展阶段以及利率市场化改革发展阶段来看，这种多元化操作对解决各类涌现的矛盾、实现战略预期有一定的推动作用。不仅如此，纵览最近几年的我国货币政策操作路径，货币政策也开始聚焦产业结构调整，在很大程度上说明了此类问题。从这个角度来说，货币政策是否应该关注互联网金融，从货币政策战略目标多元的要求，尤其是金融稳定的目标来看，货币政策干预互联网金融也需要予以进一步印证。当然，这也是本书研究要解决的主要问题和要实现的关键目标。

第四章 互联网金融发展的国际监管经验及其启示

互联网金融是互联网和金融拥抱后的必然结果，在资金配置、数据信息、交易成本、渠道和系统技术等方面相比较传统金融有无可比拟的优势，也是当今世界金融发展的重要方向。互联网金融包含着传统机构借助互联网实现业务升级、改造金融业务流程和互联网企业向线下融合，利用互联网平台从事金融业务两种典型模型，因而是一种更为普惠、更为民主、更为大众化的金融新形式、新理念，为新时期经济发展注入了新活力、新动能。因此，对互联网金融发展进行追根溯源，总结互联网发展的国际经验，可以为货币政策干预互联网金融发展提供国际经验借鉴，更好地促进我国互联网金融发展。

第一节 国外互联网金融发展渊源与监管经验

一、国外互联网金融发展渊源与主要模式

最早的互联网金融是传统金融机构借助互联网平台实现金融业务升级、金融服务供给流程再造的产物。可以追溯到20世纪70年代。美国全国证券交易协会创立了全国证券业协会行情自动传报系统NASDAQ，这标志着互联网金融模式由构想变为实际、由理念付诸实践。互联网金融自此成为一种新型金融模式。在金融机构层面，第一个提供Web银行通道的银行是美国富国银行（Wells Fargo）。1995年10月成立的美国安全第一网络银行，则是全球第一家无任何分支机构并且通过互联网渠道提供全面金融服务的纯网络银行品牌。2000年花旗银行开始利用互联网平台提供银行账户综合服务。在业务层面，互联网金融业务类型也不断多样化、差异化。1996年贝岸信托（BayShore Trust）成为全球首家提供在线实时贷款的银行；1997年Nex Card开始提供网上信用卡服务；Bank of Montreal 和 Beneficial Finance 开始在网络平台提供实时抵押贷款和小额贷款服务；People

First Finance 提供空白支票自动出售业务；River City Bank 为其网站增加个人金融服务功能等。除此之外，随着互联网金融新业态的出现，专业化、纯粹化、典型的新型互联网金融机构开始迅速发展，专门开展互联网金融业务，例如，Telebanc、Net.B@nk 等。这也标志着互联网金融中的信息化金融中介模式不断成长和壮大，并成为互联网金融的重要构成内容。这种模式的主要特点是依托互联网技术对业务流程、产品设计和渠道进行重构和再造，实现金融服务的电子化和信息化。

不仅如此，自 20 世纪 90 年代以来，互联网金融的发展不单纯是与银行领域相拥抱、相融合，还迅速扩容到保险、个人理财、企业理财、证券交易乃至整个金融产业范畴和业务领域，形成了全方位、综合化、多元化、系统化的互联网金融服务。在互联网保险方面，互联网保险也起源于美国。1995 年美国国民第一证券银行首次通过互联网进行保单销售。InsWeb 也于 1995 年成立，并定位为销售传统保险产品的电子商务公司。在后续发展中，业务规模不断壮大、用户覆盖面越来越广。据统计资料显示，1996 年用户数仅为 66 万，到 1998 年增至 300 万，增长了 3.5 倍。除此之外，互联网保险在英国也获得了长足发展。典型代表就是 Admiral 公司。该公司创立于 1993 年，两年后成为英国第一家进入互联网销售领域的保险商。Admiral 公司通过细分市场、多品牌战略，推出保险"比价"网站，还通过邀请其他保险同业机构进入业务平台来促进达成交易，并因此成为"搜索+比价"模式的典型代表。从发展成就来看，该公司已经成为英国第三大个人汽车保险商，占有英国 7% 的市场份额。

在互联网证券层面，仍以美国为例。自 1992 年，网络券商 E-Trade 成立后，1996 年 6 月底，已经有 30% 的证券投资者加入了网上交易行列，这其中不乏老牌券商品牌。据统计资料显示，截至 2003 年 12 月底，美国券商交易总额已经达 9000 万亿美元。其中，网上证券交易额占据 30.8%。发展成就、发展速度可见一斑。当然这其中也涌现出诸多互联网券商模式。如以财务管理为核心的互联网券商模式，典型的代表就是美林证券、三星证券，服务对象主要是以大客户、高端客户为主，以提供全方位、个性化的金融服务为特色；以佣金折扣为核心的互联网券商模式，代表是嘉信理财，其是世界上最大的折扣经纪商，在互联网金融大潮中也实现了成功转型，占据重要市场地位。但和美林证券、三星证券不同，其服务对象主要是中低端客户。也正因如此，其和互联网精神不谋而合，成为聚合中小客户的重要平台。以纯网络渠道为核心的互联网券商，如上述说的 E-Trade 公司和韩国的 Kiwoom 公司。以集团金融为核心的互联网券商，如日本的

SBI、乐天集团等，其特点是依托集团金融实力，在大金融领域中开展证券业务。以社区营业部模式为核心的互联网券商，如美国的爱德华·琼斯证券、日本的松井证券和 Monex 证券等。

在电子商务发展带动下，易趣、卓越、亚马逊等电商平台将线下购物搬到线上，在线交易成为经济新业态的同时，也促使第三方支付平台应运而生。最早追溯第三方支付平台是 1998 年成立的 Paypal 公司。其创设的个人对个人的网络在线支付模式，主要利用信用卡和商业银行系统为众多商户从事网上支付服务。在随后的发展中，其被 ebay 公司收购。2000 年 7 月 3 日，西班牙 Uno-E 公司同爱尔兰互联网银行第一集团正式签约，组建业务范围覆盖全球的第一家互联网金融服务企业 UnoFirst Group。2014 年亚马逊推出了"Amazon Wallet"，主要用于存储礼品卡和第三方商户在内的各种资格卡，但并未体现其支付功能，因而在 2015 年就被放弃。随着亚马逊平台活跃用户激增、电商交易规模的扩大，2015 年亚马逊公司正式面向第三方移动应用推出"Pay With Amazon"。互联网金融第三方支付平台的结算支付模式以其安全、快捷、便利等优势逐渐发展成为电子商务中被广泛采用的一种支付模式。综合来看，已经形成 Paypal、Worldpay、Amazon Payments、PayDirect 等公司为代表的典型模式。在随后的发展中，新兴支付体系正在建立健全，一些科技公司纷纷成立自己的支付体系，如谷歌、亚马逊、苹果、face book 等。互联网支付发展空间得到进一步拓展、发展趋势得到进一步增强。可以预见的是，随着电子商务的发展以及支付习惯的转变，互联网支付发展趋势向好、发展势头强劲，存在巨大的增值空间。

除了信息化金融机构模式、第三方支付模式之外，互联网金融构成中还有重要的一种模式，那就是 P2P，为小微企业和个人提供了一条全新的、快捷的、高效的融资途径。一般来说，P2P 起源于英、美国家，在诞生时点上要滞后于信息化金融中介模式和第三方支付模式。2005 年全球第一家 P2P 平台 Zopa 在英国开始运营。该平台的特点是，始终坚持平台作为撮合服务中介的定位，通过采取客户资金托管、风险准备金剥离、保险产品引入及借贷信息公开披露等多种风控手段，实现英国网贷市场的平稳增长，并对正规金融进行有效补充。在细分领域，Funding Circle 专注中小企业贷款，RateSetter 最早使用"预备基金"保障投资人资金安全，Market Invoice 专注中小企业票据保理和票据融资，Lending Works 从事个人贷款，通过信托托管资金、保险双重政策来保护投资人。Wellesley 和 Co 主要从事住宅地产投资贷款、Future Finance 主要从事大学生贷款等。英国 P2P 的发展为其他国家 P2P 的发展和模式改进奠定了很好的发展基础。2006 年网络平台 Prosper 在美国成立。与英国不同，进入美国 P2P 行业的门槛非常高。必须要有 400 万美元作为保证金，并经过证券类注册才能获得对所有公民公开发行收益权凭证的权力。高昂的注册成本拦截了大部分市场潜在进入者。因此，目前仅有为数不多的 P2P 平台获得了资质。在细分领域，SoFi 专注学生贷款、Avant 从事消费信贷、Kabbage 从事网商贷款。此外，OnDeck、LendingClub 相继上市，也将 P2P 网贷行业带入新的发展时期，整个产业也因为上市通道面临新的发展机遇。

在互联网金融发展的众多业态中，还有一种需要特别一提，那就是互联网众筹。该模式从最早为艺术家筹集创造经费，逐步演变为新创企业和个人融资的重要途径。众筹最早起源于美国网站 Kickstarter。该网站于 2009 年 4 月由一位华裔创始人 Perry Chen 在美国纽约成立。该网站不仅是最具创意文案的企业的众筹网站平台，更是世界上最大的互联网众筹平台。该平台的运作方式也相对简单。平台的用户，一方为渴望进行创作和创造的人，另一方是资金的供给方。双方合作的直接结果就是共同见证新产品、新工艺、新创意等的出现、实施和研发成型。当然，从类型来看，互联网众筹的类型也较多，除了产品众筹之外，还有公益型众筹、债权众筹和股权众筹等。

从发展前沿来看，当前互联网股权众筹是发展的前沿阵地。世界上第一个股权众筹平台 Angellist 于 2010 年诞生于美国硅谷，至今已经为 1000 多家创业公司成功融资，总金额超过 3 亿美元。从发展成就来看，2009 年全球股权融资金额仅为 5.3 亿美元，到 2014 年迅速增长至 38 亿美元。从投资地区分布来看，95% 的众筹融资集中于北美和欧洲，而亚洲地区不足 1%。从平台数量来看，全球活跃的众筹网站将近 3000 家，覆盖全球 90% 的国家，美国活跃平台数量第一。

基于国外互联网金融的主要业态模式以及我国现实发展成就，本书在后续部分的分析中也并未涵盖所有互联网金融业态。本书在后续分析中，选取的互联网金融业态主要包含互联网支付、互联网保险、互联网投资和互联网货币基金四种类型。因为西方发展早期经验已经表明，互联网金融发展内涵多样、主体多样、模式多样，无法从"全景式"视角对互联网金融进行透视。只能基于可行性、典型性和代表性原则，选取我国代表性样本、经典性案例和便捷性数据予以佐证。

二、国外互联网金融发展的监管经验梳理

基于国外互联网金融模式的分析，本部分继续对互联网金融发展经验进行梳

理。虽然互联网金融在普惠性、规模性和高效性等方面已经表现出无可比拟的绝对优势，但由于各国发展前提条件、互联网金融发展路径不同，因此，形成了不同互联网金融发展生态和监管模式。从世界范围内来看，在互联网金融发展的过程中，美国、欧盟等发达国家和地区都在一定程度上对互联网金融进行政策干预和监管。而且在干预、监管和治理的过程中，政策体系也时常进行动态调整、完善和优化，以适应原有监管框架和促进互联网金融持续、健康发展。与我国情况不同，西方发达国家往往具有成熟、发达的金融体系，而且在互联网诞生之初，"嗅觉灵敏"的金融机构就抓住了互联网发展这一新契机，实现了业务转型、流程再造和渠道创新，并较好地适应了互联网大环境下的新形势和新趋势，也有效地抵御了互联网金融的冲击。总体来说，国外互联网金融监管只是对原有监管框架进行"小修小补"，并未"另起炉灶"，形成独立的互联网金融发展与监管体系。为了揭示和整理国外互联网金融发展监管经验，本书主要从不同业态的角度进行梳理，重点从网络银行、互联网支付、网络借贷和众筹等方面进行整理。

（一）国外网络银行的监管经验

网络银行最早诞生于美国，美国第一网络银行是其代表。在低成本、高回报率的促使下，网络银行一度超越传统银行。美国第一网络银行也一度成为全美资产规模第六的银行。但后来，由于大型银行迅速布局互联网金融业务，美国第一网络银行的光环逐步减弱、发展优势不再。此外，所处发展阶段限制以及风险管控能力不足，美国第一安全网络银行最终被加拿大皇家银行收购。从网络银行发展过程中的监管来看，美国对于网络银行的监管仍奉行的是较为宽松、适度的监管制度。对于网络银行的监管主要是基于网络银行特点，对现有监管制度框架、法律体系进行补充和调整。遵从适度性、合规性和高效性原则，在政策要求、金融消费者权益保护、门槛准入等方面，美国对于网络银行的监管框架和传统银行存在很大的类似性。一般来说，美国银行监管体制主要由州级和联邦政府监管两个层面构成，分别对应州立银行和国民银行的监管。以国民银行为例，负责监管的机构主要由通货监理署、美联储和联邦存款保险公司负责。其中，通货监理署主要的工作可以概括为三部分：一是发放国民银行许可证，包括设立、收购和转换的审批以及业务开展范围的许可和监管；二是对国民银行进行监管，包括风险监管、守法监管、定期检查和评估；三是监管制度构建，包括正式制度和非正式制度两种类型。正式制度主要有消费者权益保护、监管效果反馈制度和监管质量保障制度等；非正式制度主要是通过会谈、通知、指导意见等形式所发出的。美联储的监管主要负责对储备银行的会员银行以及金融控股公司的监管。当然，美联储也会充当"最后贷款人"的角色，在银行陷入危机时予以救助。联邦保险公司主要负责对参加联邦存款保险的银行实行监管。

参照这一监管框架，对于网络银行的监管也由这三个机构来负责。其中，通货监理署根据网络银行的市场准入问题专门制定了《网络和国民银行许可证》的文件。该文件对于网络银行建立过程中的分支机构设立，资本，流动性，备用商业策略，管理层的选任，集中业务，外包商的使用、验证和认证，业务恢复和应急计划，跨国运作，股票利益分配，社区再投资等十二方面都做了详细规定。为了实现对网络银行的谨慎监管，虽然通货监理署确立了一个最低标准，但根据不同规模，网上银行的注册资本通常介于 1000 万～42500 万美元。与国民银行类似，新建的网上银行的资本，在前三年必须不低于"良好融资"的标准。考虑到银行比一般网络公司更需要稳定投资，在其设立的前三年，如果没有一个资金雄厚的母公司作为投资主体，通货监理署一般不会批准。因而，在具体操作中，通货监理署一般对网上银行上市融资、设立优先股融资以及贷款融资这三种具有较高风险的融资方式，采用否定的态度。

相比较美国而言，欧洲中央银行对于网络银行的监管，实行的则是统一的监管规则，要求欧盟各成员国在对网络银行进行监管中采用一致性监管原则、负责统一的监管标准的实施。在监管内容上，虽然注重强调银行间交易活动、网络安全、道德风险、法律风险、服务能力等方面的内容和业务环节，但也都采用审慎监管态度、重视对金融消费者的权益保护，进而为监管提供清澈透明的法律环境。由于此部分并不是研究重点，因此，在处理这些问题时主要进行概括性、大体性论述，对于欧盟的监管细则就不再进行过多论述和展开。

（二）第三方支付的监管

美国对于第三方支付的监管也主要是立足现有监管框架。因为，从本质上来看，第三方支付仍是一种货币转移服务，是支付的延伸和拓展。在制度框架层面，主要包括《货币服务法案》《电子转账法案》《诚信账单规则》《诚信借贷法案》《格莱姆—利奇—比利法案》《监管指令 E》和《监管指令 Z》等。按照该法律规定，第三方支付主要由联邦保险公司来监管，并需要事先取得牌照才能进行经营。但事实上，在第三方支付发展初期，美国各州监管局并未对其进行监管。以 Paypal 为例，在其成立之初，美国各州监管局并未采取相关监管举措。直到其在 2001 年和 2002 年提交上市融资申请时，其所从事业务的合法性、合规性才受到各方质疑。如果对质疑方面进行归纳，主要涉及非法从事银行业务、未经授权从事货币转移业务和违反美国"爱国者法案"问题。其中，在从事银行业务方面，消费者需在 Paypal 里先充入一笔资金，然后才能进行网上购物和消费。这些充入的"备付金"在一定程度上类似于"存款"。开展此类业务，需要事先取得存款性金融机构牌照，否则不得擅自开展。因此，早在 2000 年，纽约监管当局就认为 Paypal 将客户资金留存，以备日后使用就属于非法从事和经营银行业务，2001 年，这一监管立场被再一次重申，加利福尼亚、爱达荷州也对 Paypal 非法从事银行业务发出了警告。在非法从事货币专业业务方面，路易斯安那州、纽约州、加利福尼亚州和爱达荷州都规定 Paypal 在取得许可之前，在本州不得从事货币转移业务，否则将被处以罚金。事实上，在此之前，监管部门一直认为货币转移业务是微不足道的金融业务，并未引起重视。但随着 Paypal 用户规模的扩大，非银行机构从事支付业务也逐步成为监管与指导的重要内容。在违反"爱国者法案"方面，2003 年美国司法部指责其违反了"爱国者法案"中的因犯罪所得、意图供非法行为所用资金的规定。如何及时、有效地监管货币资金转移，以杜绝犯罪分子利用现代支付方式转移资金的行为日渐被监管层所重视。

为了配合监管部门要求，Paypal 公司积极进行业务整改和业务模式的创新，以使其运作符合监管要求。在从事银行业务的指控中，Paypal 提出了五种整改措施：一是将资金存入客户的银行账户，客户通过借记卡获取；二是 Paypal 的代理行通过电汇方式将资金汇入客户的银行账户；三是代理行向客户寄送支票；四是 Paypal 以客户名义购买货币市场基金；五是与其他客户资金存入一个或多个联邦保险公司承保的银行。但这五种措施的适应场景是不一样的，尤其是第四种和第五种，其在开户时是以"Paypal——客户代理人"的名义开户并且仅限于客户并未指示 Paypal 立即付款时才适用。在未经授权从事货币转移业务方面，Paypal 也采取两种思路：一是向许可的州申请许可证；二是对于禁止从事此业务的州则暂停业务。在违反"爱国者法案"方面，Paypal 也认为其并未触及监管底线。因此，综上所述，监管层最终认为 Paypal 改进后的资金运作模式和之前存在较大不同，并不能简单地认为其非法从事银行业务。但监管层也明确表示要对其进行持续性、长期性的关注。

不仅如此，关于 Paypal 本身发展定位也存在一个定性的问题。虽然 Paypal 在 1998 年已经成立，目前在包括美国和世界各地 100 多个国家提供支付服务，但在某些国家仍将其视为"银行",而并不是单纯的第三方支付公司。联邦保险公司不仅明确表示,其认定Paypal不是银行的主要理由和根本原因就是Paypal公司并"没有取得银行牌照",联邦保险公司还进一步说明其观点并不具有权威性、约束性,只具有一定的参考性。在具体认定中,各州监管部门仍可以将其看成是没有取得许可证的银行。从中可以看出,联邦保险公司对于Paypal的属性定位并不是基于其业务属性来划分的,而主要是对于其是否取得许可证,也就是我们所说的"牌照"。这种通过其自身属性的思路筛选和认定,对于转变监管思路和拿捏监管尺度有重要的启示。正是基于自身属性与定位的理清,Paypal认为,其并不是信用卡支付机构。因而,也就不会受到《监管指令Z》的影响。但Paypal承诺遵守《监管指令E》的要求,承诺对于未经授权交易所造成的损失,客户最高只用承担50美元。

同美国的监管举措不同,欧盟则将第三方支付机构纳入金融类企业监管,并明确规定从事电子支付服务的部门必须是银行,非银行机构要从事第三方支付服务必须取得和银行有关的营业执照。同时,在应对非法从事银行业务方面,欧盟的监管规定也和美国的处理方式存在显著差异性。欧洲央行规定第三方支付平台需要在欧洲央行开设专门账户,存放沉淀资金。而且这些资金的用途受到严格限制,以防第三方支付机构挪作他用。这一点和现阶段我国对于第三方支付机构的监管有一定的类似性。这种操作方式在很大程度上有点类似于数量型货币政策的操作方式。作为互联网金融的重要业态构成,从这个角度上来说,运用货币政策干预互联网金融在国际层面上有一定的经验借鉴。这也是后续研究开展的先验基础。

(三)网络借贷的监管

虽然在美国并未成立专门性部门专司网络借贷监管之责,但网络借贷也并不是处于无监管、自由放任的状态。从总体来看,网络借贷的监管主体是美国证券交易委员会SEC。其在网络借贷监管大环境的重塑方面发挥了重要作用。若从历史过程来看,美国网络借贷的监管要始于2008年。如果对于其监管框架进行凝练,美国网络借贷监管内容一般可以概括为证券业的监管、电子商务的监管和消费者权益保护的监管三个主要方面。其中,证券业的监管主要是涉及网络借贷的市场准入、信息披露两个方面。当然,这也是监管框架的核心。在2008年,美国证券交易委员会要求P2P公司进行登记,并认为其所发行的权证属于证券,并要求P2P公司所发行的"标的"作为证券登记和接受《1933证券法》的监管。

由于注册过程复杂烦琐、费用高昂，因而，美国通过严格监管有效地阻滞了不成熟的 P2P 机构进入该行业。当然，这也对现有的 P2P 机构产生了重要影响。如在这样的强监管约束下，Prosper 和 Lending Club 都暂停了发放新标的，并依据监管规则进行整顿以更好地完成注册程序。与此同时，其他一些国际知名的 P2P 机构也纷纷撤离了美国网络借贷市场。为了进一步增强流动性，Prosper 和 Lending Club 等平台还为票据构建二级交易市场，增强平台对投资人的吸引力。在信息披露方面，P2P 网贷机构需要定期向美国证券交易委员会 SEC 披露凭证发行情况。当然，这些说明书是公开信息，可以通过 SEC 的 EDGAR 系统查询和获取。

在电子商务的监管方面，强调安全和信息的保护。美国证券交易委员会 SEC 认为，如果资金一旦出现风险，只要投资者能够说明发行说明书中的关键信息存在遗漏、错误等问题，就可以运用法律手段予以追偿。该举措有效地保护了投资者的权益。在法律体系下，美国对网络借贷的法律体系也异常丰富，具体如表 4-1 所示。也正是因为这种复杂和超乎想象的监管法律架构，使美国网络借贷市场组织更有秩序、运行效率更高、监管效果更好。当然，美国作为联邦制国家，网络借贷的监管也具有明显的联邦特色，除了受到联邦法律的约束之外，也受到各州监管法律的限制，协同配合、合力效果也十分显著。

表 4-1 美国网络借贷监管的法律框架

类别	内容
《证券法》	除非有豁免，所有参与公开证券发行的发行人都必须向 SEC 注册证券
《506 规则修订》	根据修订的 506 规则，P2P 平台可以介入游说合格投资人
《蓝天法案》	《蓝天法案》为州证券法律。除非有豁免，发行人在销售的每个州都必须注册证券
《证券交易法》	在《证券交易法》下，发行人在销售注册的证券后，需要满足持续披露要求
《投资公司法》	在向公众出售之前，"投资公司" 必须向 SEC 注册
《投资顾问法》	除非有豁免，"投资顾问" 必须向 SEC 注册
风险保留要求	证券化必须为任何发行、转让、出售、让与的财产保留部分信用风险，证券化不可对冲或者转移保留的信用风险
与证券化相关的法律	证券化是为从不同的金融财产中获取现金，创造资产担保的证券（ABS）。特定的法律规制证券化，这一领域未来会有更多法律监管
借贷法、贷款人注册及获得执照	任何 P2P 机构必须遵守适用的联邦、州的法律法规

续表

类别	内容
《高利贷法》	在多数州,贷款人可以收取的贷款利率有上限,不同州之间的最高贷款利率差别很大
《银行秘密法案》	提供贷款的银行需要遵守关于贷款资金的法律。在一些情况下,提供贷款的银行要求 P2P 平台遵守针对银行而不一定针对 P2P 平台适用的法律
与第三方使用银行证书相关的事项	根据白皮书,"金融机构形成的第三方关系受到越来越严格的监管"
州获取执照的要求	州在关于 P2P 监管方面,针对贷款去向和贷款服务保留重要的司法权
《消费者保护法》	很重要的是,P2P 平台需要符合适用的联邦及州的消费者保护法。这些法规有新有旧,新的法规在《多德弗兰克法案》中
《诚实借贷法》	贷款人必须向借款人提供包括在借款条件改变时关于借款的标准、可以理解的信息
《联邦贸易委员会法案》、UDAP 法及 CFPB	要求遵守《联邦贸易委员会法案》的第五部分;P2P 平台已经提供贷款的银行可能被要求遵守禁止不公平或者欺诈行为的州法律(UDAP 法);并且《多德弗兰克法案》要求建立 CFPB,并授权该组织采用禁止在消费者金融市场上欺诈或滥用的行为
公平借贷法及其他法律	《平等信用机遇法案》《公平信用报告法案》《服役人员民事救助法案》适用于信用交易的各个方面,包括广告、贷款申请、贷款批准、贷款发放以及贷款清收
关于催收债务的监管	第三方清收机构必须符合联邦《公平催收法案》以及类似的州的法律。这些法律与从破产的借款人那里催收过期未偿还的借款相关
《隐私法》	非常重要的一点是,P2P 平台需要遵守监管非公众的个人信息的相关法律法规。根据白皮书,重要性源于"从未来的借款人手机信息的个人及敏感性质"
《电子商务法》	P2P 平台必须符合《全球和国家电子签名法案》及类似的州的法律。这一领域的法律规定了披露及同意的要求
多德弗兰克法案与 GAO 研究	很可能 SEC 在未来仍然会保持其在 P2P 领域类作为主要监管者的角色。CFPB 会逐渐采用 P2P 借款人保护的规则,可能会在 P2P 领域取得更多的监管责任

资料来源:http://tech.sina.com.cn/i/2016-04-07/doc-ifxrcizu3703304.shtml。

消费者权益保护强调保护网络借贷投资者和贷款者的消费者权益。这其中,除了上述所说的联邦证券交易委员会之外,其他监管部门,如保险公司、金融机构、消费者保护局等也参与网络借贷的监管。如果对其进行概括,可以细分为三大部分:一是联邦贸易委员会主要是顶层设计和确保整个 P2P 行业的竞争性和公平性,进而促进整个 P2P 的持续健康发展。同时,该部门还承担着对消费者投诉的执法权力。二是消费者金融保护局主要负责整理 P2P 的相关交易记录,对于消费者的案件负有监管责任。三是联邦保险公司主要为存款提供保险,负责维护整个金融体系的稳定和发展,并为 P2P 公司提供关联银行承保以及流经银行的款项督检。

(四)众筹监管的监管经验

在谈及美国众筹监管的经验时不得不提的是,2012 年美国推出针对创业企业融资的《JOBS 法案》。从出台的背景来看,《JOBS 法案》为小型公司发展和融资提供良好的制度环境和支撑。当金融危机爆发后,美国银行和个人信贷普遍收紧,小型公司间接融资渠道受阻。加之,资本市场的融资规模受限,小型企业成长中所需的资金要素、资本总量严重不足。虽然在法案出台之前,美国的众筹融资模式已经被广泛运用,是以共同目标为发展愿景,向较多的个体投资者筹集一定资金,但一般来说每个个体的出资额度是比较低的。这种模式在慈善中运用特别广泛。在《JOES 法案》出台之前,这种融资模式受到法律的限制,监管制度禁止小型企业以股权作为标的进行质押融资。但当《JOBS 法案》出台后,这一困境得以化解。该法案不仅拓宽了小额融资交易的"中介渠道",并对这一"集资门户"的资格、行为进行了严格限制以便更好地保护投资者利益。

一方面,对于"集资门户"这些中介渠道进行监管的仍是证券交易委员会 SEC。各众筹机构应当在证券交易委员会注册,遵守证券交易委员会 SEC 的检查、执法和监督。即使在某些条件下免除登记注册为证券交易商,也可以注册成为一个全国性证券交易协会的成员。同时,《JOBS 法案》还简化了 100 万美元以下的网上小额集资交易的注册程序,鼓励网上小额融资交易,降低中介机构参与交易的门槛,从而减少了发行公司的交易成本和融资成本。此外,美国证券交易委员会在加强对参与交易的中介机构的监管的同时,还向"集资门户"这一中介机构分散了部分监管职责,要求中介渠道提高对投资者的透明度、从事中介活动的规范化,以保护投资者和公众的利益。

另一方面,为了防止"集资门户"在发行中的"不当得利",《JOBS 法案》则要求集资门户进行推荐和投资建议,不能对证券销售人员、代理商和雇员进行赔偿和触碰证券交易委员会的其他限制条件。同时,该法案还要求"集资门户"在售出证券 21 天内,要向证券交易委员会和潜在投资者发布发行者的所有信息,进而确保投资者能充分了解投资风险、保护私人信息,并通过对发行公司高管执行证券法规的情况进行调查,向潜在投资者披露风险。

第二节 国外互联网金融发展监管的一般特征

基于对国外互联网金融监管的国际经验的梳理总结，我们结合国外个体案例，进一步提炼形成国外互联网金融发展监管的一般特征。在本部分主要从监管体系特征、监管内容特征、监管过程特征、监管渠道特征和监管方法特征五个维度予以展现，力争全方位、多角度，由表及里、由浅入深形成国外互联网金融发展监管的一般特征，为我国互联网金融发展与监管提供可资借鉴的一般经验规律。

一、监管体系特征

互联网金融以新兴事物形态在世界金融市场和金融体系中占据一席之地，改写着金融发展的既定轨迹和逻辑原理。也正因为互联网金融发展的新业态、新事物的特征，各国对于互联网金融发展进行监管时并未形成统一的范式和监管制度。尤其是对于不同的互联网金融业态，世界各国的监管主体、监管流程也存在显著的差异性。因而，在全世界范围内，对于互联网金融的监管都面临诸多挑战，并未达成一致和形成统一的监管范式。但从上述国际互联网金融监管的举措可以看到，世界各国在对互联网金融本质属性进行定位和厘清时，都普遍认为，虽然互联网金融作为金融发展新业态，是对传统金融的渠道升级、技术更新，但从本质来看，互联网金融并未改变金融产业的核心内涵、风险特质，在功能上仍是资源配置、支付、投融资和风险管理等主要金融功能在新时期的主要体现。既然互联网金融在本质上是属于金融，那就应该接受监管并纳入监管体系框架。

需要指出的是，国外对于互联网金融进行监管时并未"另起炉灶"，构建专门的互联网金融监管体系。而是在现有监管体系、监管制度框架的基础上，进行修改、完善。当然，这样做也与发达国家现行完善的监管体系有很大关联。发达国家监管法律相互配合，可以较高地涵盖主要互联网金融业态，基本上不存在监管空白和"真空区"。因而，并不需要重构互联网金融监管体系和监管规则。例如，对第三方支付的监管在很大程度上沿袭银行监管的监管框架；对P2P公司的监管也由美国证券交易委员会负责，实行注册管理制等。英国也将P2P、众筹等主要互联网金融新业态纳入金融行为监管局的监管框架。德国、法国则要求从事互联网信贷业务的互联网金融机构获得和传统信贷机构一样的信贷机构经营牌照。既然互联网金融纳入监管框架是世界主要国家的典型做法、一般特征，那么，作为政府调控经济的主要工具的货币政策，在一定程度上也就适用于从事支付和信贷业务的互联网金融业态，货币政策应对其进行干预和调控。这一点对我国也是适用的。

二、监管内容特征

我们发现，在梳理国外互联网金融监管的主要经验时，监管内容主要是基于业务性质来对应和划归监管部门的。互联网金融及其各业态往往具有跨界性、交叉性、嵌套性、联动性等特征。因此，在对互联网金融各业态监管的过程中，传统的以市场准入为主的"机构导向"型的监管模式在很大程度上与互联网金融发展存在不匹配性、不兼容性。因而，难以满足互联网监管的多栏化、复杂化和交错化的需求。基于国外的监管经验我们可以清晰地看出，国外在对互联网金融进行监管时，往往采用的是"行为导向"型的监管模式，通过本质性、穿透式的行为监管，聚焦不同类型的互联网金融业务、功能性实质、潜在影响，来确定监管主体、准入条件以及监管规则。

在互联网融资层面，股权融资一般由金融市场监管机构来负责；债权融资主要由银行监管机构来负责。例如，以P2P为例，美国P2P所发行的凭证，被美国证券交易委员会认定为证券。因而，其就由金融市场监管机构SEC来负责。又如，法国通过对众筹机构是否从事支付和发放信贷业务来决定金融审慎监管局是否介入。这一点对于我国互联网金融监管来说，具有重要的参考意义和借鉴价值。所以，在监管内容上，我国也应转变监管思路，由机构监管向行为监管、功能监管转变，以更好地填补监管空白区、真空区、重叠区，以弥补传统监管机构导向监管范式的制度背离性、偏差性，在为互联网金融规范发展保驾护航的同时，达到防范金融风险和金融市场稳定的功效。

三、监管过程特征

国外互联网金融监管过程的主要特征是能够根据互联网金融发展新形势的变化及时调整法律制度、监管规则。在将互联网金融纳入监管体系后，世界各国为了提升互联网监管效率和有效性，不断根据宏观经济形势以及社会发展形式的变化，更新监管理念、调整监管方式、补充监管细则，对现有监管规则进行进一步的修订和完善。例如，美国网络银行的监管框架就是在传统的国民银行监管的基本规定基础上，增添了网络银行监管的新要求、新规则；欧洲对于第三方支付的监管与对银行的监管规则是一致的，并在制度层面规定了从事电子支付服务的只能是银行，非银行机构要从事相应的业务必须获得相应一致认同的营业牌照。与此同时，还进一步规定，第三方支付平台需要在欧洲央行开设专门账户，存放沉淀资金。这在一定程度上和我国对于互联网支付的监管细则存在一定的类似性。

再如，对于P2P公司的登记和监管，除了适用《1933证券法》的监管要求之外，还增加了其他新的监管条例和规则。例如，作为新的私募规则的《506规则修订》、《蓝天法案》、《证券交易法》、《投资公司法》、《投资顾问法》、风险保留要求、与证券化相关的法律、借款法及贷款人注册和获得执照、《高利贷法》、《银行秘密法案》、与第三方使用银行证书相关的事项、州获取执照的要求、《消费者保护法》、《诚实借贷法》、《联邦贸易委员会法案》、《公平借贷法》、与债务清收程序相关的法规、《隐私法》、《电子商务法》、多德弗兰克法案，以及其他的破产及税务考虑等监管法律，等等，也同样在其中发挥着重要的效力。虽然一些法律的作用更为重要，但是P2P机构若想在美国运营就需要全部加以考虑。综合而言，从监管过程来看，新时期我国互联网金融在监管时也应实现兼顾现有监管规则、基于互联网金融新特点、新问题来创新监管新则，在监管细则上实现和传统监管制度的联动性、传承性。

四、监管渠道特征

在监管渠道方面，除了监管机构的外部监管以外，国外各国在对互联网金融机构进行监管时，还有一个非常重要的特征，那就是补充了行业自律规则和互联网金融机构的内控流程。通过"三管齐下"来全方位保障互联网金融的发展和平稳运行。在行业自律方面，西方国家许多协会均制定了行业标准，试图通过同业监督来引导互联网金融行业发展。英国主要P2P平台组建了全球第一家小额贷款协会；美、英、法等国积极推动众筹协会建设和发展；等等。

当然，除此之外，互联网金融健康发展的根本动力还是要依靠互联网金融机构自身的风险管控能力来提升与监管部门有效沟通的反馈机制。例如，美国在对

Paypal 的业务进行质疑和要求整改时，Paypal 公司不仅给出了监管机构的具体反馈意见，还配合监管机构进行认真整改。这既促进了其自身业务能力的规范和提升，也为其他国家从事第三方支付的监管提供了参考和借鉴。因此，互联网金融机构、行业协会和监管机构的有效互动、充分沟通、协同治理，是发达国家在监管渠道层面所表现出来的重要特征。这也为我国互联网金融的监管提供了可资借鉴的经验和模式选择。

五、监管方法特征

国外发达国家在进行互联网金融过程中都有完善的征信体系做支撑。可以提供准确的信用记录，进而实现了互联网金融机构和金融消费者之间的信息充分对称，如美国 P2P 平台 Lending Club 与多家银行实现了征信数据共享。其他国家，如德国和法国也充分发挥了政府主导征信体系的权威性和完备性，进而有效地降低了市场风险，促进了互联网金融市场稳定。因此，在我国互联网金融监管的过程中，也应该将互联网金融机构在接入央行征信平台的同时，通过各种举措与芝麻信用等民间征信平台实现征信信息共享，全面助力互联网金融监管发展。当然，除此之外，西方国家对于互联网金融监管方法层面还有一个十分重要的特征，那就是充分发挥保险机构的作用，这一点在新时期我国互联网金融监管中值得进一步借鉴。

第三节 国外互联网金融发展监管的经验及其启示

他山之石，可以攻玉。梳理世界主要国家互联网金融监管的主要经验，凝练国外互联网金融监管的一般特征，在很大程度上是为了在借鉴国外互联网金融监管经验的基础上，寻求与我国经济发展阶段、互联网金融成长阶段规律、现实约束相兼容的互联网金融监管路径。这是经验理清的主要目的和最终归宿。针对国外互联网金融发展监管经验的梳理，本书认为，国外互联网金融发展对我国监管的经验借鉴体现在以下五个方面：一是在成长初期适宜采用宽松政策；二是将互联网金融纳入政策监管体系；三是监管持续性与反馈机制构建；四是实现机构监管向功能监管转变；五是强调消费者权益保护。

一、在成长初期适宜采用宽松政策

互联网金融作为金融体系的新业态，是金融发展的前沿成果和普惠金融体系构建的重要选择，是"新事物"。新事物是否监管、监管尺度如何把握是考验政府决策层和监管层的重要标尺。事实上，对于新事物的监管可以从契约理论中得到启示。契约理论揭示的主要是在特定交易环境下，不同合同人之间的经济行为和结果，是将所有交易和制度看成一种契约，在考虑信息不对称的情况下，设计最优契约来减少当事人的道德风险、逆向选择和"敲竹杠"等问题，进而提升社会总福利水平。契约理论也是2016年诺贝尔经济学奖获得者奥利弗·哈特和本特·霍姆斯特罗姆的主要理论贡献。契约理论的内涵十分丰富，但基本上可以划分为完全契约理论和不完全契约理论两种主要的理论内涵流派。

完全契约理论，实际上就是委托代理理论。完全契约理论认为，企业和市场并不存在本质差别，都是一种契约。委托人和代理人能够预见未来所有的偶然状况，并通过制定最优的风险分担和收入转移机制来实现约束条件的次优效率。换言之，当事人可以设计出一种涵盖未来所有不确定情况的契约，进而明确双方的权利和义务边界。

不完全契约理论则正好相反，认为由于人们认知的有限性、知识储备的有限性，当事人无法预见未来所有可能的情况，即使能预见不确定性存在，但也未写进契约中。因而，在这样情形下，契约是不完全的。综合理论内涵可以看出，互联网金融监管的本质实际上就是一个不完全契约。因而针对传统金融机构的监管制度并未预见会出现互联网金融这一新业态。那么现在所面临的问题是，在法律处于空白或者监管的灰色地带、真空区域时，互联网金融出现问题应该优先保障谁的利益呢？是互联网金融机构的利益？还是金融消费者的利益？抑或是传统金融机构的利益呢？

因而，按照事后控制的基本原则，当契约不完全时应该实现社会总福利的最大化。最重要的一点是，应该找出对社会福利贡献最大的主体，然后，保障他的利益以及补偿损失主体的利益。基于这一原则，如果互联网金融能够缓解"长尾群体"的融资需求，加快普惠金融的建设进程，那么互联网金融机构的利益就应该首先受到保障。如果互联网金融机构不可避免地对现有金融秩序和金融安全形成冲击，就应该对互联网金融进行干预，并将损失补偿给传统金融机构。

从我国发展实际来看，对于互联网金融的监管是以往监管制度、监管法律所不曾涉足的领域，面临更多的仍是不完全契约的问题。因而，对我国互联网金融监管的借鉴意义也就不言而喻。因此，一旦遇到法律上没有规定的问题，监管机构就不能简单地对互联网金融发展新业态、新模式进行禁止或者阻截。而应着重考虑在怎样的条件下实现社会福利的最大化。尤其是在互联网金融发展的初期阶段，政府应该出台各类政策鼓励互联网机构进行创新、扶持互联网金融发展壮大。

当然，国外的发展经验也充分表明这一监管路径，如在 Paypal 监管的过程中，就体现了这一监管轨迹以及监管机构对于监管尺度的把握。一言以蔽之，在互联网金融成长的初期阶段，政府应采用更为宽松和适宜的互联网金融发展政策，而不应进行禁止和阻截，甚至对其进行"妖魔化"和一刀切。从这个角度上来说，识别互联网及其不同业态的成长阶段和进行差异化、分类化的监管策略就显得格外重要。

二、将互联网金融纳入政策监管体系

将互联网金融纳入政策监管体系是世界上互联网金融监管的主要规律和一般特征。既然互联网金融要纳入政策监管体系，那么就意味着作为货币政策制定者的央行应发挥作用，以货币政策为抓手，对互联网金融机构进行干预，按照"鼓励创新、防范风险、趋利避害、健康发展"的总体要求，逐步提高央行对宏观经济调控以及对互联网金融相关业态的监管能力，促进互联网金融健康发展，为大众创业、万众创新提供强有力的金融支撑，促进金融服务质量和效率的提升，构建多层次金融体系。

需要注意的是，本书主要揭示的是货币政策在互联网金融中的传导机制问题，聚焦的是宏观层面的监管问题，对于互联网金融中的属于银保监会、证监会范畴的行为监管则并不是本书要讨论的范围。本书主要聚焦的是货币政策的制定者——央行在互联网金融监管中所处的角色定位和所起的主要作用。基于国外互联网金融监管的主要经验和一般特征认知，以及当前我国互联网金融监管中央行的分工领域，认为在互联网金融监管中央行提高监管能力应从以下两个方面入手：

一是从全局性、宏观性和系统性角度评估互联网金融发展对国家金融安全、金融系统稳定和宏观经济稳健性的影响效应。基于对互联网金融成长阶段、业态特征以及风险形成机理的差异性特征，确定对互联网金融及其各新型业态的监管原则、监管举措、监管内容、监管方式以及监管路径等。同时，央行也应及时追踪国外先进的发展趋势，通过去伪存真、去粗取精，为我国互联网金融发展起到监管作用。

例如，欧洲央行对于第三方支付平台的监管则是要求第三方支付平台在欧洲央行开设专门账户，存放沉淀资金。我国央行对第三方平台进行监管时也主要沿袭了这一监管思路。如在《国务院办公厅关于印发互联网金融风险专项整治工作实施方案的通知》提出"非银行支付机构不得挪用、占用客户备付金，客户备付金账户应开立在人民银行或符合要求的商业银行。人民银行或商业银行不向非银行支付机构备付金账户计付利息"的相关要求。在《中国人民银行办公厅关于实施支付机构客户备付金集中存管有关事项的通知》中，央行提出了根据第三方支付机构的网络支付业务、银行卡收单业务以及预付卡发行与受理等不同业务类型，确定支付机构备付金缴存比例的监管方式。在最新的监管政策《中国人民银行办公厅关于支付机构客户备付金全部集中交存有关事宜的通知》中，进一步将监管力度升级，规定了自2018年7月9日起，逐月提高支付机构客户备付金交存比例，到2019年1月4日实现100%交存等。这些模式在很大程度上与国外监管对于第三方支付机构的监管有一定的异曲同工之处，体现了对于第三方支付监管的渐进性以及防范支付机构将资金挪作他用和保护客户资金权益的决心和意志。

二是发展数据库技术，增强央行货币政策调控中中介指标选取的精度和可操作性。货币政策操作依赖于政策工具和操作指标选择。互联网金融对于货币政策主要操作指标中的基础货币、利率、货币供应量乃至信贷规模都有较大的影响，而且互联网金融不同业态对于各中介指标在不同程度上有"放大效应"或"收缩效应"，这样就会使货币政策的稳定性受到极大的挑战。但是现行统计口径在很大程度上并未涵盖互联网金融机构以及业务形态。因而，在总体层面，会极大地限制货币政策操作的精准性，甚至可能会适得其反，陷入"流动性陷阱"。从这个角度来说，在新时期要基于可控性、可测性、相关性和抗干扰性的操作指标选取原则，强化金融综合统计、发展数据技术，建立互联网金融发展数据库，通过数据库归类整理、分析、统计，实行统一监控，进而为增强货币政策有效性提供有效支撑，增强央行在互联网金融监管中的掌控能力。

三、监管的持续性与反馈机制构建

在对西方各国互联网金融监管的经验梳理中，我们可以清晰地发现对于互联网金融的监管强调监管的持续性，并侧重监管结构和互联网金融机构间的反馈机构构建。具体来说，在对监管的持续性和反馈机制构建方面主要表现在以下四点：

（1）强调门槛准入的高标准、高要求，在事前减缓监管中的交易成本。互联网金融本质仍是金融，但与传统金融却有很大不同，尤其是在金融风险传递方面。互联网金融风险实现了互联网风险和金融风险的"叠加""放大"与"综合"。在很大程度上对一国的金融体系的冲击性、金融市场的稳健性以及金融机构的替代性都有重要影响。因此，在市场准入性方面，要构建相比传统金融机构更为严格的市场化准入机制，从源头上杜绝逆向选择和道德风险问题。现在我国P2P发展中涌现出的各类问题、突发矛盾与现行"宽松"的市场准入门槛和监管机制不无关系。因此，后续的治理成本和监管效果也并不理想。虽然金融风险得以抑制，但也使整个行业受到重创。各类问题不断涌现，不仅冲击着我国金融体系安全、金融消费者利益，也增加了社会治理成本和对社会稳定产生不良影响。新时期应继续推进互联网金融发展的"供给侧"改革，要在源头上把好"质量关"，提升互联网金融机构准入标准、门槛条件，通过综合改革、制度创新，消除互联网金融机构的信用风险。

（2）对原有法律框架的适用性范围进行拓展、调整和变更，使其适应互联网金融发展大环境下的新动态、新变化。国外发达国家互联网金融监管的实践表明，互联网金融监管并不是另起炉灶、从头再来。互联网金融监管制度体系是现行金融监管体系的"改进式"创新。因而，传统监管法律框架在某些方面对于互联网金融机构仍具有广泛的适用性、兼容性和约束性的作用。例如，美国对于第三方支付、网络银行以及P2P公司的监管，都是在既定框架下进行调整，促使其更适宜互联网金融发展需要以及新形势下的新特点。

在这一点上与互联网金融的"金融"本质也不谋而合。因此，互联网金融监管应注重与现有监管框架的衔接性、适用性，实现原有监管架构和互联网金融监管机构整合统一。同时，监管机构在进行监管时切忌形成监管"孤岛"。这样不但无法形成平等、和谐的金融发展环境，而且在很大程度上容易挫伤互联网金融机构进行互联网金融产品创新、服务改进的积极性、主动性。因此，新时期监管机构在对互联网金融机构进行监管中，亟须整合各类监管制度，形成既覆盖传统金融机构，又覆盖互联网金融新业态的金融监管制度框架、监管合力。否则，就很容易陷入监管困境、形成制度背离。

（3）在监管过程中应强调监管机构和互联网金融机构间的互动与交流，淡化行政干预、强化市场监管。梳理发达国家经验，我们也很容易发现，监管机构对于互联网金融监管一般都没有采用"一刀切"式的行政干预方式，比较注重把握监管"尺度"和监管方式的适用性、包容性，较多地运用互动、交流等市场化监管方式。例如，美国在对 Paypal 进行监管的过程中，监管机构的监管方式就充分体现了这一点。因此，我国监管机构在对互联网金融机构进行监管的过程中，也应切实避免"一刀切"的监管方式，应在广泛质询、多方征询、专家集体决策的基础上，以更为民主、更为科学的方式进行，以此提升互联网金融监管成效和促进互联网金融持续、健康、快速发展。

（4）注重监管效果的评估与反馈。互联网金融发展特点决定着其迭代迅速、更新周期较短。因此，互联网金融监管也应是"动态"的。这一点在上述发达国家金融监管经验梳理部分体现得淋漓尽致。虽然新法令出台后，互联网金融机构会进行业务调整以使其符合监管要求和规范合规，调整行为往往具有阶段性。但从后续发展来看，各类问题仍会继续涌现。从监管角度来说，现行监管主要是"事中环节"的监管，事前、事后的监管相对薄弱、较为分散。因此，监管机构在对互联网金融监管的过程中，应强化监管效果评估以及反馈，建立事前问询机制、事后的反馈机制，逐步增强对互联网金融运营"全过程"的监管力度，全面提升监管效率和质量。

四、实现机构监管向功能监管转变

从互联网金融监管的分工来看，《关于促进互联网金融健康发展的指导意见》为互联网金融监管奠定了坚实基础。该指导意见主要由央行会同相关部委制定，也是当前互联网金融监管的"基本法"。在该指导意见中，按照"依法监管、适度监管、分类监管、协同监管、创新监管"的基本原则，确立互联网支付、网络借贷、股权众筹融资、互联网基金销售、互联网保险、互联网信托和互联网消费金融等主要金融业态的监管职责分工、业务边界和监管主体。这其中的互联网金融支付由人民银行负责监管；网络借贷、互联网信托、互联网消费金融、互联网保险由银行保险监督管理委员会负责监管。互联网基金销售、股权众筹融资主要由证监会负责监管。从某种意义上来说，我国对于互联网金融监管仍是典型的"机构监管"范式。也就是说，对于某个特定种类金融机构的所有监管事项，均纳入相应监管机构的职责范畴。

如果仔细分析可知，这种监管范式容易出现诸多问题。其中，最为突出的就是，该范式忽略了互联网金融"跨界性""跨市场性""期限叠加性"三种隐性特征。因而容易陷入监管真空困境。例如，以众筹来看，其主要分为股权众筹、债券众筹。股权众筹归属于证监会监管是毋庸置疑的。但债权众筹本质是借贷，归属到证监会监管显然就会出现上述所说问题。此类问题在互联网金融监管中不胜枚举。对于此类问题，在上述经验梳理中我们发现，西方国家一般是通过将机构监管和功能监管相结合，并侧重功能监管。也就是说，对同类相关业务由相同监管机构进行监管，就是所说的"功能监管"。

从监管范式演进趋势来看，由机构监管向功能监管转变是必然趋势。因此，我国在对互联网金融进行监管时，也应借鉴发达国家对于互联网金融监管的制度，应采用"穿透式"的功能监管范式，聚焦互联网金融功能，按功能确定监管归属、主体分工，进而提升监管效率。考虑到各国的实际情况不同、互联网金融发展阶段不同，我国在进行互联网金融监管中也不能直接跳转至功能监管范式，建议采用"折中策略"，采用机构监管和功能监管相结合的范式。从长远来看，互联网金融监管范式势必会向功能监管转变。

还需要注意的是，当前我国互联网金融发展一般都是以金融控股公司为主体进行开展的。金融控股公司实际上是大型金融产业、产品"航母"。以BAT为例，阿里集团旗下有银行、保险、基金、证券、小贷等主要金融板块，并拥有第三方支付、保险和小贷等多张金融牌照。腾讯也基本上涵盖了第三方支付、保险、证券、基金、小贷等多个领域。百度也与中信银行联合成立百信银行，并申请百安保险牌照。可以说，现行的大型互联网科技公司基本都已经涉足金融领域，成为互联网金融发展的引领者、开拓者，已经覆盖所有新兴互联网金融业态，综合发展实力、市场竞争力已经能与大型金融机构相媲美，甚至发展实力已经超过部分金融机构。但现行监管体系并未将其纳入其中。从实质上来说，金融控股公司是以混业经营的方式规避现行监管体制，尤其是民营企业机构较多，关联交易、嵌套关系既不清晰，也不透明，背后隐匿的风险不容小觑。因此，从这个角度来看，功能监管也势在必行、亟待开展。

五、强调消费者权益保护

以客户为中心、想客户之所想、急客户之所急是互联网思维的第一要义。也是互联网思维的核心内涵。根植于互联网时代大背景下的互联网金融，要想获得长足、快速、健康发展势必也应以满足客户的需求为导向。从这个角度来讲，强调消费者权益保护就是互联网金融监管的最终归宿。通过对国外发达国家互联网监管经验的梳理，我们清晰地发现，对于金融消费者权益保护都是监管政策关注的重点和最终目的。因为，互联网金融发展的目标市场就是之前被传统正规金融所排斥的"长尾群体"，无论是在规模上还是在数量上都是十分庞大的。互联网金融在降低市场准入门槛条件、创造更多投资机会的同时，也使风险"下沉"。一旦出现风险，辐射面、波及范围就会更为广泛、波及效应也会更强。从这个角度上来说，在互联网金融发展中，对于金融消费者权益的保护比以往任何时候都显得更为重要，这也是发达国家在对互联网金融监管中所达成的共识以及监管政策制定的主要内容。结合发达国家的基本经验以及我国互联网金融发展的新特征、新特点，我国互联网金融监管中对于消费者权益保护可以从以下两个方面入手：

（1）建立客户备付金集中存管制度，切实保护消费者资金安全。银行备付金是非银行支付机构预收的客户待付资金。在本质上仍属于客户，不属于任何非银行金融机构。在互联网金融发展初期，这部分资金被非银行金融机构挪用并且投资于货币市场基金领域。由于网络交易频繁、规模庞大，备付金的规模十分庞大，一旦出现资金风险，后果就不堪设想。事实上在监管层面，监管机构也早已意识到其中所隐匿的风险性。早在 2016 年，国务院办公厅发布的《国务院办公厅关于印发互联网金融风险专项整治工作实施方案的通知》就明确："非银行支付机构不得挪用、占用客户备付金，客户备付金账户应开立在人民银行或符合要求的商业银行。人民银行或商业银行不向非银行支付机构备付金账户计付利息，防止支付机构以'吃利差'为主要盈利模式。"同时，还规定："非银行支付机构不得连接多家银行系统，变相开展跨行清算业务。"在随后的监管政策中，《中国人民银行办公厅关于实施支付机构客户备付金集中存管有关事项的通知》《中国人民银行办公厅关于支付机构客户备付金全部集中交存有关事宜的通知》等制度文件进一步奠定了监管框架，为促进互联网金融消费者权益保护奠定了重要基础。

（2）将互联网金融机构纳入存款保险制度体系。虽然《中国存款保险条例》于 2015 年 5 月 1 日起正式实施，但是在覆盖面上并没有涵盖 P2P 网络借贷等互联网金融机构。虽然在风险防范中，互联网金融平台普遍采取设立风险备付金、与银行等第三方托管机构合作等做法，但风险化解能力毕竟有限，亟待与保险企业合作，这也是保障投资者权益的重要选择，引入互联网金融存款保险制度势在必行。事实上，这在发达国家互联网金融监管中也可以探寻到相应轨迹。在新时期，建议国家将互联网保险制度覆盖从事互联网金融业务的非银行金融机构，互联网金融机构也需要向存款保险基金管理机构缴纳保费，但在最高偿付限额、赔付标准和适应费率上可以与银行金融机构有所差异。同时，为了增强监管效力，应建立推动《存款保险法》立法启动工作，全面增强互联网保险制度的法律约束，更好地维护金融市场秩序，保护消费者合法权益和促进互联网金融市场持续、健康发展。

第五章　我国互联网金融发展现状及其发展趋势

本书在上文梳理了互联网金融发展的国际监管经验，及其对新时期我国互联网金融发展监管的主要启示和路径选择。接下来继续揭示我国互联网金融发展的动因及其演进轨迹，我国互联网金融发展的总体及业态结构、阶段特征以及我国互联网金融发展趋势。本书试图分析我国互联网金融发展现状及其发展趋势，明确新时期货币政策干预互联网金融发展的必然性、必要性，为揭示货币政策在互联网金融中的传导机制提供经验借鉴。

第一节　我国互联网金融发展动因解析

在我国，互联网金融之所以保持旺盛生命力、迅猛发展势头，在很大程度上与我国金融体系建立健全、新业态涌现，尤其是宏观经济发展环境和微观生态的变迁有很大的关联。深刻地认知我国互联网金融发展的动因，剖解其演进轨迹，在很大程度上能够从我国现实发展土壤中，把握、诊断互联网金融发展的跳动脉搏、时代特征以及演进轨迹，利于把握货币政策干预互联网金融发展的必要性、操作尺度以及操作路径，进而奠定货币政策干预互联网金融发展的经验支撑。

结合我国互联网金融产生的源头以及国际发展经验，本书认为，促使我国互联网金融发展主要有以下四个方面原因：一是正规金融体系不健全给互联网金融留足了发展空间；二是金融排斥、金融配给使得"长尾人群"金融服务需求刚性无法逆转；三是数字经济新业态出现使互联网金融必须补位；四是互联网技术和智能终端发展助力互联网金融衍生。具体来说：

一、正规金融体系不健全给互联网金融留足了发展空间

按照一般划分，金融体系主要由正规金融和非正规金融共同构成。正规金融

主要包括政策性金融、商业性金融以及合作性金融。非正规金融则主要包括典当行、放高利贷者、小额信贷机构、亲友租赁、联保小组以及民间合会、校会等。如果按照业务归属，可以把互联网金融大部分业态都看成是非正规金融。但从正规金融体系运行来看，正规金融长久以来未起到其应有的作用。尤其是一些偏远区域、连片贫困地区以及经济不活跃区域，正规金融体系长期缺位、无法满足市场经济主体对于金融服务的需求。

另外，正规金融体系长久被冠以的"高贵性"，对这些区域市场主体，正规金融机构往往不屑一顾。因此，在这样的发展现实下，非正规金融体系必须实现"补位"。此外，正规金融体系自身存在的低效率、服务半径短等客观现实，也给非正规金融体系的建立健全、发挥重要作用、做出更大贡献提供了很大的成长和发展空间。互联网金融作为非正规金融体系的重要构成，克服了正规金融体系发展空间不足、效率低下的发展困境，迎来了发展的新机遇。这也是为什么互联网金融虽然诞生于国外，但却在我国获得质的飞跃和发展的根本原因。

二、金融排斥、金融配给使"长尾人群"金融服务需求刚性无法逆转

金融机构的本质属性是"特殊企业"，其经营目标是实现利润最大化。因而，在实践运行过程中，其势必会偏好大型企业、富裕阶层以及高营利性产业。这也是金融机构供给金融服务的基本立足点和出发点。因此，在这样的导向下，小微企业、农民群体以及一些弱质性产业长久被排除在金融机构的金融服务供给"目录"之外。因而，金融机构在供给金融的过程中往往采用"配给"的方式，有针对性地锚定大企业、富裕阶层以及高营利性产业，金融服务供需匹配失衡、期限错配的问题表现十分突出。

随着国家财政支农政策的不断完善，融资难的问题得以缓解，但是融资贵的问题并未化解。小微企业、农民群体以及一些弱质性产业等"长尾人群"的融资"痛点"并未完全化解。互联网金融诞生后这一问题在一定程度上获得缓解。一方面，互联网金融主要以"长尾人群"为服务对象，专注"长尾人群"的融资难、融资贵问题，是普惠金融新业态，利于实现金融普惠；另一方面，互联网金融利于拉低市场利率，利于推进利率市场化往更高层次、更高阶段发展。当然，这也是催促互联网金融诞生和发展的重要原因。

三、数字经济新业态出现使互联网金融必须补位

随着我国"互联网+"战略的快速实施,数字经济逐步成为我国经济发展和国民经济部门的重要构成部分。习近平总书记在党的十九大报告中首次明确提出了"数字中国"的重大发展战略。以云计算、大数据、移动互联网为代表的数字技术的应用领域,也从经济领域逐步向公共服务、社会发展和人民生活等方面逐步扩展。

根据腾讯研究院发布的《中国互联网+指数报告(2018)数字中国脉动地图》中的测算数据:2017年全国数字经济体量为26.7万亿元,较2016年同期的22.77万亿元增长了17.24%,数字经济占GDP的比例也较2016年上升1.67个百分点,上升至32.28%,数字技术在经济领域的渗透不断提升,广度、深度不断拓展。在总体排名方面,广东省连续三年排名第一,江苏、浙江紧随其后。在增速方面:以长三角、广深、厦门、川渝、武汉、长沙、济南、郑州、西安、沈阳为局部核心,周边城市的增幅均表现良好。

数字经济的纵深发展刺激了传统金融行业发展的"痛点",金融机构势必要适应数字经济发展新趋势和实现自身变革。互联网金融体现的就是传统金融机构为了适应数字经济时代的大变革,寻求产业发展、融合突破、补位发展的直接体现,是数字经济时代下的金融服务创新、融资机制变革。不仅如此,数字经济也为互联网金融发展创造了更多的应用场景。除了电商的消费场景之外,只要有各类交易发生的场景都可以使用互联网金融服务。与此同时,随着数字经济的发展,金融可以利用的大数据资源也不仅仅停留于电商交易中,如开鑫金服利用政策性农业保险的投保数据与人保财险发起设立互联网科技小贷,实现客户筛选和为"三农"发展提供优质、高效的金融服务。在这一方面,互联网金融与数字经济亦步亦趋、同步前进、共赢发展。

四、互联网技术和智能终端发展助力互联网金融衍生

互联网金融发展与互联网技术的运用密不可分。互联网科技改变了传统金融服务的供给机制。金融服务供给的事前、事中和事后的各个阶段,都有互联网技术的运用。在事前、事后阶段,通过在社交网络、电商交易、黑名单、司法信息等平台形成和聚集了海量交易数据,形成了互联网条件下的征信新机

制，可以为互联网金融机构和传统金融机构供给金融服务提供有效支撑。当然，互联网条件下的征信也是对我国现行征信体系的有效补充，拓展了征信范畴的广度和深度。

同时，借助于交易大数据、人脸识别技术、智能投顾、区块链等技术，互联网金融机构还可以实现金融服务需求对象的有效锚定、精准营销、欺诈识别、客户关系管理等，有效化解了逆向选择问题、削减了交易成本，实现了需求和供给的有效衔接，增强金融服务供给的有效性。在事后阶段，借助人工智能、大数据预警分析等可以有效地管理互联网金融风险，也有效地化解了道德风险问题，调动互联网金融机构进行金融服务创新的积极性、主动性。当然，除此之外，智能终端的普及和发展、互联网技术的运用也对互联网金融发展有推波助澜作用。可以说，互联网技术和智能终端是互联网金融发展与衍生的软件和硬件支撑条件。

第二节　我国互联网金融发展总体及结构特征

一、我国互联网金融发展的总体特征

互联网金融发展内涵丰富、业态繁多。如何系统、全面、客观地反映和量化互联网金融发展的总体概况一直是约束学界研究纵深发展的主要障碍。但自北京大学数字金融研究中心发布和测算了互联网金融发展指数后，这一状态才得以有效改变。目前，所提供的最新样本跨度是 2014 年 1 月至 2016 年 3 月。该指数在编制过程中，所需要的所有数据来自蚂蚁金服、铜板街、米么金服、超分期、中国人民银行、零壹财经等具有代表性的互联网金融企业或第三方机构的公开数据。

从业态结构层面来讲，该指数涵盖互联网支付、互联网货币基金、互联网投资、互联网保险四大业态板块，各大业务板块的通用指标又可以分为广度指标和深度指标两个层面。其中，广度指标在具体量化中采用最近 1 个月的交易渗透率来衡量，通用深度指标采用最近 1 个月的人均交易金额和人均交易笔数来衡量。并以此为基础，按照主观和客观相结合的原则，进行赋予权重加权得到互联网金融发展指数。在权重设置方面，广度和深度指标的权重分别设置如下：交易渗透率占 50%，人均交易金额占 25%，人均交易笔数占 25%；三级指标（蚂蚁金服

和其他机构）按照获取交易金额的 3 个月移动平均值占两者之和的比重来衡量；各大业务之间的权重主要依据各业务发展成熟度进行主观定权。该指数的原始数据如表 5-1 所示。

表 5-1 总体与分性别互联网金融发展指数

时间	互联网金融发展指数	互联网金融发展指数（男）	互联网金融发展指数（女）
2014 年 1 月	100	103.43	95
2014 年 2 月	109.54	113.74	103.89
2014 年 3 月	129.03	133.54	122.61
2014 年 4 月	126.70	131.34	120.16
2014 年 5 月	130.71	133.59	126.28
2014 年 6 月	131.91	135.84	126.57
2014 年 7 月	135.77	139.83	130
2014 年 8 月	138.10	141.95	132.48
2014 年 9 月	149.95	153.27	144.62
2014 年 10 月	154.07	157.07	149
2014 年 11 月	181.95	185.22	176.22
2014 年 12 月	181.70	184.09	177.06
2015 年 1 月	190.28	193.81	184.69
2015 年 2 月	182.87	186.1	173.72
2015 年 3 月	214.28	214.31	207.48
2015 年 4 月	233.33	233.85	226.12
2015 年 5 月	267.50	264.82	262.58
2015 年 6 月	279.88	277.34	273.8
2015 年 7 月	289.66	288.33	282.51
2015 年 8 月	299.29	296.94	292.74
2015 年 9 月	316.34	313.66	309.68
2015 年 10 月	326.60	328.93	322.53
2015 年 11 月	390.15	389.26	388.67
2015 年 12 月	385.99	387.29	382.07
2016 年 1 月	389.36	392.06	383.5
2016 年 2 月	353.73	362.24	342.86
2016 年 3 月	430.26	431.88	425.57

结合数据可以看出，在样本区间内，互联网金融整体发展水平不断提升，发展速度比较迅速。从 2014 年 1 月至 2016 年 3 月期间，互联网金融发展指数平均值为 230.3，样本跨期内的平均增幅为 5.77%。尤其是 2015 年 3 月、9 月，2016 年 3 月，我国互联网金融发展指数"阶梯形"上升趋势明显，分别迈上 200、300 和 400 的新发展阶段。当然，在样本区间范围内，我国互联网金融发展指数变动并未平稳如初，也存在一定的波动性。除了 2014 年 4 月、12 月，2015 年 2

月、12月，2016年2月互联网金融发展指数出现小幅下降之外，其他月份均呈现的是不断上涨的发展状态。

表5-1还给出了分性别维度测算的互联网金融发展指数。在样本跨期内，男性群体的互联网金融发展指数的平均值是232.4，平均增长速度为5.65%，稍微低于我国互联网金融发展的总体水平。在2015年3月、9月，2016年3月，男性群体的互联网金融发展指数也分别迈上200、300和400的发展阶段。在时间节点上与总体的基本情况是一致的。当然，从数据表中还可以看到，2014年4月、12月，2015年2月、12月以及2016年2月，男性群体的互联网金融发展指数也出现小幅度的波动性，总体上也和大趋势相符。

从女性群体来看，女性群体测度的互联网金融发展指数的平均值为224.5，平均增长速度为5.94%。在增速上低于我国互联网金融发展的总体平均水平和男性群体的平均值。2015年3月、9月以及2016年3月女性群体的互联网金融发展指数，分别迈上了200、300和400的发展阶段，在时间节点上也和男性群体一致，并不存在明显差异性。当然，女性群体的互联网金融发展指数也存在一定的波动性，2014年4月，2015年2月、12月以及2016年2月的互联网金融发展指数相比较其他月都出现小幅下降。综合来看，男性群体和女性群体所测度的互联网金融发展指数在绝对数层面并不存在显著差异，这也说明男性群体和女性群体对于互联网金融发展的参与程度是一致的。但在年均增长速度方面，女性群体要快于男性群体，女性群体的成长性和发展空间相对更大。

除此之外，北京大学数字金融研究中心测度数据中还包括按年龄划分群体的互联网金融发展指数如表5-2所示。从不同年龄属性来看，"60前"群体的互联网金融发展指数的平均值为167.76，平均增速为6.13%；"60后"群体的互联网金融发展指数的平均值为167.79，平均增速为5.2%；"70后"群体的互联网金融发展指数的平均值为167.8，平均增速为5.03%；"80后"群体的互联网金融发展指数的平均值为167.8，平均增速为5.15%；"90后"群体的互联网金融发展指数的平均值为167.86，平均增速为7.76%；"00后"群体的互联网金融发展指数的平均值为167.75，平均增速为5.41%。比较来看，在平均值角度，各个年龄阶层也并不存在显著差异，但在平均增速上却存在一定差异。"90后"群体的互联网金融发展平均增速最快，虽然其他群体与此存在一定差异，但也均大于5%。这也从侧面反映出当前各个年龄阶层所代表的生命周期、劳动力市场参与程度以及收入等因素，对互联网金融发展所起到的不同作用。

表 5-2　按年龄群体测度的互联网金融发展指数

时间	"60 前"	"60 后"	"70 后"	"80 后"	"90 后"	"00 后"
2014 年 1 月	75.82	81.11	115.86	206.28	116.76	21.59
2014 年 2 月	91.67	92.23	126.17	221.36	135.13	23.46
2014 年 3 月	103.01	108.35	146.46	257.99	165.73	24.95
2014 年 4 月	100.42	105.61	143.11	253.36	163.67	23.89
2014 年 5 月	101.44	108.34	148.75	257.74	165.59	24.45
2014 年 6 月	99.13	108.86	147.79	260.58	167.96	24.27
2014 年 7 月	96.26	107.37	149.96	268.71	172.94	25.48
2014 年 8 月	97.68	107.23	150.62	270.68	182.57	26.83
2014 年 9 月	104.72	119.23	165.04	290.49	203.53	24.89
2014 年 10 月	107.7	120.57	166.46	295.87	213.46	27.05
2014 年 11 月	135.31	145.15	197.76	352.22	252.82	29.17
2014 年 12 月	128.9	141.24	195.06	352.9	255.39	30.07
2015 年 1 月	138.51	148.98	205.6	371.73	266.84	33.62
2015 年 2 月	129.02	137.37	189.69	356.44	269.79	32.84
2015 年 3 月	157.1	158.94	221.06	410.67	326.52	40.17
2015 年 4 月	181.26	173.54	239.45	446.19	356.8	41.98
2015 年 5 月	221.73	198.78	271.45	505.73	424.65	46.55
2015 年 6 月	234.17	218.95	283.31	525.18	454.2	49.04
2015 年 7 月	247.38	222.55	296.09	539.78	475.08	48.91
2015 年 8 月	256.96	231.07	301.62	547.54	504.13	52.23
2015 年 9 月	280.86	247.77	313.36	566.46	555.76	50.36
2015 年 10 月	292.57	248.17	320.49	584.32	584.06	54.88
2015 年 11 月	350.91	290.33	387.29	697.77	703.95	61.03
2015 年 12 月	351	290.87	381.82	689.15	697.7	62.3
2016 年 1 月	357.65	289.05	385.11	699.72	706.53	65.21
2016 年 2 月	300.45	306.75	343.96	624.89	657.67	71.5
2016 年 3 月	356.5	303.28	414.95	760.83	814.1	84.85

二、我国互联网金融发展的空间布局

基于对我国互联网金融发展总体的认知，下面进一步分析我国互联网金融发展的空间分布特征。为了对此进行刻画、比较，本部分引用系统聚类分析的方法，以 2016 年 3 月省际互联网金融发展指数为基础，进行聚类分析。在聚类过程中，首先运用"Z-score"方法对原始数据进行标准化处理、聚类方法采用组间连接、二分类的聚类选择平方欧几里得距离。由此，得到树状图如图 5-1 所示。

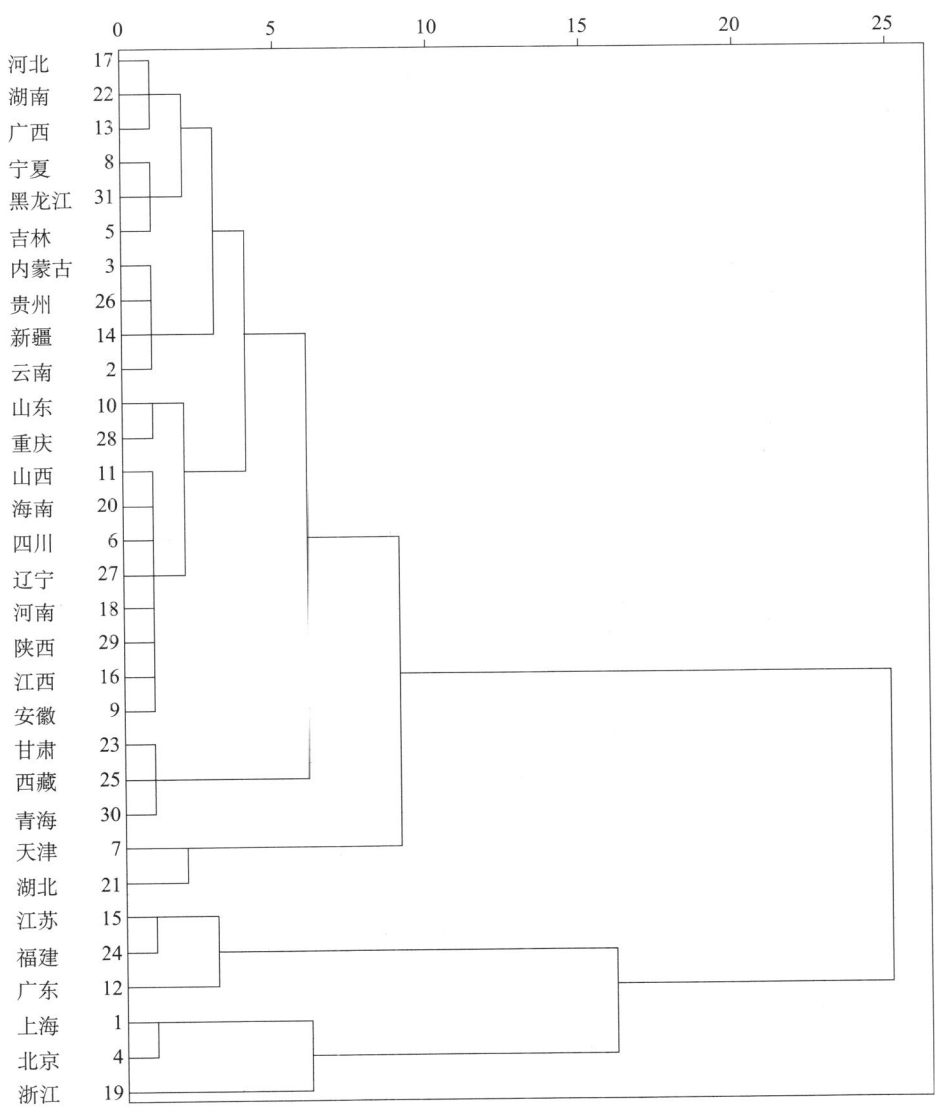

图 5-1 我国互联网金融发展聚类树状图

将我国互联网金融划分为高水平区、中等水平发展区和低水平发展区三大类。为了更好地对树状图进行解析，将聚类结果整理成表 5-3。从表中可以看到：第一类：上海、北京、浙江为互联网金融高水平发展区，占总样本的比重为 9.7%，这和实际情况也相符；第二类：云南、内蒙古、吉林、四川、天津、宁夏、安徽、山东、山西、广西、新疆、江西、河北、河南、海南、湖北、湖南、甘肃、西藏、贵州、辽宁、重庆、陕西、青海、黑龙江为互联网金融中等水平发展区，占总样本的比重为 80.6%，这说明当前我国大部分地区均落入这一范围，也可以说明当前我国互联网金融发展总体水平还是不错的；第三类：广东、江苏、福建为互联网金融低水平发展区。这似乎和现实发展有点出入。

可以从以下方面来解读：样本运用的是 2016 年 3 月的时点数据，可能无法揭示广东、江苏和福建三个省份的互联网金融发展全貌，会形成聚类方面的偏差。但是本书觉得最有可能信服的解释原因是广东、江苏和福建均是沿海经济发达地区，金融体系较为健全，尤其是民间金融发育较为健全。互联网金融发展实际上是对既有不健全金融体系的补充，若当前金融体系比较健全、完备，这势必会使互联网金融发展空间受到限制。很显然，三个省份互联网金融发展现实与此有很大关系。还有一个非常重要的原因：互联网金融发展指数这一指标实际上体现的是同"基期"水平相比较的速度或者"流量"指标，在很大程度上很难揭示互联网金融发展的"存量"。如果上述三个省份本身互联网金融发展的体量较大，其发展速度肯定没有互联网金融发展的落后区域的增速快，聚类结果对于这种问题缺乏解释力。所以，要系统、辩证和理性地认识聚类结果所反映出来的现实特征。但综合来看，尤其是从空间布局层面来看，我国互联网金融发展总体上处于中等水平发展区的占比较多，发展状况总体较为均衡，并未出现"两极分化"的现象。

表 5-3 我国互联网金融发展的聚类结果

类型	区域
互联网金融高水平发展区	上海、北京、浙江
互联网金融中等水平发展区	云南、内蒙古、吉林、四川、天津、宁夏、安徽、山东、山西、广西、新疆、江西、河北、河南、海南、湖北、湖南、甘肃、西藏、贵州、辽宁、重庆、陕西、青海、黑龙江
互联网金融低水平发展区	广东、江苏、福建

三、我国互联网金融发展的业态结构

在业态层面，互联网金融涵盖内涵十分广泛。但其中的互联网支付、互联网保险、互联网投资和互联网货币基金是众多业态中的典型代表。这一点在概念界定部分早已作出说明。为此，北京大学数字金融研究中心也测算了上述四个业态的互联网金融发展指数，如表 5-4 所示。

表 5-4 我国互联网金融发展的业态结构

时间	互联网支付	互联网保险	互联网投资	互联网货币基金
2014年1月	100	100	100	100
2014年2月	100.49	85.11	169.23	110.35
2014年3月	115.49	103.64	186.44	132.77
2014年4月	115.71	108.36	195.63	120.31
2014年5月	119.05	111.59	212.54	119.41
2014年6月	122.02	122.25	202.90	117.92
2014年7月	124.59	135.91	198.49	119.79
2014年8月	127.27	140.28	185.20	119.80
2014年9月	132.38	163.57	211.20	125.14
2014年10月	139.41	172.43	197.12	128.61
2014年11月	151.26	188.44	301.52	146.26
2014年12月	151.89	230.27	238.86	150.93
2015年1月	147.99	262.32	219.66	152.77
2015年2月	138.87	242.52	174.36	168.85
2015年3月	151.45	305.20	242.01	174.85
2015年4月	159.49	327.68	233.85	174.75
2015年5月	165.24	345.06	248.09	181.11
2015年6月	166.85	366.10	240.55	180.79
2015年7月	170.16	371.75	266.33	180.52
2015年8月	174.94	383.44	294.29	181.28
2015年9月	183.11	366.31	312.21	185.91
2015年10月	192.75	320.54	322.47	186.64
2015年11月	208.62	354.15	517.05	206.56
2015年12月	208.70	385.58	441.45	209.33
2016年1月	203.47	377.07	439.24	211.26
2016年2月	196.68	300.26	350.46	214.71
2016年3月	217.56	401.47	478.33	227.88

为了更好地揭示不同互联网金融业态发展的差异性，以不同业态互联网金融发展指数为基础，绘制成图 5-2。从图 5-2 可以看出，相比较互联网金融整体发展水平，从不同业态测度的互联网金融发展指数的变动均存在一定的波动性。其中，波动性最大的为互联网投资和互联网保险，发展较为平稳的是互联网支付和互联网货币基金。这可能与强监管的政策主基调和政策设计有很大关联。尤其互联网投资是当前受到监管当局关注最多、制度关注最为密集的互联网金融业态。随着一些运作不规范、盈利渠道不正规的平台被"挤出"互联网投资体系，互联网投资平台也逐步走上正规、持续、健康的发展之路。

从指数变动本身来看：互联网支付发展指数的平均值为 155.02，在样本期内平均增速为 3.03%，平均增速要小于我国互联网金融发展的总体增幅水平。从发展阶段来看，2015 年 11 月，我国互联网支付发展指数迈入 200 的发展阶段。但

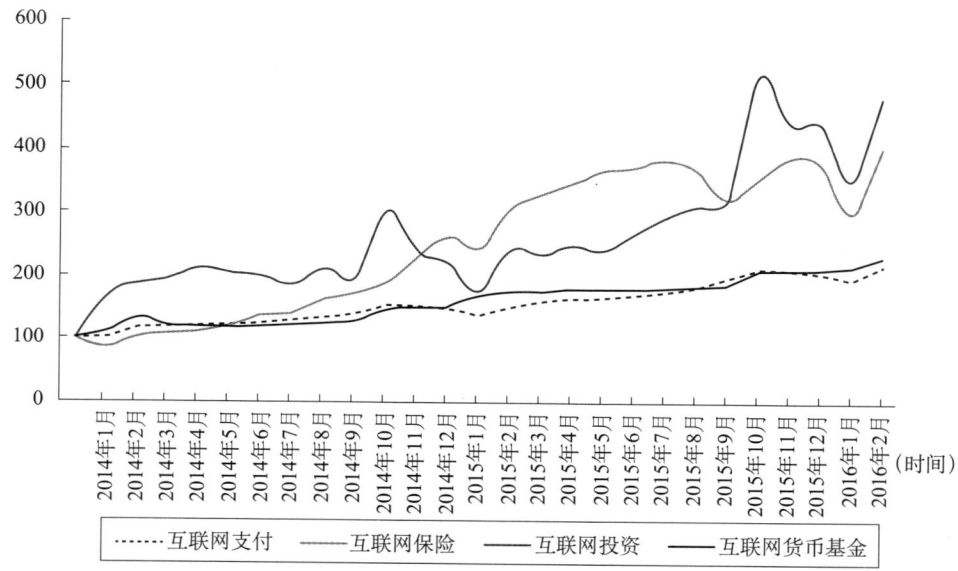

图 5-2 互联网金融不同业态发展情况

纵览互联网支付指数我们也会发现，2015 年 1 月、2 月，2016 年 1 月、2 月，互联网支付发展指数均较上个月出现了小幅下降。

互联网保险发展指数平均值为 250.79，增幅为 5.49%，总体上与我国互联网金融发展的平均增速并没有太大差异。从发展阶段来看，互联网保险发展指数于 2014 年 12 月和 2015 年 3 月分别迈上 200 和 300 的发展新阶段。还可以看到的是，互联网保险指数也在 2014 年 2 月，2015 年 2 月、9 月、10 月，2016 年 1 月、2 月，较上一年出现小幅下降。互联网保险发展指数的变动也存在一定的波动性。

互联网投资发展指数平均值为 265.91，年均增幅为 6.2%，平均增幅高于我国互联网金融发展年均增速。从发展阶段来看，互联网投资发展指数于 2014 年 5 月、2015 年 9 月迈上 200 和 300 的发展阶段。还可以看到的是，互联网投资发展在 2015 年 11 月实现了跨越式、突破式发展。互联网投资发展指数直接从 300 的发展阶段跃升至 500 的发展阶段。但在后续发展中，互联网投资回归平静、正常，降至 400 的发展阶段。值得注意的是，互联网投资发展指数的波动性比较大，基本上呈现"一升一降"的发展状态。这一点，需要在新时期予以重点关注。

互联网货币基金发展指数平均值为 160.3，平均增速为 3.22%，平均增幅小于我国互联网金融发展年均增速。从发展阶段来看，其也与其他的互联网金融业态的发展有很大的差距。从阶段层面来看，互联网货币基金发展指数于2015年11月才升至200的发展阶段，晚于我国互联网金融发展总体水平以及互联网支付、互联网保险和互联网投资等互联网金融业态。

比较发现，除互联网投资发展指数高于互联网金融整体发展水平之外，互联网支付、互联网保险、互联网货币基金等发展指数的增速均小于互联网金融平均发展水平。从业态内部比较来看，首先发展速度最快的为互联网投资，其次是互联网保险、互联网货币基金，最后是互联网支付。这也说明各业态可能处于不同的发展阶段，需要进一步运用其他方式予以揭示和论证。

第三节 我国互联网金融发展阶段特征

由于北京大学数字金融研究中心所公布的互联网金融发展指数的样本有限，我们很难从这有限的样本，直接洞悉互联网金融发展"生命周期"、成长阶段以及未来发展的总体走向。这就需要在刻画互联网金融发展历程的基础上，进一步对互联网金融未来演进趋势进行预测。研究的必要性在于：互联网金融发展阶段不同，货币政策是否进行干预、发挥作用，干预的程度以及发挥作用空间也就不同。同时，在互联网业态层面，不同互联网金融业态所处的发展阶段不同，也会要求货币政策在进行调控和干预时，要区别对待、有的放矢和体现结构性特征。

一、Logistic 模型引入与发展阶段划分

互联网金融自诞生以来就获得了飞速发展并取得了比较显著的成就，成为我国金融体系中一股不可忽视力量。但作为新兴事物，互联网金融在发展的过程中也会面临诸多的不确定性和挑战，其"成长"过程会受到外在环境条件和内部生态因子的影响和制约。从这个角度来看，刻画互联网金融发展过程，揭示互联网金融发展过程、成长的基本规律，定位互联网金融发展阶段，明确未来互联网金融发展趋势就显得格外重要。梳理理论界的研究事物成长的基本方法，我们会发现，Logistic 模型在刻画事物的成长规律、发展阶段时有一定的优势和代表性。为此，在接下来的部分，本书将在阐释互联网金融发展阶段划分原

则的基础上，引入 Logistic 模型来刻画互联网金融发展的阶段特征及其内在规律，为明确互联网金融发展规律、深化认知和实施政策操作提供理论支撑和实证佐证。

（一）互联网金融发展阶段划分原则

1. 客观性

任何事物演进都遵循一定的总体性和阶段性规律。互联网金融发展亦是如此。因此，在对互联网金融发展阶段的划分及其成长规律进行刻画时，也不能简单地以西方互联网金融起源与发展阶段为"参考系"，而应从我国互联网金融发展实际、根植环境出发，结合我国互联网金融发展的实际情况、发展现实，进行"具体问题具体分析"。因为，各国的发展基础、禀赋条件、制度特征不同，互联网金融发展阶段划分若以西方国家为参考系数势必会存在发展偏差，结果的科学性以及政策参考价值也将大打折扣。同时，作为后发国家，我国互联网金融发展是对先发国家互联网金融发展的"扬弃"和"继承"，对我国互联网金融发展阶段进行划分时，必须坚持"客观性"原则，从我国发展实际出发、客观进行，不能直接以发达国家为参考对象进行简单划分和主观判断。这也是进行互联网金融发展阶段划分的根本原则。

2. 科学性

这里所说的科学性，主要是指我国互联网金融发展阶段划分方法的科学性。科学有效的研究方法是解释事物变化发展规律的工具，只有科学的研究方法，才能得到令人信服的研究结论和挖掘最为本质性的东西。现行学者也有对互联网金融发展阶段进行划分的成果，例如，王达（2014）以美国为研究对象，认为美国互联网金融发展大体分为三个阶段，即 20 世纪 90 年代的蓬勃发展时期、2000～2006 年的平稳发展时期以及 2007 年以来的新发展时期。当然，以此为基础，也有学者对我国互联网金融发展阶段进行划分。鄂奕洲等（2016）认为，我国互联网金融发展阶段大致划分为三个阶段：第一阶段为 20 世纪 90 年代中期至 21 世纪，主要特征是互联网为金融机构提供平台支持。在这一阶段，银行借助一定基础实现业务网络化，属于金融业和互联网初步联合的互联网金融雏形期。第二阶段为 21 世纪初至 2011 年，P2P 等网络借贷平台开始出现，自 2011 年人民银行开始发放第三方支付牌照以后，第三方支付机构发展迅速，传统金融机构积极运用网络技术加快业务模式延展，这一阶段为金融业和互联网在金融业务领域融合的互联网金融拓展期。第三阶段为 2012 年至今，第三方支付、网贷、大数据金融及传统金融业"互联网化""信息化"转型获得爆炸性发展，众筹、网络保险、基金直销和第三方网销平台等新模式竞相涌现，互联网金融迈入金融产品和服务业态拓展创新的"井喷期"。但这种对互联网金融划分的方法，在某种程度上有较大的主观性、随意性，对于描述互联网金融发展的短期阶段性特征有一定的参考价值，但无法揭示长期内互联网金融发展的特征及其演进趋势。尤其是，互联网金融成长的整个"生命周期"。这在一定程度上无疑降低了政策操作，以及互联网金融调控的科学性和有效性。研究方法的不足，呼吁更为可靠、更为全面和更为科学的研究方法的"补位"，以更为全面、更为真实、更为有效地认识互联网金融发展规律及其阶段性特征。

3. 前瞻性

互联网金融发展阶段划分的现实意义在于在明确互联网金融发展所处阶段的基础上，从动态变迁中刻画互联网金融发展的阶段规律。这一特殊性就要求，对于互联网金融发展的阶段的划分，需要同时兼顾回顾过去、定位现实和展望未来的"三重"功能。通过对互联网金融发展阶段的划分，我们不仅可以回顾我国互联网金融发展的主要成就，而且还可以定位现阶段互联网金融发展阶段，展望未来我国互联网金融发展的基本趋势和主要走向。能及时、快捷地挖掘我国互联网金融发展过程中存在的主要问题、主要障碍，从而能未雨绸缪，及时采取相应的应对措施。既做到遵循互联网金融发展的基本规律，又可以发挥监管部门以及互联网金融机构的主观能动性，全面促进互联网金融持续、健康、快速发展。从这个层面来说，前瞻性是对互联网金融发展阶段进行划分时必须坚持和需要一以贯之的基本原则。

4. 指导性

刻画互联网金融发展阶段规律的主要作用在于以事物发展基本规律为支撑，指导决策部门和互联网监管部门的政策操作实践。通过对于互联网金融发展阶段划分的判断，我们可以准确预析我国互联网金融发展在"生命周期"中所处的主要阶段。一般而言，按照不完全契约的主要内容，如果事物处于发展初期，政府应该采用"自由放任"的措施，而不应制定严格的监管政策，政策制定基调应以鼓励新事物发展为主。因此，这对于运用货币政策干预互联网金融发展有重要的指导意义。在不恰当的生命周期阶段和时点介入政策操作和监管制度，只会扰乱互联网金融市场，挫伤互联网金融机构从事互联网金融创新的积极性、主动性。当然，这也会对我国构建普惠型金融体系形成较大损伤。从这个层面来说，进行互联网金融发展阶段划分的主要目的，是为监管制度和政策操作提供理性决策依据，以促进互联网金融可持续、规范发展。

(二) 互联网金融发展阶段划分方法：Logistic 模型的引入

互联网金融发展是一个动态的过程，经历了内涵和外延不断拓展，由初级阶段向高级阶段不断迈进的"成长"变迁。同时，在其成长过程中，也会受到经济因素、政治因素、社会因素、环境因素以及制度因素的综合影响，在未来互联网金融仍将不断"成长"。从这个层面来说，互联网金融发展过程同事物的"成长"过程一样，具有生命周期的特征。而成长曲线模型对于经济活动的过程具有很强的描绘功能，且一般的成长曲线都表现为 S 形（戴思锐，2003；靳明，2006）。鉴于此，最终选择 Logistic 成长曲线①来拟合我国互联网金融发展阶段。首先，标记时刻 t 的互联网金融发展水平为 $IF(t)$，当考察我国整体区域或者域内互联网金融发展水平时，$IF(t)$ 是一个很大的数值。为了利用微分这一数学工具，将 $IF(t)$ 视为连续、可微分的函数。标记初始时刻（$t=0$）的我国互联网金融发展水平为 $IF(0)$。假定互联网金融发展指数的自然增长率为 g，则单位时间内 $IF(t)$ 的增量 $\frac{\mathrm{d}IF}{\mathrm{d}t} = g \times IF(t)$，于是有：

$$\begin{cases} \frac{\mathrm{d}IF}{\mathrm{d}t} = g(IF) \times IF(t) \\ IF(0) = IF_0 \end{cases} \quad (5-1)$$

并继续假定 $g(IF)$ 是 IF 的线性函数，即 $g(IF) = g - r \times IF(g, r > 0)$。进一步，确定系数 r 的意义。由于受经济、政治、环境、制度等一系列因素交织影响，我国互联网金融发展的最大水平为 $IF_{\max}$，当 $IF = IF_{\max}$、互联网金融发展的增长率 $g(IF_{\max}) = 0$ 时，$r = \frac{g}{IF_{\max}}$，于是有：$g(IF) = g \times \left(1 - \frac{IF}{IF_{\max}}\right)$，并将其代入式（5-1）则可得式（5-2）：

$$\begin{cases} \frac{\mathrm{d}IF}{\mathrm{d}t} = g \times IF \times \left(1 - \frac{IF}{IF_{\max}}\right) \\ IF(0) = IF_0 \end{cases} \quad (5-2)$$

其中，$g \times IF$ 体现了我国互联网金融自身发展规律的演进趋势，$\left(1 - \frac{IF}{IF_{\max}}\right)$ 则

---

① Logistic 成长曲线的函数图形如 S 形，人们通常又将 Logistic 成长曲线称为 S 曲线，其在某种程度上可以很好地拟合我国互联网金融发展的阶段特征。

体现了经济、政治、环境、制度等一系列因素对我国互联网金融发展的影响效应。很显然 IF 越大,前一因子越大,后一因子越小。可以看出,互联网金融发展是内外两个因子共同作用的结果。式(5-2)为典型的微分方程,且属于微分方程中的变量分离方程,将其进行分离变量,并同时取积分可以得到式(5-3):

$$IF(t) = \frac{IF_{\max}}{1 + \left(\frac{IF_{\max}}{IF_0} - 1\right) \times e^{-gt}} = \frac{IF_{\max}}{1 + c \times e^{-gt}} \qquad (5-3)$$

其中,$c = \frac{IF_{\max}}{IF_0 - 1}$。当 $IF \rightarrow IF_{\max}$ 时,求导就可以得到,$IF = \frac{IF_{\max}}{2}$。并将其所对应的时间节点标记为 t_2,并按照相同的方法继续求导即可得到 t_2 的前序时间点 t_1 和后序时间点 t_3。具体结果见式(5-4)。因而我国的互联网金融发展就可以划分为 $(0, t_1)$、(t_1, t_2)、(t_2, t_3)、(t_3, ∞) 四个阶段,分别对应生命周期曲线中的形成期、成长初期、成长后期以及成熟期。在互联网金融发展形成期,互联网金融发展水平较低,发展速度缓慢;在互联网金融发展成长初期,互联网金融发展水平显著提升,发展速度非常迅速;在互联网金融成长后期,互联网金融发展已经达到较高水平,发展速度也开始放缓;在互联网金融发展成熟期,互联网金融发展水平趋于恒定,发展成熟。从生命周期的整体发展过程来看,互联网金融发展一般呈现"慢—快—慢"的阶段性特征。

$$\begin{cases} t_1 = (\ln c - 1.317)/g \\ t_2 = \ln c/g \\ t_3 = (\ln c - 1.317)/g \end{cases} \qquad (5-4)$$

二、Logistic 模型的估计与结果

(一)互联网金融发展最大水平值计算

一般来说,用来计算 $IF_{\max}$ 的方法很多,主要有三点法、四点法、拐点法和非线性拟合法等(姜松,2015)。但在具体操作中运用较多的仍是四点法。相比较其他几种方法,四点法计算出来的最大值更贴近实际,科学性和可靠性也就越大。其计算方式如下:首先,选取我国互联网金融发展指数时间序列中的四个点。然后,分别标记为起始点 (t_1, IF_1),中间点 (t_2, IF_2)、(t_3, IF_3) 以及终

点 (t_4, IF_4),计算如式 (5-5)。运用此公式,经过反复推算,选取我国互联网金融发展指数序列中的 2014 年 2 月、2015 年 1 月、3 月以及 2016 年 2 月的互联网金融发展指数,作为总体层面计算我国互联网金融发展最大水平的数据依据。在业态层面,互联网支付和互联网货币基金发展指数的最大值计算时间选取与总体层面一致,选取的计算时点仍然是 2014 年 2 月、2015 年 1 月、3 月,2016 年 2 月。互联网投资选取的计算时点为 2014 年 1 月、2015 年 1 月、3 月,2016 年 3 月;互联网保险选取的计算时点为 2014 年 4 月、2015 年 1 月、3 月、12 月。

$$IF_{max} = \frac{IF_1 \times IF_4 \times (IF_2 + IF_3) - IF_2 \times IF_3(IF_1 + IF_4)}{IF_1 \times IF_4 - IF_2 \times IF_3} \quad (5-5)$$

将各时点所对应的互联网金融发展指数及其业态发展指数分别代入式 (5-5) 中,就可以计算出我国互联网金融及其各业态的最大发展水平。计算结果如表 5-5 所示。由结果可知,我国互联网金融发展指数的最大值为 1586.322。在业态层面,互联网支付发展指数、互联网货币基金发展指数、互联网保险发展指数和互联网投资发展指数的最大值分别为 280.232、304.966、413.627 和 1625.877。以此为基础,进一步对生命周期成长曲线中的其他参数进行估计。

表 5-5 我国互联网金融及其业态最大发展水平

类型	最大值
互联网金融	1586.322
互联网支付	280.232
互联网货币基金	304.966
互联网保险	413.627
互联网投资	1625.877

(二) Logistic 模型的线性估计结果

以计算出来的我国互联网金融及其主要业态的发展指数的最大值为基础,进一步对式 (5-3) 进行线性化处理,就可以计算出式 (5-3) 中的 c 和 g。对式 (5-3) 进行线性变化可得:

$$\frac{IF_{max} - IF}{IF} = c \times e^{-gt} \quad (5-6)$$

对式 (5-6) 两边同时取对数可得式 (5-7):

$$\ln\left(\frac{IF_{max} - IF}{IF}\right) = \ln c - gt \quad (5-7)$$

令 $\ln\left(\frac{IF_{max} - IF}{IF}\right) = Y$,$\ln c = b$,则式 (5-7) 就可以转化成为线性回归

方程:

$$Y = b - gt \tag{5-8}$$

对式 (5-8) 进行估计就可以得到参数 b 和 g 的具体值。为此就可以求出 c。结合上述的 IF_{max},可以写出我国互联网金融及其主要业态发展的 Logistic 曲线。除此之外,为了体现研究的完整性以及研究结论的科学性,在本研究中,以线性估计结果为基础,进一步运用非线性回归方法对式 (5-3) 进行直接估计,进而优中选优、精中取精,全面提升研究的可靠性。

运用最小二乘法对式 (5-8) 进行估计。假设 2014 年 1 月为 1,2014 年 2 月为 2,依次类推,2016 年 3 月为 27。以此为基础,估计式 (5-8) 就可以求出 b 和 g。估计结果如表 5-6 所示。从中可以看出,常数项和 t 在 1% 的显著性水平下通过检验,拟合效果较好。由结果可知,我国互联网金融发展的自然增长率为 6.5%,发展速度非常迅速。从各业态来看,互联网支付、互联网货币基金、互联网保险和互联网投资发展的自然增长率分别为 6.5%、6.2%、1.67% 和 4.8%。在样本区间内,除互联网保险发展势头缓慢以外,互联网支付、互联网货币基金以及互联网投资等互联网金融业态发展都较为迅速,而且齐头并进,体现了我国互联网金融发展繁荣似锦的良好势头。

表 5-6 互联网金融发展的 Logistic 曲线的线性估计结果

变量	模型				
	总体	互联网支付	互联网货币基金	互联网保险	互联网投资
$\ln\hat{c}$	2.778 (84.32)***	0.676 (14.71)***	0.764 (16.66)***	1.688 (8.03)***	2.371 (26.86)***
g	-0.065 (-31.68)***	-0.065 (-22.58)***	-0.062 (-21.82)***	-0.167 (-12.73)***	-0.048 (-8.77)***
R^2	0.976	0.953	0.950	0.866	0.755
Adjusted R^2	0.975	0.951	0.948	0.861	0.745
F	1003.915	509.895	476.212	162.114	76.944
P	0.000	0.000	0.000	0.000	0.000
观测值	27	27	27	27	27

注:*** 表示 1% 显著性水平。括号内为 P 值。

为了增强研究的科学性,进一步运用非线性估计方法对 Logistic 模型进行估计。估计结果如表 5-7 所示。将现行估计结果作为参数值来提升非参数估计效率。一般来说,非参数估计的迭代法主要有麦夸尔特法和序列二次规划法。本书主要选择麦尔特法进行非参数迭代估计。由结果可知,相比较线性估计方法,非线性估计结果中 R^2 都在不同程度上得到改进,模型的解释能力在一定程度上获得有效改进。另外,从结果中也可以看到,在非线性估计结果中,互联网投资的估计结果标准误较大,模型失真问题较为严重。为了克服这一问题,在后续结果分析中,运用线性估计结果进行分析。

表 5-7 互联网金融发展的 Logistic 曲线的非线性估计结果

参数		估计	标准误	95%置信区间		残差平方和	R^2
				下限	上限		
总体	IF_{max}	1254.877	799.210	-394.611	2904.366	7478.987	0.972
	c	13.063	8.132	-3.721	29.847		
	g	0.070	0.012	0.046	0.095		
互联网支付	IP_{max}	690.272	727.215	-810.626	2191.170	1047.341	0.966
	c	5.842	7.034	-8.675	20.360		
	g	0.036	0.011	0.012	0.060		
互联网货币基金	FF_{max}	487.352	292.080	-115.471	1090.175	1616.625	0.955
	c	3.815	2.738	-1.835	9.465		
	g	0.043	0.013	0.016	0.071		
互联网保险	IN_{max}	395.306	19.361	355.347	435.264	1616.625	0.937
	c	6.977	1.433	4.020	9.934		
	g	0.197	0.027	0.142	0.252		
互联网投资	II_{max}	2378663010.7	5.97E+15	-1.23E+16	1.23E+16	63926.631	0.764
	c	17608754.5	4.419E+13	-9.12E+13	9.12E+13		
	g	0.044	0.021	0	0.088		

第四节　我国互联网金融发展阶段辨识与发展趋势

按照逻辑成长曲线的阶段划分,我国互联网金融发展可以划分为形成期、成长初期、成长后期和成熟期四个阶段。基于表 5-7 的估计结果,可以计算出我国互联网金融及其主要业态发展阶段中"拐点时间"。结果如表 5-8 所示。在总体层面,我国互联网金融发展阶段划分的拐点时间,分别为 18、37 和 56,由于进行了虚拟变量处理,转换后我国互联网金融发展阶段的拐点时间,分别为 2017 年 9 月、2019 年 4 月和 2020 年 11 月。在互联网金融业态层面,互联网支付发展阶段划分的拐点时间,分别为 2017 年 3 月、2020 年 4 月和 2023 年 5 月;互联网货币基金发展阶段划分的拐点时间,分别为 2016 年 4 月、2018 年 10 月、2021 年 5 月;互联网保险发展阶段划分的拐点时间,分别为 2016 年 6 月、2018 年 10 月、2021 年 5 月;互联网投资发展阶段划分的拐点时间,分别为 2017 年 12 月、2020 年 4 月、2022 年 9 月。从中可以看出,在总体层面我国互联网金融发展处于成长初期阶段,发展空间十分巨大。在不同业态层面,互联网支付和互联网投资均处于成长初期阶段,互联网货币基金和互联网保险处于成长后期阶段。

表5-8 互联网金融及其主要业态阶段划分拐点时间

类型	拐点时间1	拐点时间2	拐点时间3	阶段识别
总体	18	37	56	成长初期
互联网支付	12	49	86	成长初期
互联网货币基金	1	31	62	成长后期
互联网保险	3	10	17	成长后期
互联网投资	21	49	78	成长初期

进一步地，为了更为直观地刻画我国互联网金融及其主要业态的发展阶段性特征，本书绘制图5-3对其进行进一步解释和刻画。从中可以看出，从生命周期全过程来看，我国互联网金融各业态发展存在显著的差异性特征。虽然各互联网金融业态的发展阶段并不一致，但均会在2022年全部迈入生命周期的成熟阶段。届时互联网金融发展速度将逐步放缓，迈入平稳发展阶段。具体来说，当前我国互联网支付、互联网投资两个互联网金融业态，都处于生命周期的成长初期阶段，两者都已经迈入准备期阶段。在这一阶段，互联网支付、互联网投资发展速度十分迅速。

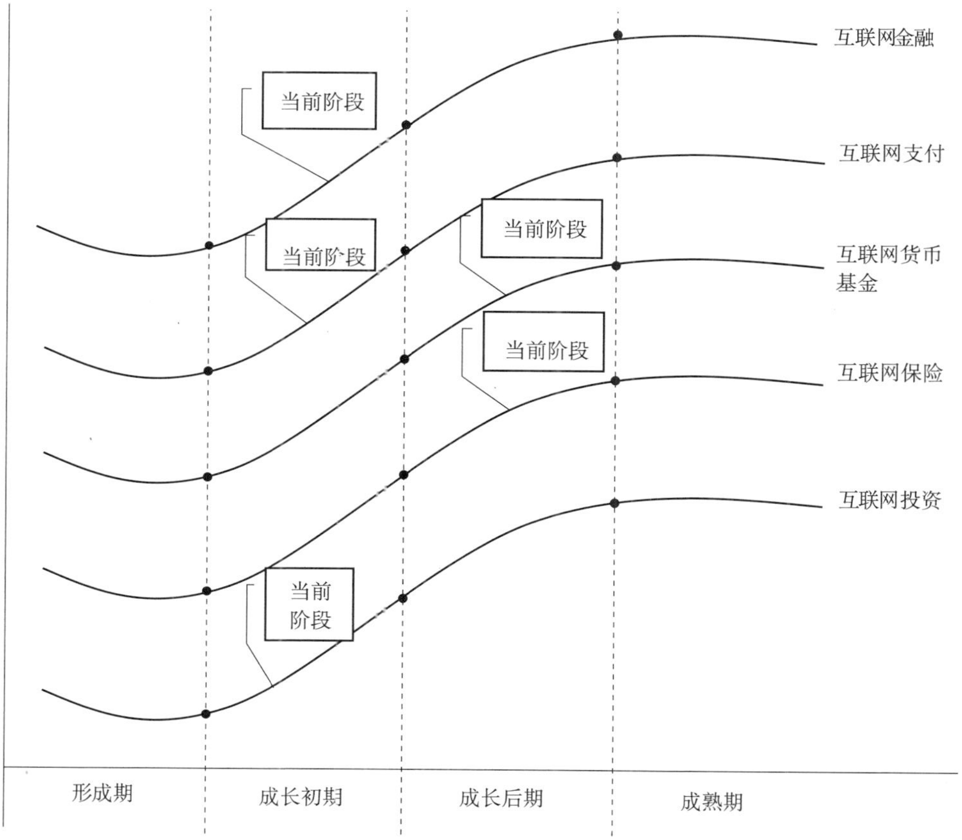

图5-3 我国互联网金融及其主要业态发展阶段识别与比较

一方面，我们要看到，这一阶段也是这两种业态发展问题集中涌现和喷涌的时期。具体来说，在互联网支付层面，面对以支付为基础的跨市场业务快速发展，支付机构备付金管理日渐增大，交易资金的安全性日益受到挑战。当然，账户实名制未全面落实、客户权益保护亟待加强等问题，也成为困扰互联网支付发展的重要障碍。在互联网投资方面，行业规则和标准缺失、行业透明度和"信息中介"定位偏离、部分机构经营意识淡薄和经营能力不足等问题也对互联网投资造成重大困扰。互联网支付和互联网投资所处的阶段与当前我国互联网金融发展阶段是一致的。因而，这也是牵制我国互联网金融发展演进的结构性因素。

另一方面，互联网货币市场基金和互联网保险两种互联网金融业态，也都已经迈入生命周期的成长后期阶段。在这一阶段，两种业态的发展水平较高、发展速度也开始放缓。其中，在互联网货币市场基金方面，按照中国互联网金融协会编著的《2016 中国互联网金融年报》的数据：2015 年 9 家样本基金公司的互联网货币基金销售额为 7.38 万亿元，增速较 2014 年回落 145 个百分点；互联网货币基金交易笔数占互联网基金销售笔数的 96%，占比较 2014 年回落 2.5 个百分点；互联网货币基金销售占互联网基金销售笔数的 96.1%，占比较 2014 年回落 2.4 个百分点。在互联网保险方面，2015 年互联网保险实现保费收入 2234 亿元，增速较 2014 年回落 35 个百分点；2015 年互联网财产险实现保费收入 768 亿元，增速较 2014 年回落 61.7 个百分点。研究数据充分验证和支撑了我国互联网货币市场基金和互联网保险迈入生命周期成长后期阶段的特征。

综合而言，新时期我国互联网金融仍具有广泛的成长空间和发展余地，发展趋势和速度会进一步加快。从业态层面来看，新时期互联网支付和互联网投资仍将保持快速发展，互联网保险、互联网货币市场基金发展速度将逐步稳定乃至趋于恒定。也正因此，在政策操作层面，新时期货币政策应对互联网金融发展进行干预，并在其中发挥重要作用。尤其是要对互联网支付和互联网投资进行干预，以更好地促进互联网金融持续、快速发展。

第六章 我国货币政策操作实践及其对互联网金融的关注

在上文分析中，我们对互联网金融发展阶段以及未来发展趋势进行了系统性分析，下面我们将视角转至货币政策维度，聚焦当下我国货币政策操作对互联网金融的关注内涵及其政策实质，力争在政策层面揭示我国货币政策和互联网金融发展之间的逻辑关系，为后续的实证检验和分析奠定政策基础。因而，本章首先从宏观环境层面梳理自"互联网金融元年"以来，我国货币政策操作的国内和国际环境，刻画我国货币政策关注互联网金融发展的内容及其特征，并对其效果进行评价与模拟，力争澄清争议，探寻我国货币政策关注互联网金融发展的理论依据。

第一节 互联网金融元年后我国货币政策操作环境分析

我国互联网金融发展迎来大发展是在 2013 年。这一年也被学界、实务界称为我国的"互联网金融元年"。因此，要揭示货币政策和互联网金融发展之间的政策关联，在时间始点选取上，应选择 2013 年作为货币政策梳理的起点。为此，本部分在解析货币政策操作环境时也主要看 2013 年以后我国货币政策操作环境。本书主要从国外和国内两个层面进行解读，经过进一步凝练和概括，形成图 6-1。下面主要围绕该图进行详细分析。

一、国际经济环境

2018 年 7 月，习近平主席在出席南非约翰内斯堡举行的金砖国家工商论坛时，发表题为《顺应时代潮流 实现共同发展》的重要讲话。在该讲话中，习近平主席已经对新时代国际经济环境进行了精准研判，认为未来 10 年是世界经济新旧动能转换的关键 10 年、国际格局和力量对比加速的 10 年、全球治理体系

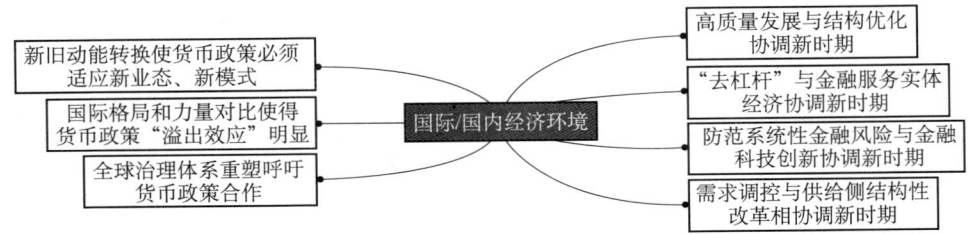

图 6-1　货币政策操作的国际和国内经济环境

深刻重塑的 10 年。因此，本书也主要从新旧动能转换、国际格局和力量对比、全球治理体系三个维度解构货币政策操作的国际经济环境，力争和决策层保持高度一致。

（一）新旧动能转换使货币政策必须适应新业态、新模式

随着世界经济体系新旧动能转换，人工智能、大数据、量子信息、生物技术等新一轮科技革命和产业变革力量，正催生更多的新产业、新业态和新模式。互联网金融就是这其中的一个非常重要的新业态和融资模式。自互联网金融诞生之际便被赋予普惠金融的"光环"，在包容"长尾群体"、技术示范与引领、提升服务效率、便利居民生活以及提升整体福利水平等方面起到了前所未有的推动作用。之所以会出现这样的发展繁荣景象，也主要得益于刚才所提出的人工智能、大数据以及人脸识别等金融科技在金融产业中的广泛运用。

可以说，金融科技正在使传统的金融机构、金融市场以及金融产业发生深刻变革和调整，对我国金融体系的影响也是前所未有、史无前例的。货币政策调控所依赖的两个重要传导路径——金融市场渠道、金融机构渠道，也就发生了显著改变。如果无视这一变化特征，货币政策调控的传递机制和预期目标也就发生变化，调控效力和效果也就会不同。不仅如此，人工智能、大数据、量子信息、生物技术等技术以及其衍生出来的金融科技，也正以"奔跑式"速度与我国国民经济各部门、各产业相拥抱，直接后果就是形成融合发展、共生共赢的良性格局。当然，这也会直接导致社会总需求的形成、规模结构发生显著的变化，使生发于需求端调控措施的货币政策，面临新形势和新挑战。在这样的大背景下，新旧动能的转换使货币政策必须适应新业态、新模式。

(二) 国际格局和力量对比使得货币政策"溢出效应"明显

在新时期,国际格局和力量对比将进入加速演变期。发达国家主导世界经济运行体系的时代已经渐行渐远。新兴市场国家不断崛起、发展壮大,对世界经济的贡献已经达到80%。如果按汇率计算,这些国家的经济总量占世界的比重接近40%。若维持现有发展速度,10年后这些国家的经济规模将占世界经济总量的一半。从未来发展趋势来看,新兴市场国家和发展中国家群体性、抱团式崛起势不可当,在实现全球经济均衡的同时,也势必会争取更多的话语权。在这一轮新的力量对比调整中,我国更应发挥引领作用,为构建人类命运共同体、实现百年大变革做出更大贡献。

在互联网金融方面,随着我国互联网金融行业迈入正轨,监管政策不断完善,互联网金融整体已经走出监管"真空区""空白区",在更广阔空间、更大舞台谋求新市场。例如,我国互联网金融发展平台,纷纷走向"一带一路"沿线国家,尤其是进入东南亚市场开展跨国经营、跨境业务。互联网金融的国际关联性不断加强,已经成为新时期发展的新趋势。在货币政策方面,随着新兴市场国家和发展中国家在重构世界经济体系中的联系越发紧密,政策间的"溢出效应"也开始变得越发增强。货币政策也不例外。例如,曹裕静、Kim 和黄益平(2017)的研究发现:中国的货币政策的"溢出效应"已经对韩国、泰国等亚洲经济体产生了影响。而且随着金融开放、金融合作的深化,从影响程度上来看,中国货币政策在新时期对亚洲国家的"溢出效应"还会越来越强。这与互联网金融"走出去"的轨迹如出一辙。因此,如果我国运用货币政策对互联网金融进行干预,也应考虑我国货币政策产生的"溢出效应",否则可能会形成监管灰色地带和对互联网金融发展产生不良影响。

(三) 全球治理体系重塑呼吁货币政策合作

在新时期世界多极化、经济全球化曲折前行,单边主义、贸易保护主义不断抬头、越演越烈,世界经济形势在此是进入合作与对立、开放与封闭、互利共赢还是以邻为壑的"十字路口",货币政策效应发挥作用的国际环境不容乐观。在这样的多重复杂环境促使下,进行货币政策国际合作就势在必行、亟待开展。虽然传统的国际金融理论认为,货币政策合作对于经济的改进效果有限。

北京大学黄益平在"CF40 - PIIE 中美经济学家学术交流会"上指出,如果具备以下三个条件，货币政策合作还是存在一定的发展空间的：一是当货币政策偏离最优规则；二是当出现一国央行为政策主导者，另一国央行为跟随者的政策博弈；三是当政策传导机制中存在摩擦与冲突。结合上述分析，现行环境基本上具备了上述的前提条件。新形势下，在全球治理体系中，货币政策合作将是重要内容。通过货币政策合作，有助于了解双方货币政策目标和意图、达到货币政策均衡条件。有鉴于此，在这样的新体系中，对于互联网金融发展政策干预也应形成一致性、广泛性共识，这也是全球新治理体系下的必然选择。

二、国内经济环境

在党的十九大报告中，提出了我国社会发展的新定位：中国特色社会主义进入新时代，社会主义的主要矛盾由"人民日益增长的物质文化需要同落后的社会生产之间的矛盾"变为"人民日益增长的美好生活需要和不平衡不充分的发展之间的矛盾"。这也标志着我国经济整体迈入新时期。在这新时期国内经济环境可以归结为"四个协调"的新特征：一是高质量发展与结构优化协调；二是"去杠杆"与金融服务实体经济协调；三是防范系统性金融风险与金融科技创新协调；四是需求调控与供给侧结构性改革相协调。

（一）高质量发展与结构优化协调新时期

"高质量发展"一词是在党的十九大中首次提出的。并在2018年国务院政府工作报告中，被决策高层进行了系统化、体系化表达。在国务院政府工作报告中所提出的深入推进供给侧结构性改革"九大部署"均围绕高质量发展展开。可以看出，高质量发展实际上是我国经济新常态的核心内涵和注解，是经济增长由"重数量"向"重质量"发展的必然要求、主动选择和根本之路。从内涵构成来看，高质量发展事实上是横跨宏观、微观以及中观三个层面。在宏观层面，高质量发展就是实现经济的平衡、充分发展，是均衡发展的代名词；在中观层面，高质量发展体现的是产业结构、市场结构、区域结构的升级，是结构优化的另一侧面；在微观层面，高质量发展代表的是规模至效率的转化，是全要素生产率改进的全新解释。

如果从总体与结构角度进行归结，在新时代大背景下，高质量发展与结构优化调整应是一个主题的两个不同表现形式，本质内涵和核心内容上是一致的。对于货币政策而言，在高质量发展和结构优化协调发展新时期，货币政策也应处理好总量调控和结构调整之间的关系，在权衡、调整中，寻求新的均衡点。虽然国外货币政策操作没有关注产业结构调整的先例、货币政策干预产业结构调整一直存在争议。但姜松（2018）的研究表明，作为经济总量调节的货币政策干预产业结构可以视为短期性、暂时性的经济行为，只要不视为常态化工具就可以实现产业结构优化的目标。因此，货币政策关注产业结构调整还是有一定理论支撑的。这一点也需要引起广泛关注。

（二）"去杠杆"与金融服务实体经济协调新时期

虽然高质量发展与结构升级是新时期宏观经济发展的主题。但从我国经济运行实际情况来看，当下我国经济发展中，也面临着房地产泡沫、产能过剩以及杠杆比率攀升等结构性问题。在这样的形势下，一方面，我国宏观调控面临的重要任务就是金融去杠杆、防范系统性金融风险以实现经济平稳运行；另一方面，促进实体经济发展是当前我国政策聚焦"主轴"与供给侧结构性改革的主要任务和核心内容。

在党的十九大报告中深化供给侧结构性改革部分，明确提出了"建设现代化经济体系，必须把经济发展的着力点放在实体经济上"。作为国民经济发展的"根基"，对一国实现经济持续增长、改善人民生活、提供就业岗位、提升国际竞争力具有重要意义。例如，在入围改革开放杰出贡献百人名单的21位企业家中，新希望刘永好、吉利李书福、TCL李东生、美的何享健、海尔张瑞敏、正泰南存辉、邯郸钢铁刘汉章、中国中车孙永才，等等。他们均是中国制造、实体经济发展的引领者。对这些人的表彰，也体现了决策层力促实体经济振兴和发展的决心。因而，在金融服务创新层面，政策维度也明确了金融服务实体经济的主基调。综合这两方面来看，"去杠杆"要求货币政策紧缩、强化金融服务实体经济力度则要求货币政策"扩张"。货币政策如何在两个极端寻求稳健、中性是货币政策当局面临的棘手难题，也是新时期货币政策面临的新环境、新挑战。

（三）防范系统性金融风险与金融科技创新协调新时期

上文主要揭示的是金融"去杠杆"和服务实体经济之间的矛盾点。从本质上来看，是属于外部矛盾；从金融体系内部来看，防范系统性金融风险和金融科技创新之间也存在矛盾点。如果从作为理性经济人的金融机构的经营行为来看，防范金融风险其应该处理好流动性、安全性和营利性三者之间的关系,并在三大原则之间寻求最优解和均衡点;从现实层面来看,应将经营行为侧重于安全性、流动性。但各类金融机构的本质均是经营货币、信用关系的"特殊企业",其行为决策的主要立足点是要实现利润最大化。实现利润最大化的关键就是要加快金融创新步伐。这也是以传统金融机构信息化、数字化、互联网化,利用大数据、人工智能等先进技术进行金融产品、流程、服务以及模式创新的重要动因,这在一定程度上导致金融风险上升。

之所以会出现这种困境,主要是因为金融监管与货币政策步调不同、监管权限不同所导致的监管漏洞(汪川,2017)。新时期要想处理好防范系统性金融风险和金融科技创新之间的关系,就必须要求货币政策和金融监管政策之间建立相应的联系机制、协调机制。因为金融体系的监管会影响货币乘数,进而对货币政策传导机制效果产生影响。反之,法定准备金政策、再贷款政策也会影响金融机构的风险暴露水平、最优资本结构、存款保险以及其他监管政策等。若无法建立一个统一制度框架,更深层次的问题还会接踵而来。新时期增强货币政策效果,必须寻求其与金融监管政策合理分工、权责边界以实现货币政策预期目标。

(四)需求调控与供给侧结构性改革相协调新时期

引领经济新常态和深入推进供给侧结构性改革是我国经济发展的战略焦点与主攻领域。尤其是面对错综复杂和变化多端的国内外形势,面向"两个一百年"的战略目标,经济发展中的结构性矛盾越发严峻、供给侧结构性改革的任务也更加繁重而紧迫。中国经济尤其是实体经济,如何在新常态运行和各种矛盾集中涌现的双重夹击下实现效率改进和平衡,急切求得"最优解",需要构建宏观调控框架,达到精准布局宏观调控和应对结构性矛盾双重目标。

作为国家宏观调控框架中的重要组成部分,货币政策和财政政策理应承担起更大责任和发挥更大作用。但两者聚焦和侧重的关键点是不同的。货币政策聚焦的是"需求侧",财政政策关注的则是"供给侧"。如果从理论层面来说,在供给侧结构性改革大背景下,财政政策是供给侧结构性改革新时期的主要政策手段。但供给侧结构性改革涵盖内容丰富,加之当前国际形势、国内经济形势纷繁复杂、变化多端,单一的财政政策显然很难支撑和实现供给侧结构性改革预期的多重目标,作为需求端调节的货币政策也势必需要发挥重要作用,形成货币政策和财政政策"合力",通过相机抉择机制共同促进和发挥调控经济的目标。

第二节 互联网金融元年后我国货币政策操作内容及特征

基于对新时期货币政策操作的国内和国际环境解析,在接下来的部分本书继续梳理"互联网金融元年"以来,我国央行货币政策操作的主要内容及其特征,为后续实证模拟货币政策和互联网金融发展之间的关系提供经验支撑。

一、互联网金融元年后我国货币政策操作内容梳理

互联网金融元年,也就是2013年后,由于国际国内形势的变化,我国货币政策操作比较频繁、货币政策调节工具创新深化、货币政策调节节奏不断变化,为了更好地凝练这一阶段我国货币政策特征,基于便利性、可操作性原则,首先按照货币政策工具的分类,梳理我国货币政策操作的具体内容和相应举措。在本部分主要从公开市场业务(包括中央银行票据发行、公开市场业务交易、短期流动性调节工具、中央国库现金管理)、存款准备金、中央银行贷款、利率政策、常备借贷便利五个政策工具方面进行整理与梳理。为了更好地体现内容,将其整理成表6-1。

二、互联网金融元年后我国货币政策操作特征

由表6-1可以看出,为了适应新时代大背景下我国经济发展新形势和新特征,我国货币政策操作的动态性、复合性特征也十分明显,以适应新环境、新要求,通过表中内容进行梳理和归纳会发现,互联网金融元年后,我国货币政策操作总体上呈现多种政策工具协同配合、总体调控和结构关注相辅助、数量型政策和价格型政策分工协作等操作特征。

表 6-1 互联网金融元年后我国货币政策操作

年份	公开市场业务			中央国库现金管理	存款准备金	中央银行贷款	利率政策	常备借贷便利
	中央银行票据发行	公开市场业务交易	短期流动性调节工具（SLO）					
2013	发行 20 亿元，票据期限 3 个月的中央银行票据							
2014						增加支农再贷款额度 200 亿元	2014 年 11 月分别下调存款基准利率和贷款基准利率 0.25 个百分点和 0.4 个百分点	
2015			2015 年 8 月投放流动性 1400 亿元		2015 年 2 月、4 月、8 月、10 月分别下调大型金融机构和中小型金融机构法定存款准备金率 0.5 个百分点，1 个百分点，0.5 个百分点，0.5 个百分点	2015 年 10 月起，人民银行推广信贷资产质押再贷款试点，合计发放信贷政策支持再贷款 49.73 亿元	2015 年 3 月、5 月、6 月、8 月和 10 月分别下调存款基准利率和贷款基准利率 0.25 个百分点	
2016			2016 年 1 月投放流动性 1500 亿元		2016 年 2 月下调大型金融机构和中小型金融机构法定存款准备金率 0.5 个百分点	设立扶贫再贷款，专项用于支持贫困地区法人金融机构扩大涉农信贷投放		

续表

年份	公开市场业务				存款准备金	中央银行贷款	利率政策	常备借贷便利
	中央银行票据发行	公开市场业务交易	短期流动性调节工具（SLO）	中央国库现金管理				
2018	2018年11月通过香港金融管理局债务工具中央结算系统（CMU）债券投标平台，招标发行200亿元中央银行票据			2018年中央国库现金管理商业银行定期存款1000亿元	2018年4月、6月、10月分别下调大型金融机构和中小型金融机构法定存款准备金率1个百分点、0.5个百分点和1个百分点			2018年10月、11月、12月常备借贷便利余额290亿元、151亿元、927.8亿元
2019	2019年2月通过香港金融管理局债务工具中央结算系统（CMU）债券投标平台，招标发行200亿元央行票据	2019年1月31日、2月1日分别逆回购500亿元、800亿元		2019年中央国库现金管理商业银行定期存款1000亿元	2019年1月下调大型金融机构和中小型金融机构法定存款准备金率1个百分点			2019年1月常备借贷便利余额160亿元

(一) 多种政策工具协同配合

按照表 6-1 中的内容，我们会发现互联网金融元年至今，我国货币政策操作是比较频繁的，政策工具种类多样。具体来说，在 2013 年，货币政策操作主要涉及的是公开市场业务；2014 年运用的主要是再贷款和利率政策；可以看出，这两年主要是以短期的流动性调节为主，政策效力也相对比较温和，并不会引起较大波澜。但自 2015 年以后，货币政策工具的选择则较为多样，基本上覆盖了公开市场业务、存款准备金、利率政策和再贷款等政策工具，而且需要特别关注的是，存款准备金政策这一工具出现的频率、调整的次数都不断加大，除 2017 年以外，其他年份，如 2015 年、2016 年、2018 年以及 2019 年等，均涉及存款准备金这一政策工具。一般来说，准备金这一政策工具对经济增长影响的力度和波动性较大，这样密集出现的频率还是十分鲜见的，这也从侧面反映，近几年我国整体经济形势、金融市场以及金融机构所面临的诸多问题以及严峻形势。当然，这也是多种政策工具协同配合、联合发力的根本原因。

(二) 总体调控和结构关注相辅助

为顺应世界潮流、面向"两个一百年"的战略目标，我国顺势而为制定了《中国制造 2025》，作为新一轮科技革命和产业变革背景下的行动指南与战略纲领。可以大胆判断，产业结构调整与优化将是我国适应经济新常态并引领新常态的主要基调与战略焦点。为了适应这一发展趋势，我国也启动了"供给侧结构性"改革，试图通过重构政策体系框架、精准布局来破解制度性瓶颈为产业结构调整保驾护航。货币政策作为我国调控政策体系中的重要组成部分，自然引发了实践操作部门的广泛关注。从 2008 年到 2015 年，货币政策已有多次关注产业结构调整的操作事例，尤其是在 2015 年的四次货币政策调整中均有涉及产业结构调整的思路，这其中主要涉及法定准备金政策、利率政策、再贷款政策工具等。其中，前两者的表现形式是对大型金融机构和小型金融机构制定差异化的法定准备金和存贷利率政策，两者之间的差异变动趋势分别如图 6-2 和图 6-3 所示。

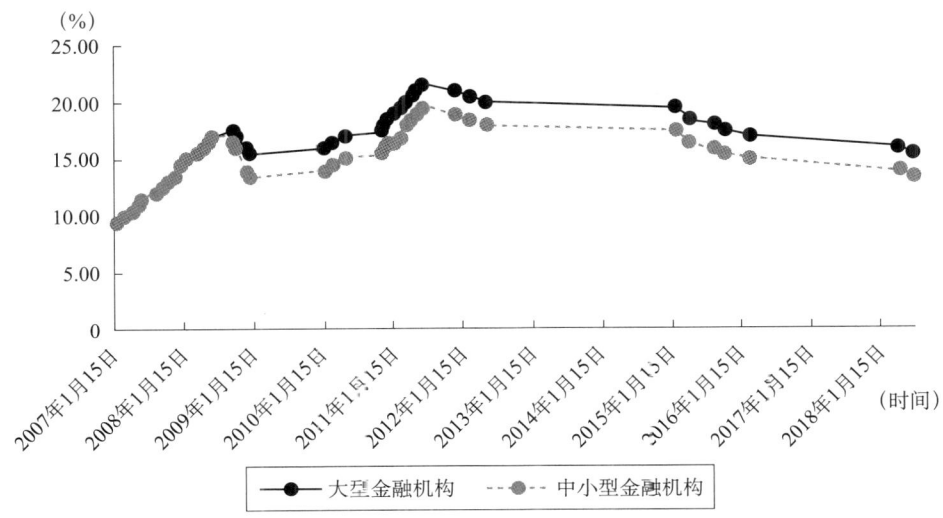

图 6-2　大型金融机构和中小型金融机构差异化法定准备金

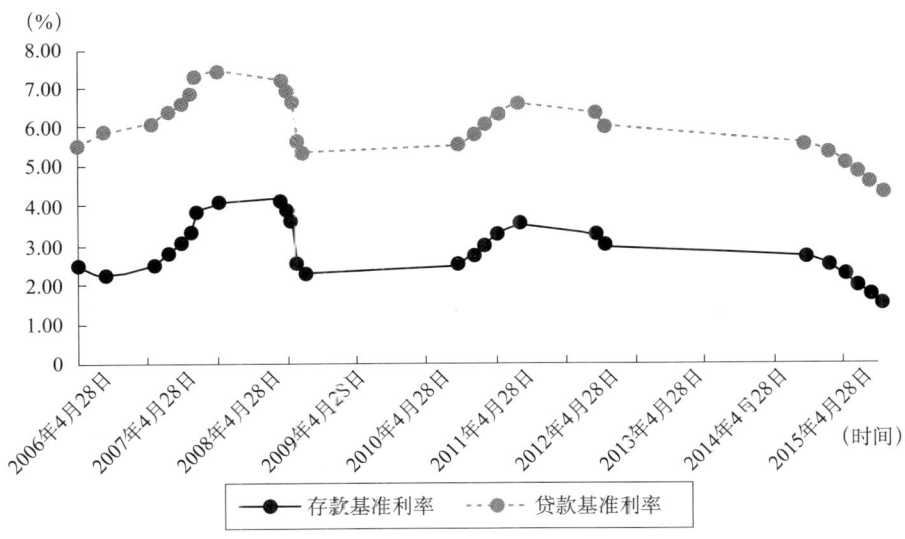

图 6-3　大型金融机构和中小型金融机构差异化存贷

后者的表现形式是采用再贷款对扶贫、"三农"以及中小企业等特定领域和产业对象予以差异化的支持。可以说,这两种表现形式共同构成了我国结构性货币政策的主要内容。一般而言,货币政策除了以总量调节为目标之外,还注重货币政策对宏观经济的影响,经济增长、充分就业、物价稳定和国际收支平衡共同构成其目标体系框架。关注产业结构调整并未涵盖其中。当然,也有一些结构性政策操作工具,但大多只是在经济危机爆发的"特殊时期"才会被启动。而且在战术层面,采取的也是"定规则,不定机构"的原则,货币政策"总量调控"的属性和特质并未发生实质变化。从这个角度来说,将总体和结构相统一,也是互联网金融元年以来我国货币政策操作的重要特征和特色。

(三) 数量型政策和价格型政策分工协作

在《2015年第四季度中国货币政策执行报告》中,中国人民银行明确提出:"要继续实施稳健的货币政策,保持松紧适度,适时预调微调,做好与供给侧结构性改革相适应的总需求管理"的货币政策调控战略。试图通过运用总量、价格等多种政策工具,打通货币政策传导渠道,从"量"和"价"两个维度为我国产业结构转型升级营造稳健的货币金融环境。因而,"互联网金融元年"至今,我国政策操作还有一个最大的特征就是数量型政策和价格型政策分工协作、密切配合。从表6-1可以看出,数量型货币政策主要包括中央银行贷款、存款准备金以及常备借贷便利等;价格型货币政策则主要包括公开市场业务、利率政策等。当然,这和我国利率市场化改革步伐、体系的建立健全有很大关联,以及两者之间互通机制的构建密不可分。这也是互联网金融元年后我国货币政策操作的一大特色。这对于互联网金融发展的影响也需要后续实证的进一步支撑和论证。

第三节 货币政策关注互联网金融发展的相应举措与评价

在上述部分,本书梳理了互联网金融元年以来我国货币政策操作的主要内容及其特征,以此为基础,在接下来的部分,本书继续解析货币政策关注互联网金融发展的基本举措,并对其进行判断,为后续实证检验奠定现实基础和经验支撑。

一、货币政策关注互联网金融发展的举措

自2015年7月央行会同有关部门制定的《关于促进互联网金融健康发展的指导意见》对外发布以后,互联网支付、网络借贷、股权众筹、互联网基金销售、互联网保险、互联网信托和互联网消费金融等主要互联网金融业态都确立了

各自的监管主体和业务边界。作为货币政策制定机构,与央行有关的主要是互联网支付。因此,从这个角度来说,当前货币政策关注互联网金融发展也主要体现和集中在互联网支付领域。国务院办公厅《关于印发互联网金融风险专项整治工作实施方案的通知》(国办发〔2016〕21号)提出"非银行支付机构不得挪用、占用客户备付金,备付金账户应开立在中国人民银行或者符合要求的商业银行。人民银行或者商业银行不向非银行支付机构备付金账户支付利息"。这实际上就是对互联网金融机构在商业银行中的"同业存款"征收准备金。

随后,为了贯彻落实党中央、国务院关于互联网金融风险整治工作部署,中国人民银行办公厅进一步制定了《关于实施支付机构客户备付金集中存管有关事项的通知》(银办发〔2017〕10号),其中规定,自2017年4月17日起,支付机构应将客户备付金按照一定比例交存至指定机构专用存款账户,且该账户并不计息。规定了各机构按照不同类型交纳的比例。其中,网络支付业务最高交存比例为20%;银行卡收单业务最高交存比例为18%;预付卡发行与受理业务最高交存比例为24%。具体如表6-2所示。且需要注意的是,获得多项支付业务许可的支付机构,使用最高交存比例。

表6-2 货币政策关注互联网支付内容

政策文件	关注内容
国务院办公厅《关于印发互联网金融风险专项整治工作实施方案的通知》(国办发〔2016〕21号)	非银行支付机构不得挪用、占用客户备付金,备付金账户应开立在人民银行或者符合要求的商业银行。人民银行或者商业银行不向非银行支付机构备付金账户支付利息
中国人民银行办公厅《关于实施支付机构客户备付金集中存管有关事项的通知》(银办发〔2017〕10号)	网络支付业务:12%(A类)、14%(B类)、16%(C类)、18%(D类)、20%(E类) 银行卡收单业务:10%(A类)、12%(B类)、14%(C类)、16%(D类)、18%(E类) 预付卡发行与受理:16%(A类)、18%(B类)、20%(C类)、22%(D类)、24%(E类)

随后,为贯彻落实第五次全国金融工作会议"强化金融监管""防范金融风险"的会议精神,央行制定《关于调整支付机构客户备付金集中交存比例的通知》(银办发〔2017〕248号),进一步调整备付金账户的交存基数、交存比例、交存时间、交纳细则(见表6-3)。2018年1月执行的仍是上述确定的交存比例。2~4月,每月按10%逐年提高交存比例。其中,1月8日银行卡收单业务最高交存比例为18%、网络支付业务的最高交存比例为20%、预付卡发行与受理业务的最高交存比例为24%;2月22日,三类互联网支付业务的最高交存比例

分别变为28%、30%和34%;3月12日,三类互联网支付业务的最高交存比例则变为38%、40%和44%;4月9日三类互联网支付业务的最高交存比例则上升至48%、50%和54%。这种渐进式的交纳方式,在很大程度上起到平衡管理层意志和支付机构业务及其创新关系的双重作用,进而实现维护金融市场秩序、保护消费者合法权益和促进支付服务持续健康发展的政策目标,起到"一石二鸟"的预期效果。

表6-3 2018年1~4月支付机构客户备付金集中交存比例

交存时间	交存比例	交存基数
2018年1月8日	银行卡收单业务:10%(A类)、12%(B类)、14%(C类)、16%(D类)、18%(E类) 网络支付业务:12%(A类)、14%(B类)、16%(C类)、18%(D类)、20%(E类) 预付卡发行与受理:16%(A类)、18%(B类)、20%(C类)、22%(D类)、24%(E类)	2017年第四季度客户备付金日均余额
2018年2月22日	银行卡收单业务:20%(A类)、22%(B类)、24%(C类)、26%(D类)、28%(E类) 网络支付业务:22%(A类)、24%(B类)、26%(C类)、28%(D类)、30%(E类) 预付卡发行与受理:26%(A类)、28%(B类)、30%(C类)、32%(D类)、34%(E类)	2017年第四季度客户备付金日均余额
2018年3月12日	银行卡收单业务:30%(A类)、32%(B类)、34%(C类)、36%(D类)、38%(E类) 网络支付业务:32%(A类)、34%(B类)、36%(C类)、38%(D类)、40%(E类) 预付卡发行与受理:36%(A类)、38%(B类)、40%(C类)、42%(D类)、44%(E类)	2017年第四季度客户备付金日均余额
2018年4月9日	银行卡收单业务:40%(A类)、42%(B类)、44%(C类)、46%(D类)、48%(E类) 网络支付业务:42%(A类)、44%(B类)、46%(C类)、48%(D类)、50%(E类) 预付卡发行与受理:46%(A类)、48%(B类)、50%(C类)、52%(D类)、54%(E类)	2018年第一季度客户备付金日均余额

进一步地,为贯彻落实党的十九大关于强化金融监管、防范金融风险的精神,中国人民银行办公厅发布的《关于支付机构客户备付金全部集中交存有关事宜的通知》中,决定自2018年7月9日起,逐月提高支付机构客户备付金集中交存比例,交存比例具体如表6-4所示。不再赘述。到2019年1月14日实现支付机构客户备付金集中交存比例逐步提高至100%。虽然从本质上来说,对于备付金交存比例进行调整,与传统的存款准备金政策相比有一定差异,但这些举

措的重要意义，在于将互联网支付机构的备付金纳入中央会计核算 ACS 系统，而这正是进行货币政策操作的前提条件和实现货币政策中介目标可量化性的关键举措。因此，从这个角度来说，与其说备付金比例调整是对互联网支付机构"同业存款"所征收的准备金，不如将其看成提升货政筦精准性、可观测、可量化所奠定的基础性条件。这样说来，在理论层面探究货币政策与互联网金融发展之间的关系及其作用机制，可以为新时期调整货币政策操作、中介目标量化口径奠定理论基础。

表6-4 2018年7月至2019年1月支付机构客户备付金集中交存比例

交存时间	交存比例	交存基数
2018年 7月9日	银行卡收单业务：50%（A类）、52%（B类）、54%（C类）、56%（D类）、58%（E类） 网络支付业务：52%（A类）、54%（B类）、56%（C类）、58%（D类）、60%（E类） 预付卡发行与受理：56%（A类）、58%（B类）、60%（C类）、62%（D类）、64%（E类）	2018年6月客户备付金日均余额
2018年 8月13日	银行卡收单业务：60%（A类）、62%（B类）、64%（C类）、66%（D类）、68%（E类） 网络支付业务：62%（A类）、64%（B类）、66%（C类）、68%（D类）、70%（E类） 预付卡发行与受理：66%（A类）、68%（B类）、70%（C类）、72%（D类）、74%（E类）	2018年7月客户备付金日均余额
2018年 9月10日	银行卡收单业务：70%（A类）、72%（B类）、74%（C类）、76%（D类）、78%（E类） 网络支付业务：72%（A类）、74%（B类）、76%（C类）、78%（D类）、80%（E类） 预付卡发行与受理：76%（A类）、78%（B类）、80%（C类）、82%（D类）、84%（E类）	2018年8月客户备付金日均余额
2018年 10月15日	银行卡收单业务：75%（A类）、77%（B类）、79%（C类）、81%（D类）、83%（E类） 网络支付业务：77%（A类）、79%（B类）、81%（C类）、83%（D类）、85%（E类） 预付卡发行与受理：81%（A类）、83%（B类）、85%（C类）、87%（D类）、89%（E类）	2018年9月客户备付金日均余额
2018年 11月12日	银行卡收单业务：80%（A类）、82%（B类）、84%（C类）、86%（D类）、88%（E类） 网络支付业务：82%（A类）、84%（B类）、86%（C类）、88%（D类）、90%（E类） 预付卡发行与受理：86%（A类）、88%（B类）、90%（C类）、92%（D类）、94%（E类）	2018年10月客户备付金日均余额

续表

交存时间	交存比例	交存基数
2018年12月10日	银行卡收单业务：85%（A类）、87%（B类）、89%（C类）、91%（D类）、93%（E类） 网络支付业务：87%（A类）、89%（B类）、91%（C类）、93%（D类）、95%（E类） 预付卡发行与受理：91%（A类）、93%（B类）、95%（C类）、97%（D类）、99%（E类）	2018年11月客户备付金日均余额
2019年1月14日	100%	—

二、货币政策关注互联网金融发展的评价

互联网金融业态丰富，模式多元。从目前来看，货币政策关注的仍是互联网支付这一业态，并将其纳入央行 ACS 系统。事实上，除此之外，在 2017 年第一季度，央行已经正式将表外理财纳入宏观审慎评估体系，并同时宣布自 2018 年第一季度起将同业存单纳入 MPA 的同业负债占比指标。因为宏观审慎评估体系和货币政策共同构成"双支柱"政策框架的重要内涵和内容。因此，这些举措都是货币政策干预互联网金融发展的重要体现。在统计监测层面，这些举措有利于提升 M_2 的精准性和增强货币政策操作的可量化性。因此，随着互联网金融发展与深化，整个金融体系的变革、支付系统以及货币组成都发生了较大变化，用 20 年前的 M_2 统计口径来揭示货币和流动性，就使货币政策操作中介目标失真。互联网金融本质仍是金融，从统计角度将其纳入货币政策体系是必然的、必要的。不仅如此，网络借贷、股权众筹等其他互联网金融业态也应纳入监控体系。

除统计因素以外，互联网金融发展的业务特殊性、创新快速性、迭代性等因素还要求货币政策对其进行干预。互联网金融自诞生之际便被赋予普惠金融的"光环"，在包容"长尾群体"、技术示范与引领、提升服务效率、便利居民生活以及提升整体福利水平等方面起到了前所未有的推动作用，为我国新型金融体系注入新鲜"血液"。但互联网金融不同于商业银行的间接融资也不同于资本市场的直接融资。因而，其发展也争议不断，往往被认为是"搅局者"，加上媒体报道的"放大效应"，互联网金融发展也备受争议。作为宏观调控的重要抓手，货币政策干预互联网金融发展，对于促进互联网金融发展回归理性、维护金融市场稳定性、防范系统性金融风险产生具有重要作用。从这个角度来说，货币政策干预互联网金融发展是必要的、及时的，指引了新时期互联网金融发展、创新和风

险管理的总体基调和政策导向。

另外,这些监管举措在学界却引发了较大争议,有些学者甚至认为,货币政策干预互联网金融发展是一种"倒退",因为其适用的主体是商业银行,并认为互联网金融机构之所以能保持金融创新动力以提高金融服务效率并保持较高收益率,一个主要原因就是其不受相关政策的框架限制。货币政策干预互联网金融发展可能限制或挫伤互联网金融机构进行金融产品创新的热情和积极性。对于这些争议问题,需要后续研究中继续运用其他技术手段予以论证。

第四节　货币政策关注互联网金融发展的时序模拟

以政策梳理和特征刻画为基础,进一步运用计量经济学模型,对货币政策关注互联网金融发展进行时序模拟。通过时序模拟来揭示互联网金融发展状态转换及其趋势演变,对货币政策产生的影响效应变化,并为上述政策操作提供理论支撑。

一、模型设计

在上述分析中,我们知道互联网金融发展是一个动态过程。自"互联网金融元年"后,我国互联网金融发展阶段不断转换、状态不断变迁,存在明显的阶段特征与转换效应。为此,在本书中采用体制转换模型来进行分析。体制转换模型在经济学上有着悠久的历史,在许多调查中都有详细介绍(Goldfeld and Quandt, 1973,1976;Maddala,1986;Hamilton,1994;Schnatter,2006)。假定被解释变量为 y,遵循一个未观察到的离散状态变量值 s_t,我们假定有 m 个可能体制变量或称为状态变量。这一点在经济学内涵上也解释得通,因为,货币政策操作本身就存在扩张、紧缩和适度三种不同状态。转换模型假定每个状态都有一个不同的回归模型。继续将自变量设定为 X 和 Z,并假定 y 在状态变量 m 下的条件均值遵循线性假设。为此,得到式(6-1):

$$\mu_t(m) = X'_t\beta_m + Z'_t\gamma \tag{6-1}$$

继续假定回归误差服从正态分布,方差变动取决于状态变量,则得到最终的模型为:

$$y_t = \mu_t(m) + \sigma(m)\varepsilon_t \tag{6-2}$$

在式（6-2）中，$s_t = m$，其中，ε_t 代表标准正态分布，标准偏差 σ 为状态变量，且 $\sigma(m) = \sigma_m$。若给定观测的似然贡献，就可通过对每种状态下的密度函数加权，得到该状态下的一步超前概率：

$$L_t(\beta,\gamma,\sigma,\delta) = \sum_{m=1}^{M} \frac{1}{\sigma_m} \phi\left(\frac{y_t - \mu_t(m)}{\sigma_m}\right) \cdot P(s_t = m | \zeta_{t-1},\delta) \quad (6-3)$$

其中，$\beta = (\beta_1,\cdots,\beta_M)$，$\sigma = (\sigma_1,\cdots,\sigma_M)$，$\delta$ 是决定状态变量的参数，$\phi(\cdot)$ 是标准密度函数。ζ_{t-1} 为 $t-1$ 的信息集，在最简单的情况下，δ 反映的就是状态变量本身。全对数处理后的情况如式（6-4）所示：

$$l(\beta,\gamma,\sigma,\delta) = \sum_{t=1}^{T} \log\left\{\sum_{m=1}^{M} \frac{1}{\sigma_m} \phi\left(\frac{y_t - \mu_t(m)}{\sigma(m)}\right) \cdot P(s_t = m | \zeta_{t-1},\delta)\right\} \quad (6-4)$$

到目前为止，我们已经抽象地处理了状态变迁的可能概率 $P(s_t = m | \zeta_{t-1},\delta)$。下面继续讨论一个具有独立系统概率的简单转换模型。需要注意的是，在简单转换模型下，这种讨论只有在误差不相关的条件下才是有效的。更为一般的情况是，我们需要假定状态转移概率是可变的。在这样的条件下概率 P_m 是外生观测变量 G_{t-1} 和经过 Logit 处理的参数 δ 的函数，则可以写成：

$$P(s_t = m | \zeta_{t-1},\delta) = P_m(G_{t-1},\delta) = \frac{\exp(G'_{t-1}\delta_m)}{\sum_{j=1}^{M} \exp(G'_{t-1}\delta_j)} \quad (6-5)$$

最后，利用式（6-4）和式（6-5）就可以得到正态混合的似然对数函数：

$$l(\beta,\gamma,\sigma,\delta) = \sum_{t=1}^{T} \log\left\{\sum_{m=1}^{M} \frac{1}{\sigma_m} \phi\left(\frac{y_t - \mu_t(m)}{\sigma(m)}\right) \cdot P_m(G_{t-1},\delta)\right\} \quad (6-6)$$

由式（6-6）可知，极大似然表达式取决于状态变量前一期的概率。需要注意的是，在给定时期内观察因变量的值可提供关于状态变量有效的附加信息。因而，我们可以利用这一同期信息来获得对状态转移概率的最新估计。根据贝叶斯定理和条件概率定律，得到滤波表达式：

$$P(s_t = m | \zeta_t) = P(s_t = m | y_t, \zeta_{t-1}) = \frac{f(y_t | s_t = m, \zeta_{t-1}) \cdot P(s_t = m | \zeta_t)}{f(y_t | \zeta_{t-1})}$$

$$(6-7)$$

在式（6-7）右边是进行似然估计中所得到的"副产品"，对其进行替换可得：

$$P(s_t = m | \zeta_t) = \frac{\frac{1}{\sigma_m} \phi\left(\frac{y_t - \mu_t(m)}{\sigma(m)}\right) \cdot P_m(G_{t-1},\delta)}{\sum_{j=1}^{M} \frac{1}{\sigma_j} \phi\left(\frac{y_t - \mu_t(j)}{\sigma(m)}\right) \cdot P_j(G_{t-1},\delta)} \quad (6-8)$$

二、模拟结果与分析

运用状态转换模型揭示互联网金融发展对不同货币政策影响进行时序模拟。估计结果如表6-5所示。

首先，揭示互联网金融发展对数量型货币政策的影响。从整体来看，互联网金融发展对数量型货币政策的影响效应显著为正，但在不同状态下，其影响效应是有差异性的。在Regime1下，互联网金融发展对数量型货币政策的边际影响系数为0.001，但并不显著。在Regime2下，互联网金融发展对数量型货币政策的边际影响系数为0.068，且通过显著性检验。可以看出，在不同的状态下，互联网金融发展对数量型货币政策的影响越发增强，边际效应不断递增。研究结论表明，我国互联网金融的飞速发展、快速成长，并未对数量型货币政策产生不良影响。相反，互联网金融发展在一定程度上会增强数量型货币政策调控的有效性。

其次，分析互联网金融发展对价格型货币政策的影响。从整体来看，互联网金融发展对价格型货币政策的影响显著为负，且在不同状态下，互联网金融发展对价格型货币政策的影响方向并不存在一定差异性。具体来说，在Regime1下，互联网金融发展对价格型货币政策的边际影响系数为-0.154，但在Regime2下，互联网金融发展对价格型货币政策的边际影响系数则变为-0.118。这也说明随着互联网金融发展的不断发展，其对价格型货币政策的冲击较为严峻，进而可能导致价格型货币政策传导效果失效。

综合来看，数量型货币政策和价格型货币政策对互联网金融发展的影响存在显著的差异性，数量型货币政策产生"加剧效应"，价格型货币政策发挥"抑制作用"。结合Logistic逻辑成长曲线的拟合结果，当前互联网金融发展总体上处于成长初期阶段，因此，对于互联网金融发展的政策选择仍以鼓励、促进为主，适宜采用数量型货币政策形成"加剧效应"，进而促进互联网金融发展。互联网支付、互联网投资也处于成长初期阶段，宜采用数量型货币政策形成"加剧效应"。但互联网货币基金、互联网保险均处于成长后期阶段，宜采用价格型货币政策形成"抑制作用"。这也要求新时期如果运用货币政策对互联网金融发展进行干预，应处理好总体调控和结构关注之间的关系，找到两者之间的平衡点，更好地促进互联网金融持续、健康、快速发展。

表6-5 互联网金融对货币政策的平滑影响

变量	数量型货币政策		价格型货币政策	
	Regime1	Regime2	Regime1	Regime2
截距项	316.578 (6.51)***	293.213 (5.92)***	149.033 (17.35)***	125.443 (12.37)***
互联网金融发展	0.001 (0.03)	0.068 (1.66)*	-0.154 (-12.42)***	-0.118 (-5.90)***

注：***、*分别表示在1%和10%的显著性水平下显著，无标记表示不显著。括号内为P值。

第七章 我国货币政策与互联网金融发展的协调性及其演进

在上文分析中,我们已经在理论层面探究了货币政策在互联网金融中的传导机制,那么在实践中我国货币政策和互联网金融之间是否配合得当?或者说,两者之间的关系是否协调呢?通过对两者之间协调关系的判断,一方面,可以理清现阶段我国货币政策和互联网金融之间在实践发展中的关系;另一方面,可以揭示两者之间互动绩效,为后续经验实证提供特征事实支撑和前期认知。为此,在本部分主要运用协调系数测度方法,从静态和动态两个维度,揭示我国货币政策和互联网金融发展的协调性及其演进趋势。

第一节 分析方法与数据基础

一、协调性分析方法

一般而言,协调性分析方法主要有静态和动态两个层面的内容。其中,静态分析方法主要是协调度模型。动态分析方法主要有协调适应度模型。为此,我们首先对协调度模型和协调适应度两个模型进行简要介绍,并以此为基础,结合实际发展数据,观测我国货币政策和互联网金融发展之间的协调性及其演进趋势和状态。

(一)静态分析方法:协调度模型

一般来说,协调度刻画的是两个系统或要素之间的协调一致、配合得当的基本情况,也是从实证层面来揭示系统协调性的主要定量指标。因此,可以从这个角度构建货币政策和互联网金融发展的协调性指标和测度两者之间的协调情况。为此,按照学者的研究结论,我们一般可以将协调度模型表示为式(7-1):

$$C = c^\gamma = \frac{M^\gamma(x) I^\gamma(y)}{(Z^2)^\gamma} \tag{7-1}$$

其中，C 表示货币政策和互联网金融发展的协调度，$M(x)$ 表示货币政策，$I(y)$ 表示互联网金融发展。γ 表示调节系数，一般而言，$2 \leq \gamma \leq 5$。为了更好地揭示货币政策和互联网金融发展之间的协调度，本书参照李建军等（2011）在测度金融发展与经济增长之间协调性方面所给出的协调度标准，并对其进行改造，形成货币政策和互联网金融发展之间协调性判断的参考标准。如表 7-1 所示。Z 为货币政策和互联网金融协调发展的综合评价指数，其表达式可以用式（7-2）表示。

$$Z = \alpha \times M(x) + \beta \times I(y) \tag{7-2}$$

其中，α 和 β 分别表示权重系数。

表 7-1　货币政策与互联网金融协调度及类型

协调度	分类	$M(x)$ 和 $I(y)$ 的对比关系	基本类型
0.8~1	良好协调发展	$M(x) > I(y)$	良好协调发展互联网金融发展滞后型
		$M(x) = I(y)$	良好协调发展同步型
		$M(x) < I(y)$	良好协调发展货币政策滞后型
0.7~0.79	中级协调发展	$M(x) > I(y)$	中级协调发展互联网金融发展滞后型
		$M(x) = I(y)$	中级协调发展同步型
		$M(x) < I(y)$	中级协调发展货币政策滞后型
0.6~0.69	初级协调发展	$M(x) > I(y)$	初级协调发展互联网金融发展滞后型
		$M(x) = I(y)$	初级协调发展同步型
		$M(x) < I(y)$	初级协调发展货币政策滞后型
0.5~0.59	勉强协调发展	$M(x) > I(y)$	勉强协调发展互联网金融发展滞后型
		$M(x) = I(y)$	勉强协调发展同步型
		$M(x) < I(y)$	勉强协调发展货币政策滞后型
0.3~0.49	轻度失调衰退	$M(x) > I(y)$	轻度失调发展互联网金融发展滞后型
		$M(x) = I(y)$	轻度失调发展同步型
		$M(x) < I(y)$	轻度失调发展货币政策滞后型
0.2~0.29	中度失调衰退	$M(x) > I(y)$	中度失调发展互联网金融发展滞后型
		$M(x) = I(y)$	中度失调发展同步型
		$M(x) < I(y)$	中度失调发展货币政策滞后型
0~0.19	严重失调衰退	$M(x) > I(y)$	严重失调发展互联网金融发展滞后型
		$M(x) = I(y)$	严重失调发展同步型
		$M(x) < I(y)$	严重失调发展货币政策滞后型

（二）动态分析方法：协调适应度模型

协调度模型反映的是静态维度、货币政策和互联网金融发展之间的关系。通过划定的标准予以评判，发现其在很大程度上带有一定的主观性特征和色彩，可能与实际情况存在一定的偏差或背离。为了增强研究结论的可信度、科学性，需要对货币政策和互联网金融发展之间的协调性及关系做进一步判定。事实上，在实践发展中，货币政策和互联网金融发展彼此都是一个动态过程，两者理应是一个相互调整、相互适应、最终融合共生的过程。因此，其协调关系也应是货币政策和互联网金融"协调适应"的过程。

一般来说，两个变量的这种协调适应的关系，可以用协调适应度模型进行刻画。由于协调适应是一个相互过程，即包括货币政策对互联网金融发展的适应度 $\theta(x/y)$，其表达式见式（7-3）。

$$\theta(x/y) = \exp\{-(x-x')^2/s^2\} \quad (7-3)$$

其中，x 表示货币政策量化指标的实际值，x' 表示货币政策量化指标的协调值，其可以通过回归方程求得。s^2 代表货币政策量化指标实际值的时间序列方差。当货币政策量化指标的实际值和协调值不断接近时，$\theta(x/y)$ 趋于 1。说明货币政策对互联网金融发展的适应度高；当货币政策的量化指标的实际值与协调值差距非常大时，$\theta(x/y)$ 趋于 0。说明货币政策对互联网金融发展的适应度非常低。

货币政策与互联网金融发展的协调适应度模型除包括上述内容之外，还应包括互联网金融对货币政策的适应度 $\theta(y/x)$。其表达式如式（7-4）所示。

$$\theta(y/x) = \exp\{-(y-y')^2/s'^2\} \quad (7-4)$$

其中，y 表示互联网金融发展量化指标的实际值，y' 表示互联网金融发展量化指标的协调值，其也可以通过回归方程求得。s'^2 代表互联网金融发展量化指标实际值的时间序列方差。当互联网金融发展量化指标的实际值和协调值不断接近时，$\theta(y/x)$ 趋于 1。说明互联网金融对货币政策的适应度高；当货币政策量化指标的实际值与协调值差距非常大时，$\theta(y/x)$ 趋于 0。说明互联网金融对货币政策的适应度非常低。

以此为基础，货币政策和互联网金融发展的静态协调度，可以继续用 $C(x,y)$ 的计算公式，可以进一步表达为：

$$C(x,y) = \frac{\min[\theta(x/y), \theta(y/x)]}{\max[\theta(x/y), \theta(y/x)]} \quad (7-5)$$

由式（7-5）可知，当 $\theta(x/y)$ 和 $\theta(y/x)$ 越靠近时，$C(x,y)$ 的值也就越大。说明货币政策与互联网金融发展的协调程度就越高；当 $\theta(x/y)$ 和 $\theta(y/x)$ 的值相差越大时，$C(x,y)$ 的值也就越小。说明货币政策和互联网金融发展的协调程度就越低。

与此同时，如果从时间维度来看，货币政策与互联网金融发展的协调状态是两者在发展中不断累积的结果。如果考虑时间轴上的连续性，就涉及了货币政策与互联网金融发展动态协调度的问题。为此，继续将其表示为式（7-6）。

$$C_d(t) = \frac{1}{t}\sum_{i=0}^{t-1} C_{s(t-i)}, 0 < C_d(t) \leq 1 \qquad (7-6)$$

其中，$C_d(t)$ 表示货币政策和互联网金融在时刻 t 上的动态协调度，$C_{s(t-i)}$ 表示货币政策和互联网金融发展在各个时刻的静态协调度。假设 $t_2 > t_1$，如果 $C_d(t_2) > C_d(t_1)$，就说明货币政策和互联网金融发展两者处于协调发展轨迹之上；否则就说明两者之间已经处于失衡态势。

二、量化指标与数据描述

由于货币政策类型多样，从目前我国货币政策操作实际来看，基本上可以划分为数量型货币政策（MI）和价格型货币政策（MP）两种类型。数量型货币政策主要通过调控货币供应量来达到调控经济的目的，如存款准备金率、公开市场业务、再贷款和再贴现就属于这一政策工具类型。价格型货币政策主要是通过资产价格变化来影响微观主体的财务成本和行为预期，进而达到微观主体调节自身行为的目的。一般主要涉及利率和汇率等价格变量的调节。由于货币政策主要通过中介目标对总体目标产生影响。因而，货币政策也主要从中介目标层面维度进行量化。

从我国货币政策操作实践来看，长期以来货币供应量被选作货币政策调控的中介目标（张晓慧，2012）。在量化时用 M_2 来表示数量型货币政策。而价格型货币政策也一般选取利率尤其是同业拆借利率作为中介目标。随着利率市场化的推进，选取同业拆借利率作为价格型货币政策中介指标的意义十分显著，量化也会更为精准。在具体操作中，选取期限为三个月的上海银行间同业拆借利率的月度平均值来表示。

无论是数量型货币政策还是价格型货币政策都有其发生作用的理论基石和现实土壤。两者并不存在孰优孰劣的问题、两者所反映的核心内涵是一致的。一般要根据我国金融市场化程度和某一阶段的发展实际进行灵活运用、相机选择。因为，随着利率市场化推进，数量型货币政策的中介目标和价格型货币政策的中介目标本身就存在相互影响、相互作用的问题。因此，两者一般不能同时纳入货币政策操作框架。鉴于我国特殊发展实际以及金融市场化所处的阶段特征，实践中也不排除两者组合使用的情况。

此外，由于互联网金融发展指数的基期为100。为了实现数据口径的一致性，在本书中我们分别对数量型货币政策和价格型货币政策的量化指标进行"指数化"处理。具体处理方式如下：将数量型货币政策的量化指标序列的原始值除以时间序列的起点——2014年1月的原始值，并乘以100。这样处理后，2014年1月的货币政策量化数据的值就变成100，其他序列均以基期为基础进行变动。价格型货币政策的量化数据也按照这种方式进行处理，就不再赘述。

需要特别予以说明和注意的是，处理后的数据并不会改变数据的本质属性和总体趋势。因而，会在某种程度上提高实证结论的科学性。由图7-1可以看出，数量型货币政策量化指标与价格型货币政策的量化指标在变动趋势上呈现反向变动趋势，这在理论上符合预期。当然，也在侧面揭示研究所选量化指标的效果还是比较好的。

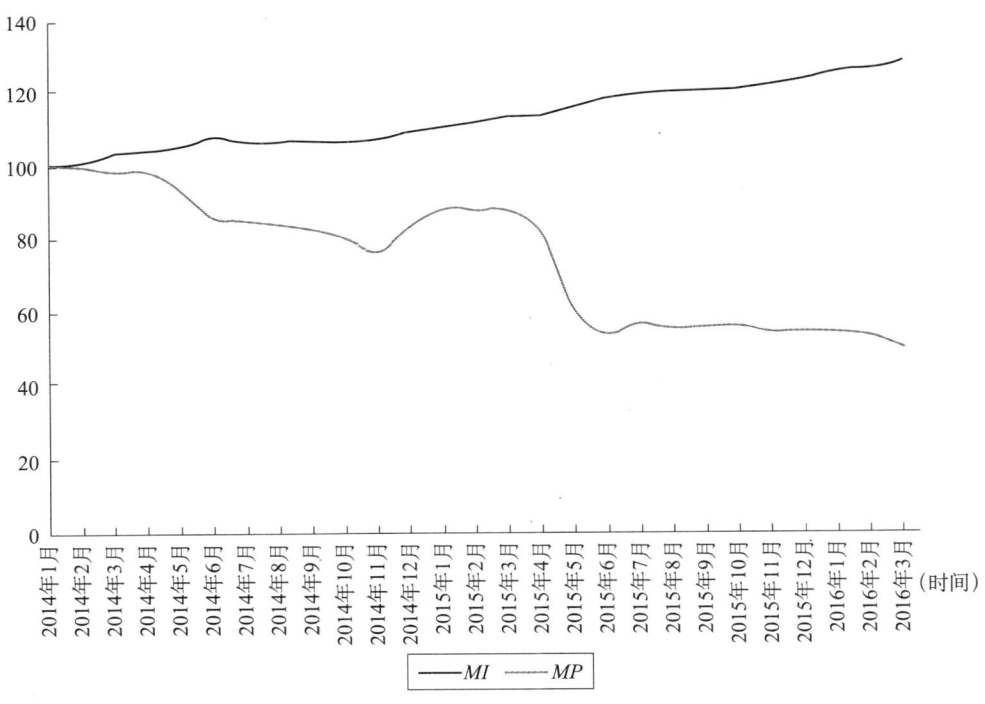

图7-1 货币政策量化结果

数据描述与分析：

在上部分本书主要分析了互联网金融及其不同构成的自身发展概况。那么互联网金融发展在总体和业态上与货币政策走势是否存在一致性呢？图7-2给出了数量型货币政策与互联网金融发展指数之间的趋势关系。由图可以看出，经过指数处理和统一口径以后，数量型货币政策与互联网金融发展之间在总体趋势上呈现背离状态，而且从两条折线之间的距离来看，两者之间的差距也不断增大，这可能说明在现实层面，我国互联网金融发展和数量型货币政策已经出现失衡状态。直观来看，互联网金融发展可能对货币政策传导机制及其有效性造成了不良影响。当然，这也需要后续研究的进一步印证。

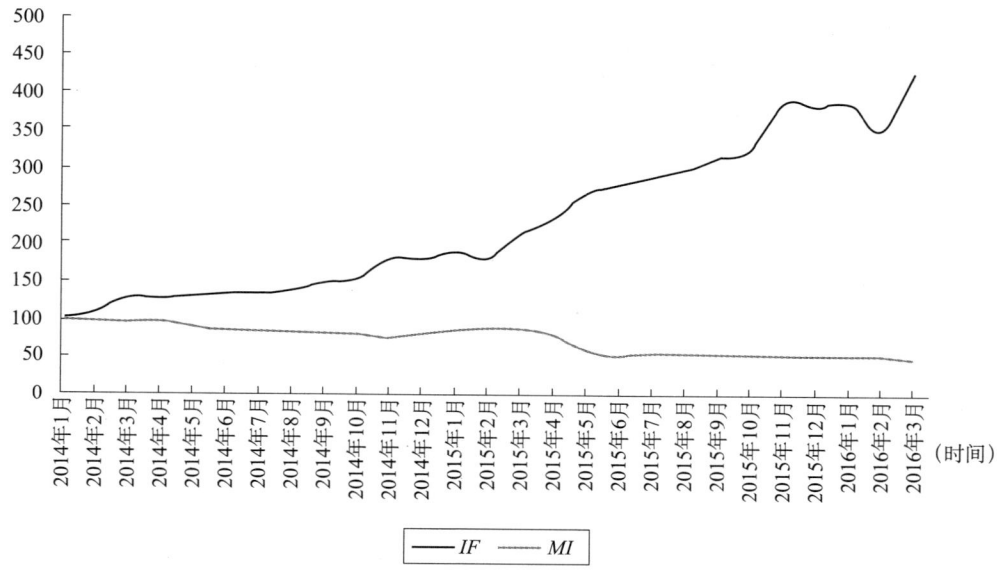

图7-2　数量型货币政策与互联网金融发展指数之间的趋势关系

图7-3给出了价格型货币政策和互联网金融发展的变动趋势。从图中可以看出，价格型货币政策和互联网金融发展在总体趋势上与数量型货币政策一致。一方面，表明随着我国利率市场化、金融市场化推进，数量型货币政策和价格型货币政策之间已经建立起了互通机制，两者之间所蕴含的理论属性、政策内涵以及现实意义存在一致性；另一方面，该结果也进一步表明价格型货币政策和互联网金融发展之间也陷入失衡、失调境地。这和学界普遍认为的"互联网金融提高了价格型货币政策有效性，削弱了数量型货币政策有效性"的观点并不一致（刘澜飚等，2016）。本书发现，在经验层面，互联网金融发展不仅与数量型货币政策在演进趋势上存在背离性，而且与价格型货币政策也存在事实性背离。总体来说，我国互联网金融发展可能对货币政策有效性造成了不良影响。当然，这里只是通过描述性统计分析所做出的预先判断和猜想，两者是否如预期判断仍需要借助其他方法手段和计量工具予以实证，并进行静态和动态的多重分析。

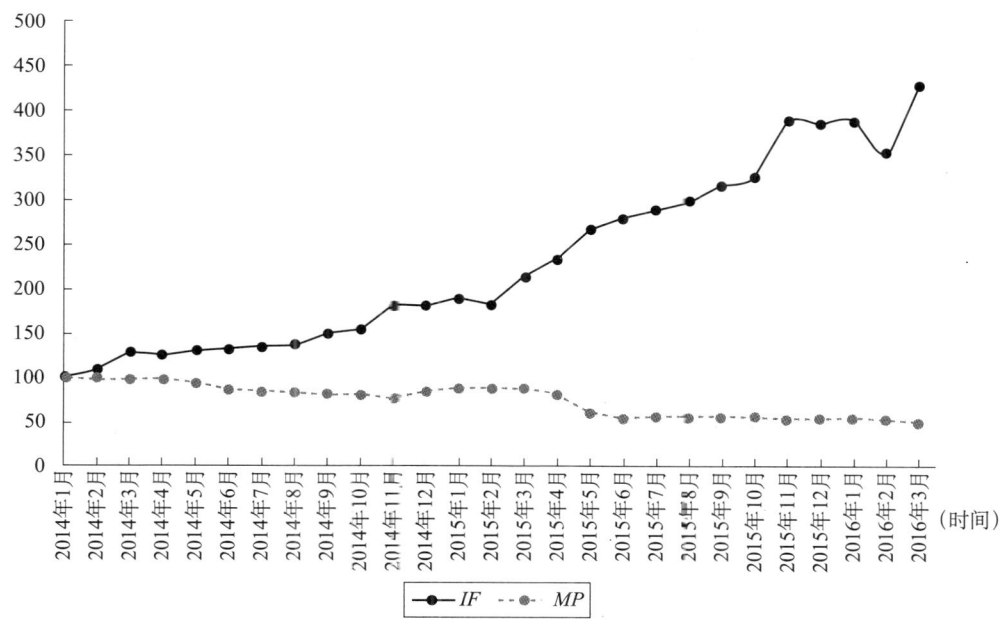

图 7-3 价格型货币政策与互联网金融发展的变动趋势

第二节 货币政策与互联网金融发展的协调性静态分析

按照协调分析方法部分的介绍，在此部分，首先，对货币政策与互联网金融发展的协调性进行静态分析。其次，为了体现研究层次和维度，在进行分析时，依然从数量型货币政策和价格型货币政策两个维度进行切入，在多重比较中发现货币政策和互联网金融协调的新矛盾、新问题。

一、数量型货币政策与互联网金融发展的协调性静态分析

运行互联网发展指数以及数量型货币政策量化指标，首先，计算出互联网金融发展和数量型货币政策量化指标之间的综合评价指数 Z。同时，为了体现互联网金融发展和货币政策的同等重要性，将式（7-2）中的权重系数 α 和 β 均设置为 0.5。其次，通过式（7-1）可以计算出数量型货币政策与互联网金融发展的协调度。计算结果如表 7-2 所示。总体来说，自 2014 年 1 月至 2016 年 3 月，我

国数量型货币政策和互联网金融发展之间的协调度呈下降趋势，协调度的平均值为 0.7796。按照表 7-2 给出的判定标准，我国数量型货币政策和互联网金融发展总体上呈现中级协调发展状态。

表 7-2　数量型货币政策与互联网金融发展协调度

时间	IF	MI	Z	C
2014 年 1 月	100	100	100	1
2014 年 2 月	109.540	100.733	105.137	0.996
2014 年 3 月	129.030	103.308	116.169	0.976
2014 年 4 月	126.700	104.031	115.366	0.981
2014 年 5 月	130.710	105.231	117.971	0.977
2014 年 6 月	131.910	107.660	119.785	0.980
2014 年 7 月	135.770	106.295	121.033	0.971
2014 年 8 月	138.100	106.584	122.342	0.967
2014 年 9 月	149.950	106.990	128.470	0.945
2014 年 10 月	154.070	106.739	130.405	0.935
2014 年 11 月	181.950	107.573	144.762	0.872
2014 年 12 月	181.700	109.333	145.516	0.880
2015 年 1 月	190.280	110.609	150.444	0.865
2015 年 2 月	182.870	111.914	147.392	0.887
2015 年 3 月	214.280	113.512	163.896	0.820
2015 年 4 月	233.330	113.997	173.663	0.778
2015 年 5 月	267.500	116.363	191.931	0.714
2015 年 6 月	279.880	118.678	199.279	0.700
2015 年 7 月	289.660	120.444	205.052	0.688
2015 年 8 月	299.290	120.773	210.031	0.671
2015 年 9 月	316.340	121.032	218.686	0.641
2015 年 10 月	326.600	121.139	223.869	0.623
2015 年 11 月	390.150	122.290	256.220	0.528
2015 年 12 月	385.990	123.921	254.955	0.541
2016 年 1 月	389.360	126.061	257.710	0.546
2016 年 2 月	353.730	126.799	240.265	0.604
2016 年 3 月	430.260	128.720	279.490	0.503

虽然我国数量型货币政策和互联网金融发展在总体上呈现"中级协调发展"状态，但纵览整个样本区间，我们会发现，货币政策和互联网金融发展的协调系数自基期后一直呈现下降趋势。这种"反常现象"，在某种程度上反映的是结构性矛盾。为此，需要进一步揭示阶段性特征。

对表 7-2 内容进行整理，可以形成图 7-4。由图可知，2014 年 1 月至 2015 年 3 月，我国数量型货币政策与互联网金融发展协调度计算结果均处于 [0.8~1] 这一区间范畴。说明在这一时间段内，我国数量型货币政策与互联网金融处于"良好协调发展"状态；2015 年 4~6 月，我国数量型货币政策与互联网金融处于"中级协调发展"状态;2015年7月、10月,2016年2月,我国数量型货币政策与互联网金融处于"初级协调发展"状态。

除此之外,从2015年11月开始至2016年3月,我国数量型货币政策与互联网金融还处于"勉强协调发展"状态,两者之间的偏离程度、失衡状态也随着时间的推移不断加重。

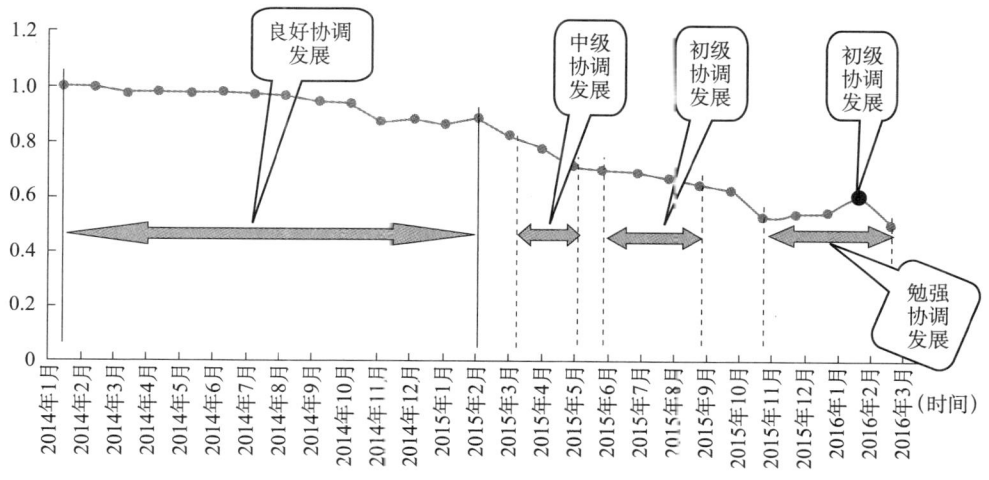

图7-4 我国数量型货币政策与互联网金融协调度阶段特征

如果任凭这一趋势蔓延,会有什么样的结果呢?为了更好地说明未来我国数量型货币政策和互联网金融发展协调度的变化趋势,我们继续建立简单计量经济学模型对其趋势进行预测。

为此,建立协调度和时间之间的回归模型。假定2014年1月设置为虚拟变量1,其他以此类推,则2016年3月就为虚拟变量27。然后,以此为基础,运用最小二乘法进行回归。结果如表7-3所示。从中可以看出,截距项和时间t均在1%的显著性水平下通过检验,调整后的R^2为0.936,模型有很好的解释能力。

表7-3 协调度(数量型货币政策—互联网金融)与时间的回归结果

变量	估计结果
截距项	1.092 (63.79)***
t	-0.021 (-19.55)***

续表

变量	估计结果
R^2	0.939
Adjusted R^2	0.936
F	382.316
P	0.000
观测值	27

注：*** 表示1%的显著性水平。

通过结果，可以进一步写出回归方程：$C = 1.092 - 0.021t$。然后，计算出2016年4月至2017年11月的数量型货币政策和互联网金融发展之间的协调度，如表7-4所示。

由结果可以看出，数量型货币政策和互联网金融发展的协调度的下降趋势会继续延续。尤其是从2016年9月后，数量型货币政策和互联网金融发展之间将会陷入"轻度失调衰退"状态。从2017年2月后，数量型货币政策和互联网金融发展之间出现"中度失调衰退"的状态。从2017年7月后，两者之间出现"严重失调衰退"状态。更为严重的是，到2018年两者之间的协调度变为0，失衡状态可想而知。

但需要注意的是，表7-4给出的是预测结果，是基于过去的信息所推断的结果，是没有政策干预条件的两者关系自然演变的结果。综合结果来看，预测结果显示，我国数量型货币政策和互联网金融发展之间失衡状态最早出现于2017年2月。

事实上，早在2017年1月时，我国就出台了《关于实施支付机构客户备付金集中存管有关事项的通知》，并于2017年4月正式实施，已经明确了货币政策干预互联网金融发展的总体基调。所以，从2017年5月后，数量型货币政策和互联网金融发展之间的失衡状态及其发展趋势可能会因为政策实施而改变既定演化轨迹，进而导致预测数据失真。当然，这需要后续研究中对政策的真实效应进行系统性、全方位评估予以支撑。但预测数据中所揭示的数量型货币政策和互联网金融发展之间失衡状态演化趋势还是值得学界、政界，尤其是监管当局的广泛关注的。

表7-4 数量型货币政策和互联网金融发展协调度预测

时间	2016年4月	2016年5月	2016年6月	2016年7月	2016年8月
协调度	0.504	0.483	0.462	0.441	0.42
时间	2016年9月	2016年10月	2016年11月	2016年12月	2017年1月
协调度	0.399	0.378	0.357	0.336	0.315
时间	2017年2月	2017年3月	2017年4月	2017年5月	2017年6月
协调度	0.294	0.273	0.252	0.231	0.21
时间	2017年7月	2017年8月	2017年9月	2017年10月	2017年11月

续表

协调度	0.189	0.168	0.147	0.126	0.105
时间	2017年12月	2018年1月	2018年2月	2018年3月	2018年4月
协调度	0.084	0.063	0.042	0.021	0

二、价格型货币政策与互联网金融发展的协调性静态分析

在上述分析中，本书已经说明当随着利率市场化、金融市场化达到高级发展阶段后，数量型货币政策和价格型货币政策之间存在互通关系和内涵一致性。因此，分析价格型货币政策与互联网金融发展的协调性主要是为了检验在我国利率市场化不断推进下，两种货币政策类型与互联网金融发展协调性是否存在一致性。

参照上述方法，首先计算出价格型货币政策和互联网金融发展之间的综合评价指数 Z'。在权重设置方面，依然将权重参数 α 和 β 均设置为 0.5。计算结果如表7-5所示。由结果可知，2014年1月至2016年3月，我国价格型货币政策和互联网金融发展之间的协调度总体上呈现波动态势，但具有间歇性波动特征。协调度的平均值为0.61，处于"初级协调发展"状态。这一点和数量型货币政策的检验结果是不一致的。

由上可知，数量型货币政策和互联网金融发展之间的协调状态处于"中级协调发展"阶段。这主要是和我国正处于数量型货币政策向价格型货币政策转型过程中数量型货币政策的有效性逐渐减弱而价格型货币政策尚未建立以及价格型货币政策传导机制不畅通有一定关系（陈小亮和陈彦斌，2016；丁攀和李素芳，2014）。在政策层面，这种不一致性，也进一步说明我国应继续深入推进金融市场和利率市场化进程，彻底打通和扫清数量型货币政策和价格型货币政策互动中的障碍。

表7-5 价格型货币政策与互联网金融发展协调度

时间	IF	MP	Z'	C'
2014年1月	100	100	100	1
2014年2月	109.540	99.940	104.740	0.996
2014年3月	129.050	98.495	113.763	0.964
2014年4月	126.700	98.432	112.566	0.969
2014年5月	130.710	93.525	112.117	0.946
2014年6月	131.910	85.755	108.833	0.912
2014年7月	135.770	84.941	110.356	0.897

续表

时间	IF	MP	Z'	C'
2014 年 8 月	138.100	83.863	110.981	0.884
2014 年 9 月	149.950	82.627	116.289	0.839
2014 年 10 月	154.070	80.541	117.306	0.813
2014 年 11 月	181.950	76.350	129.150	0.694
2014 年 12 月	181.700	83.328	132.514	0.743
2015 年 1 月	190.280	88.426	139.353	0.751
2015 年 2 月	182.870	87.835	135.353	0.769
2015 年 3 月	214.280	87.698	150.989	0.679
2015 年 4 月	233.330	81.827	157.578	0.591
2015 年 5 月	267.500	59.881	163.691	0.357
2015 年 6 月	279.880	54.012	166.946	0.294
2015 年 7 月	289.660	56.780	173.220	0.300
2015 年 8 月	299.290	55.654	177.472	0.280
2015 年 9 月	316.340	55.895	186.118	0.261
2015 年 10 月	326.600	56.133	191.366	0.251
2015 年 11 月	390.150	54.446	222.298	0.185
2015 年 12 月	385.990	54.756	220.373	0.189
2016 年 1 月	389.360	54.557	221.959	0.186
2016 年 2 月	353.730	53.688	203.709	0.209
2016 年 3 月	430.260	50.306	240.283	0.503

从阶段特征来看，价格型货币政策和互联网金融发展之间的协调性也呈现了不断下降的趋势。具体来看图 7-5，2014 年 1~10 月，价格型货币政策和互联网金融发展处于"良好协调发展"状态，2014 年 12 月至 2015 年 2 月，价格型货币政策和互联网金融发展处于"中级协调发展"阶段；2014 年 11 月、2015 年 3 月，价格型货币政策和互联网金融发展处于"初级协调发展"阶段；2015 年 4 月、2016 年 3 月，价格型货币政策和互联网金融发展处于"勉强协调发展"阶段。自此以后，开始陷入失衡、背离状态。2015 年 5 月、7 月，价格型货币政策和互联网金融发展处于"轻度失调衰退"状态；2015 年 6 月、8 月、9 月、10 月以及 2016 年 2 月，价格型货币政策和金融发展处于"中度失调衰退"状态；除此之外，2015 年 11 月至 2016 年 1 月，价格型货币政策和金融发展处于"严重失调衰退"状态。

通过综合比较来看，在价格型货币政策和互联网金融协调发展过程中，协调度在过程层面的波动性、反复性特征十分明显。但从最终结果来看，失调和衰退的总体态势并未发生大的改变。而且与数量型货币政策的衰退趋势比较来看，价格型货币政策比数量型货币政策更为明显。可以说，价格型货币政策受到互联网金融的冲击影响更大。所以，综合来看，无论是数量型货币政策还是价格型货币政策与互联网金融都已经出现失衡态势。

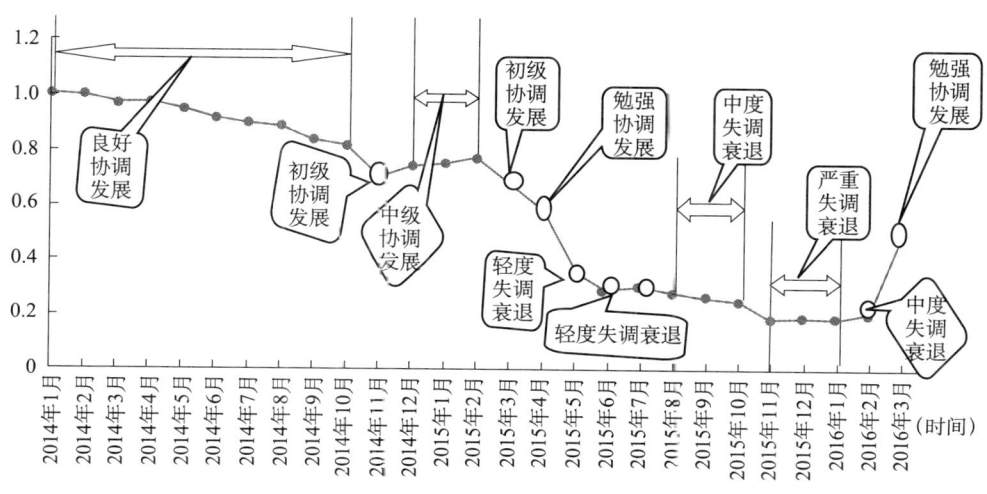

图7-5 价格型货币政策与互联网金融协调度阶段特征

那么,价格型货币政策与互联网金融发展之间的这种失衡状态在未来是否还会持续呢?为了更好地揭示价格型货币政策与互联网金融协调度在未来的变化趋势,参照上述方式,也继续建立价格型货币政策与互联网金融发展协调度和时间之间的回归方程。

假定,2014年1月设置为虚拟变量1,其他以此类推,则2016年3月就为虚拟变量27。然后,以此为基础,运用最小二乘法进行回归。结果如表7-6所示。从中可以看出,截距项和时间t均在1%的显著性水平下通过检验,调整后的R^2为0.864,模型有很好的解释能力。

表7-6 协调度(价格型货币政策—互联网金融)与时间的回归结果

变量	估计结果
截距项	1.111 (24.96)***
t	-0.036 (-12.88)***
R^2	0.869
Adjusted R^2	0.864
F	166.004
P	0.000
观测值	27

注:*** 表示1%的显著性水平。括号内为P值。

通过结果,我们可以进一步写出回归方程:$C = 1.111 - 0.036t$,然后我们计算出 2016 年 4 月至 2017 年 11 月的价格型货币政策和互联网金融发展之间的协调度(见表 7-7)。

通过对预测结果计算,从 2016 年 7 月开始至今,价格型货币政策和互联网金融发展协调度均是负值。表 7-7 中并未给出。从中可以看出,价格型货币政策和互联网金融发展之间的失衡状态来得时间更早、恶化趋势也更为严峻。这与现有学界认为的在互联网金融发展中,价格型货币政策的作用效果更强的结论并不一致。这是新时期我们运用货币政策干预互联网金融发展时应重点关注的结构性问题。需要优化货币政策体系、寻求新突破和提高货币政策有效性和运行效率。

表 7-7 价格型货币政策和互联网金融发展协调度预测

时间	2016 年 4 月	2016 年 5 月	2016 年 6 月	2016 年 7 月	2016 年 8 月
协调度	0.103	0.067	0.031	-0.005	-0.041

第三节 货币政策与互联网金融发展的协调性动态分析

在上述部分,本书从静态维度和结构视角、运行协调度模型揭示了货币政策和互联网金融协调发展状况。但协调度模型中所依赖的评判标准在很大程度上有一定主观性,可能因权重设置的不同而有所差异,这可能会对真实结果有一定影响。为此,需要运用其他方法对其进一步分析,并在结论比较和深度挖掘中,进一步增强结果的科学性和可信度。本书运用协调适应度模型,对数量型货币政策、价格型货币政策与互联网金融发展协调性进行动态分析。

一、数量型货币政策与互联网金融发展的协调性动态分析

按照协调性动态分析的方法介绍,两个事物协调的过程实质上是一个相互适应的过程。既包含货币政策对互联网金融发展的适应度,又包含互联网金融发展对货币政策的适应度,根据式(7-3)可知,在计算两者相互适应之前,首先要计算两个序列的方差。计算结果如表 7-8 所示。

由结果可知,数量型货币政策量化指标序列和互联网金融发展指数序列的标准差分别为 8.538 和 101.864,也就是说它们所对应的方差分别为 72.897 和 10376.27。

表7-8　数量型货币政策量化指标和互联网金融发展描述性统计信息

变量	MI	IF
平均值	113.360	230.332
中值	111.914	190.280
最大值	128.720	430.260
最小值	100.000	100.000
标准差	8.538	101.864
观测值	27	27

除此之外，在计算协调适应度时，还需要计算数量型货币政策和互联网金融发展量化指标的均衡值。为此，分别建立计量模型（7-7）和模型（7-8）。其中，α_0、α_1、α_2、β_0、β_1、β_2 分别表示待估参数。

$$IF_t = \alpha_0 + \alpha_1 MI_t + \alpha_2 MI_t^2 + \mu_t \quad (7-7)$$

$$MI_t = \beta_0 + \beta_1 IF_t + \beta_2 IF_t^2 + \nu_t \quad (7-8)$$

运用最小二乘法对模型（7-7）进行估计。在进行预估计时，发现 MI 并不显著，将其剔除并重新估计得到结果如表7-9所示。从中可以看出，MI^2 在1%的显著性水平下通过检验。

表7-9　IF/MI 均衡值的估计结果

变量	估计结果
截距项	-430.826*** (-16.144)
MI^2	0.0512*** (25.045)
R^2	0.962
Adjusted R^2	0.960
F	627.261
P	0.000
观测值	27

注：*** 表示1%的显著性水平。

同理，运用最小二乘法对模型（7-8）进行估计。结果如表7-10所示。从中可以看出，IF、IF^2 均在1%的显著性水平下通过检验，可以用此式进行均衡值计算。

表7-10　MI/IF 均衡的值估计结果

变量	估计结果
截距项	87.917*** (41.578)
IF	0.144 (7.616)***

续表

变量	估计结果
IF^2	-0.000121 ***
	(-3.309)
R^2	0.970
Adjusted R^2	0.968
F	394.114
P	0.000
观测值	27

注：*** 表示1%的显著性水平。

基于回归结果，则计量方程可以表述为：$IF_t = -430.826 + 0.0512MI_t^2$ 和 $MI_t = 87.917 + 0.144IF_t - 0.000121IF_t^2$。将每个月的互联网金融发展和数量型货币政策量化指标原值代入，就可以求出每个月互联网金融发展和数量型货币政策量化指标的均衡值 MI' 和 IF'。

结合前面的方差数据，将其代入式（7-3）、式（7-4）、式（7-5）和式（7-6）就可以求出互联网金融发展对数量型货币政策适应度 $\theta(IF/MI)$、数量型货币政策对互联网金融发展的适应度 $\theta(MI/IF)$、数量型货币政策和互联网金融之间静态协调度 $C(MI, IF)$ 以及两者之间的动态协调度 $C_d(t)$。结果如表7-11所示。

表7-11 数量型货币政策和互联网金融发展动态协调度

时间	IF	MI	IF'	MI'	$\theta(IF/MI)$	$\theta(MI/IF)$	$C(MI, IF)$	$C_d(t)$
2014年1月	100	100	69.97	101.32	0.92	1.02	0.90	0.87
2014年2月	109.54	100.73	76.53	102.49	0.90	1.04	0.86	0.88
2014年3月	129.03	103.31	102.80	104.84	0.94	1.03	0.91	0.89
2014年4月	126.70	104.03	110.29	104.56	0.97	1.00	0.97	0.91
2014年5月	130.71	105.23	122.85	105.03	0.99	1.00	0.99	0.93
2014年6月	131.91	107.66	148.71	105.18	0.97	1.09	0.89	0.92
2014年7月	135.77	106.30	134.10	105.63	1.00	1.01	0.99	0.93
2014年8月	138.15	106.58	137.18	105.90	1.00	1.01	0.99	0.94
2014年9月	149.95	106.99	141.51	107.26	0.99	1.01	0.99	0.94
2014年10月	154.07	106.74	138.83	107.73	0.98	1.01	0.96	0.95
2014年11月	181.95	107.57	147.77	110.81	0.89	1.15	0.77	0.93
2014年12月	181.70	109.33	166.85	110.78	0.98	1.03	0.95	0.93
2015年1月	190.28	110.61	180.88	111.70	0.99	1.02	0.98	0.94
2015年2月	182.87	111.91	195.41	110.91	0.98	1.01	0.97	0.94
2015年3月	214.28	113.51	213.42	114.18	1.00	1.01	0.99	0.94
2015年4月	233.33	114.00	218.93	116.08	0.98	1.06	0.92	0.94
2015年5月	267.50	116.36	246.18	119.28	0.96	1.12	0.85	0.94
2015年6月	279.88	118.68	273.40	120.39	1.00	1.04	0.96	0.94
2015年7月	289.66	120.44	294.50	121.24	1.00	1.01	0.99	0.94

第七章 我国货币政策与互联网金融发展的协调性及其演进

续表

时间	IF	MI	IF'	MI'	θ (IF/MI)	ε (MI/IF)	C (MI, IF)	$C_d(t)$
2015年8月	299.29	120.77	298.47	122.06	1.00	1.02	0.98	0.94
2015年9月	316.34	121.03	301.61	123.47	0.98	1.08	0.90	0.94
2015年10月	326.60	121.14	302.90	124.28	0.95	1.15	0.83	0.93
2015年11月	390.15	122.29	316.91	128.88	0.60	1.81	0.33	0.91
2015年12月	385.99	123.92	336.99	128.60	0.79	1.35	0.59	0.89
2016年1月	389.36	126.06	363.74	128.83	0.94	1.11	0.85	0.89
2016年2月	353.73	126.80	373.07	126.34	0.96	1.00	0.96	0.90
2016年3月	430.26	128.72	397.61	131.37	0.90	1.10	0.82	0.89

为了更好地反映数量型货币政策和互联网金融发展之间的动态协调关系，继续基于表7-11中的动态协调度$C_d(t)$结果绘制成图7-6。

由图7-6可以清晰地看出，数量型货币政策和互联网金融发展之间的动态协调度波动性、反复性特征十分明显。其中，2014年2~5月，数量型货币政策和互联网金融发展一直处于协调轨迹之上。从2014年6月、12月，数量型货币政策和互联网金融发展之间的动态协调度呈现反复状态，波动性较大。而后，从2015年1~9月，数量型货币政策和互联网金融发展协调性呈现稳定态势。但是从2015年10月至2016年3月，数量型货币政策和互联网金融发展则处于失衡状态。

综合来看，数量型货币政策和互联网金融发展的动态协调度总体呈现"协调—反复—稳定—失衡"的发展特征，数量型货币政策和互联网金融发展逐步偏离协调轨道，两者之间的失衡状态越发明显。这一点和静态分析结果所得到的结论存在一致性。

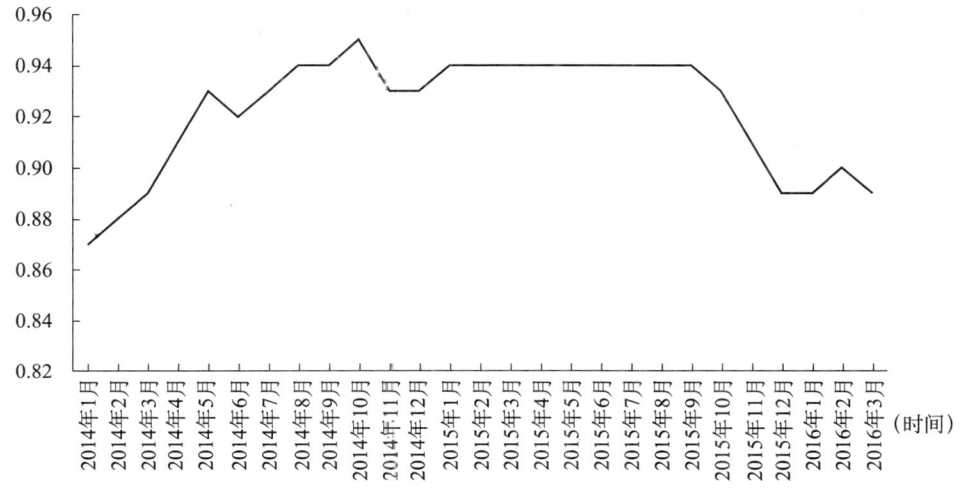

图7-6 数量型货币政策和互联网金融发展动态协调度

二、价格型货币政策与互联网金融发展的协调性动态分析

价格型货币政策与互联网金融发展的动态协调度又如何呢？按照上述分析步骤，首先计算出价格型货币政策量化指标序列和互联网金融发展序列的描述性统计信息如表7-12所示。

由结果可知，价格型货币政策量化指标序列和互联网金融发展指数序列的标准差分别为17.658和101.864。则两者的方差可以计算出的结果分别为311.804和10376.275。

表7-12 价格型货币政策和互联网金融发展描述性统计结果

变量	MP	IF
平均值	74.803	230.332
中值	81.827	190.280
最大值	100.000	430.260
最小值	50.306	100.000
标准差	17.658	101.864
观测值	27	27

以此为基础，要计算价格型货币政策和互联网金融发展之间的动态协调度，还需要分别计算出每个月价格型货币政策和互联网金融发展量化指标的均衡值。

为此，建立计量模型（7-9）和模型（7-10）予以分析。其中，φ_0、φ_1、φ_2、γ_0、γ_1、γ_2为待估参数，υ_t和ε_t为随机误差项。

$$IF_t = \varphi_0 + \varphi_1 MP_t + \varphi_2 MP_t^2 + \upsilon_t \qquad (7-9)$$

$$MP_t = \gamma_0 + \gamma_1 IF_t + \gamma_2 IF_t^2 + \varepsilon_t \qquad (7-10)$$

运用最小二乘法对模型（7-9）进行估计。估计结果如表7-13所示。由结果可知，MP和MP^2分别在5%和1%的显著性水平下通过检验，调整后的R^2为0.873，模型解释能力较好，可以用此式计算出互联网金融发展在每个月的均衡值。

表7-13 IF/MP 均衡值的估计结果

变量	估计结果
截距项	1050.252 *** (5.553)
MP	-17.337 *** (-3.247)

续表

变量	估计结果
MP^2	0.081 ** (2.253)
R^2	0.882
Adjusted R^2	0.873
F	90.067
P	0.000
观测值	27

注：***、** 分别表示1%、5%的显著性水平，括号内为P值。

继续运用最小二乘法对模型（7-10）进行估计，可以求出价格型货币政策量化指标在每个月的均衡值。估计结果如表7-14所示。从中可以看出，IF 和 IF^2 分别在1%和5%的显著性水平下通过检验。调整后的 R^2 为0.876，模型解释能力也是比较理想的，可以用回归方程来计算价格型货币政策量化指标的均衡值。

表7-14　MP/IF 均衡值的估计结果

变量	估计结果
截距项	131.356 *** (15.272)
IF	-0.345 *** (-4.492)
IF^2	0.0004 ** (2.429)
R^2	0.886
Adjusted R^2	0.876
F	92.968
P	0.000
观测值	27

注：***、** 分别表示1%、5%的显著性水平，括号内为P值。

综合表7-13和表7-14的结果，就可以写出回归方程：$IF_t = 1050.252 - 17.337MP_t + 0.081MP_t^2$ 和 $MP_t = 131.356 - 0.345IF_t + 0.0004IF_t^2$。将价格型货币政策量化指标原始数据和互联网金融发展指数原始数据代入两个回归方程，就可以计算出价格型货币政策量化指标均衡值 MI' 和互联网金融发展指标均衡值 IF'。结合方差数据，并将其代入（7-4）、式（7-5）和式（7-6）就可以求出互联网金融发展对价格型货币政策适应度 $\theta(IF/MP)$、价格型货币政策对互联网金融发展的适应度 $\theta(MP/IF)$、价格型货币政策和互联网金融之间静态协调度 $C(MP, IF)$ 以及两者之间的动态协调度 $C_d(t)'$。结果如表7-15所示。

表 7-15　价格型货币政策和互联网金融发展动态协调度

时间	IF	MP	IF'	MP'	θ(IF/MP)	θ(MP/IF)	C(MP, IF)	$C_d(t)'$
2014年1月	100	100	116.252	101.360	1.026	1.006	0.981	0.981
2014年2月	109.540	99.940	116.332	98.916	1.004	1.003	0.999	0.990
2014年3月	129.030	98.495	118.450	94.149	1.011	1.062	0.952	0.977
2014年4月	126.700	98.432	118.550	94.703	1.006	1.046	0.963	0.973
2014年5月	130.710	93.525	128.283	93.753	1.001	1.000	1.000	0.979
2014年6月	131.910	85.755	151.572	93.471	1.038	1.210	0.858	0.959
2014年7月	135.770	84.941	154.572	92.572	1.035	1.205	0.859	0.944
2014年8月	138.100	83.863	158.709	92.035	1.042	1.238	0.841	0.931
2014年9月	149.950	82.627	163.676	89.371	1.018	1.157	0.880	0.926
2014年10月	154.070	80.541	172.618	88.471	1.034	1.223	0.845	0.918
2014年11月	181.950	76.350	192.689	82.739	1.011	1.140	0.887	0.915
2014年12月	181.700	83.328	160.831	82.788	1.043	1.001	0.960	0.919
2015年1月	190.280	88.426	142.479	81.147	1.246	1.185	0.951	0.921
2015年2月	182.870	87.835	144.391	82.561	1.153	1.093	0.948	0.923
2015年3月	214.280	87.698	144.845	76.871	1.591	1.456	0.915	0.922
2015年4月	233.330	81.827	167.025	73.805	1.528	1.229	0.804	0.915
2015年5月	267.500	59.881	298.772	69.033	1.099	1.308	0.840	0.911
2015年6月	279.880	54.012	347.063	67.534	1.545	1.796	0.860	0.908
2015年7月	289.660	56.780	323.605	66.437	1.117	1.348	0.829	0.904
2015年8月	299.290	55.654	333.005	65.431	1.116	1.358	0.821	0.900
2015年9月	316.340	55.895	330.971	63.833	1.021	1.224	0.834	0.896
2015年10月	326.600	56.133	328.980	62.983	1.001	1.162	0.861	0.895
2015年11月	390.150	54.446	343.312	59.596	1.235	1.089	0.881	0.894
2015年12月	385.990	54.756	340.639	59.719	1.219	1.082	0.887	0.894
2016年1月	389.360	54.557	342.349	59.618	1.237	1.085	0.877	0.893
2016年2月	353.730	53.688	349.898	61.142	1.001	1.195	0.838	0.891
2016年3月	430.260	50.306	380.397	59.121	1.271	1.283	0.991	0.895

为了更好地体现价格型货币政策和互联网金融发展动态协调度的演变态势，将表7-15中的 $C_d(t)'$ 绘制成图7-7。从中可以看出，除2014年1月、2月、11月、12月，2015年1月、2月、11月、12月以及2016年2月、3月，这几个时间段，价格型货币政策和互联网金融发展处于协调发展状态外，其他时间段的价格型货币政策和互联网金融发展均处于失衡状态。

从总体趋势来看，价格型货币政策和互联网金融发展动态协调度也总体呈现直线下降趋势，并不存在反复特征。测度结果充分表明，价格型货币政策和互联网金融发展也陷入失衡困境。

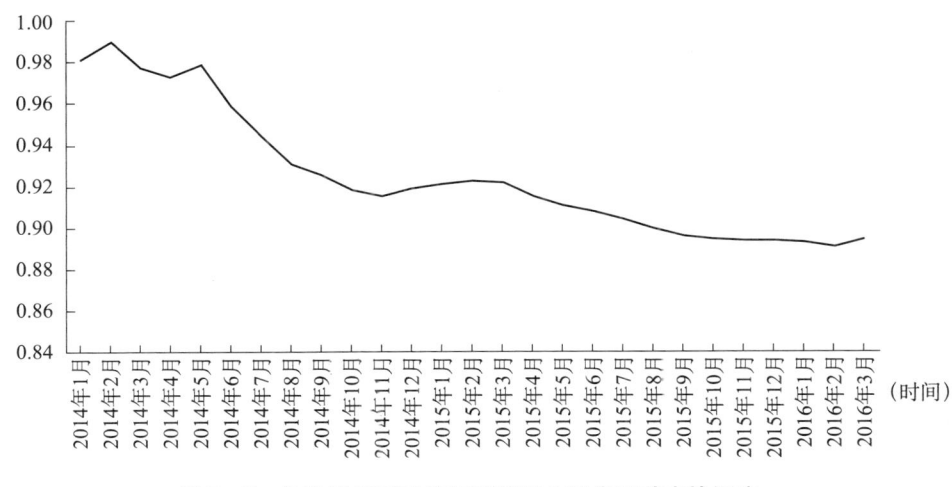

图 7-7 价格型货币政策和互联网金融发展动态协调度

第四节 货币政策与互联网金融发展的协调性综合评价

基于上述分析，本书发现无论是静态分析还是动态分析，货币政策和互联网金融之间协调度都呈现不断下降的态势。货币政策和互联网金融发展的失衡状态不断增加，甚至不断恶化。作为调控经济的重要手段，货币政策理应干预互联网金融发展、发挥更大作用。这种失衡状态在很大程度上反映了当前我国货币政策在调控互联网金融发展中的错位、缺位，也在一定程度上宣告货币政策传导机制失效。互联网金融作为金融业和金融科技拥抱、融合发展的产物，其本质仍是金融，运用货币政策对其干预，是货币政策目标的题中之义和必然选择。调整货币政策操作思路、创新干预方式、重构货币政策体系，是新时期互联网金融发展的重要突破口。这也有利于促进互联网金融持续健康快速发展。

从结构层面来看，互联网金融发展对于价格型货币政策的冲击要比数量型货币政策的冲击幅度更大。换言之，价格型货币政策与互联网金融发展协调发展之路更为艰难。这和学术界所认定的在对互联网金融发展中，价格型货币政策的传导更为有效的理论认知并不一致。所以，建立数量型货币政策和价格型货币政策的内在互通机制是新时期亟待解决的棘手问题和货币政策体系优化的主要着力点。

当然，之所以出现价格型货币政策和互联网金融发展脱离协调轨迹问题，还可能与我国利率市场化转型中货币政策框架处于过渡和调整时期有很大关联。这也说明在运用货币政策对互联网金融进行调控的过程中，应切实和充分利用好数量型货币政策和价格型货币政策，力争形成合力，进而全面增强货币政策对于互联网金融发展的调控效果。

第八章 我国互联网金融发展与货币政策传导机制关系的检验

基于对货币政策与互联网金融发展失衡状态，我国货币政策事实上已经开始运用货币政策对互联网金融发展进行干预。当然，这一监管举措在学界也引发了较大争议，有些学者甚至认为这是一种"倒退"。那么，货币政策是否应该关注互联网金融发展？互联网金融发展是否会改变货币政策传导机制呢？两者之间究竟存在怎样的关系呢？这就是本章需要探索和解决的主要问题。为了验证我国互联网金融发展与货币政策传导机制关系，通过互联网金融和货币政策的关系、互联网金融发展和货币政策目标关系两个维度来检验互联网金融发展与货币政策传导机制的关系。

第一节 检验方法说明与数据平稳性检验

一、检验方法说明

本书运用格兰杰因果检验方法的前沿发展成果——非参数格兰杰因果检验方法来检验货币政策及其最终目标和互联网金融发展之间的关系。在揭示变量之间关系方面，格兰杰因果关系检验是在实证过程中操作便捷并被反复利用的一种实证方法。该方法主要由 Granger（1969）提出，并用以揭示平稳时间序列的表征及其运作机理。为了揭示其内在原理，我们将一个平稳时间序列设定为 $\{(X_t, Y_t)\}$。如果变量 X 包含不是由单独现值和过去值所预测的变量 Y 的未来额外信息，那么，在统计层面，我们就可以称序列 $\{X_t\}$ 是序列 $\{Y_t\}$ 的格兰杰原因。可以用一个更为一般性定义对其进行描述，见式（8-1）。但在具体操作中，一般采用参数设定的自回归模型来进行计量分析和检验，这也是最常见和运用最多的一种方法。

$$(Y_{t+1}, \cdots, Y_{t+k}) \mid (f_{X,t}, f_{Y,t}) \neq (Y_{t+1}, \cdots, Y_{t+k}) \mid f_{Y,t} \qquad (8-1)$$

参数型的格兰杰因果经验检验开展的一个前提是总体分布必须已知，如服从正态分布等。但现实世界的复杂性决定着事先确定总体信息是非常困难的。可以毫不夸张地说，在很多情况下我们一般对总体分布信息知之甚少。这就使基于参数型的格兰杰因果检验的科学性以及可信度大打折扣。因此，随着研究技术的进步，学者纷纷试图将非参数检验方法融入格兰杰因果检验中去。这也是为什么非参数格兰杰检验的方法越来越受到学者推崇的重要原因所在。

在众多方法中，比较引人关注的是 Hiemstra 和 Jones（1994）所提出的"HJ 检验"。可以说，"HJ 检验"奠定了非参数格兰杰因果检验的基础。但其缺陷也比较明显，如学者 Diks 和 Panchenko（2006）就曾指出，如果原假设是正确的，Hiemstra 和 Jones（1994）所提出的"HJ 检验"会存在过度拒绝的情况，统计失真和结论的非科学性问题特别严重。为此，两位学者也试图通过各种方式，修正"HJ 检验"的偏差，并寻找证据来拒绝原假设。

为了更方便介绍 Diks 和 Panchenko（2006）所提出的改进版的非参数格兰杰因果检验方法的基本原理，我们将原假设设定为 $H_0 : \{X_t\}$ 不是 $\{Y_t\}$ 的格兰杰原因。基于式（8-1）中的基本定义，我们考察 $k = 1$ 时的基本情况。可以看出，在给定 Y_t，Y_{t-1}，……的前提下，Y_{t+1} 与 X_t，X_{t-1}……间存在条件独立性。因此，我们可以用有限滞后期 l_X 和 l_Y 来检验。则式（8-1）可以写成：

$$Y_{t+1} \mid (X_t^{l_X}, Y_t^{l_Y}) : Y_{t+1} \mid Y_t^{l_Y} \tag{8-2}$$

其中，$X_t^{l_X} = (X_{t-l_X+1}, \cdots, X_t)$，$Y_t^{l_Y} = (Y_{t-l_Y+1}, \cdots, Y_t)$。假定其均是平稳的时间序列，则 $\{(X_t, Y_t)\}$ 就是关于 $(l_X + l_Y + 1)$ 维向量 $W_t = (X_t^{l_X}, Y_t^{l_Y}, Z_t)$ 的不变分布。其中，$Z_t = Y_{t+1}$。但研究只考虑 $l_X = l_Y = 1$ 时的情况。

事实上，Hiemstra 和 Jones（1994）所构建的"HJ 检验"方法的本质是运用"渐进临界值"理论对 Baek 和 Brock 等（1992）条件独立性检验的修正。为了对此进行说明，我们重新运用联合分布对原假设进行重新表述。一般而言，在给定 $(X,Y) = (x,y)$ 和给定 $Y = y$ 的情况下，Z 的分布是一样的。因此，其联合分布形态就可以重新写成式（8-3）：

$$\frac{f_{X,Y,Z}(x,y,z)}{f_{X,Y}(y)} = \frac{f_{Y,Z}(y,z)}{f_Y(y)} \tag{8-3}$$

从本质上来看，Hiemstra 和 Jones（1994）所构建的"HJ 检验"方法就是运用相关积分的比值来揭示等式（8-3）中左边部分和右边部分存在的差异性。对于一个多元随机向量来说，若将其关联积分记为 $C_V(\varepsilon)$，其就应该是寻找两个向量的独立实现概率小于或者等于 ε，则可以表示为：

$$C_V(\varepsilon) = P[\, \|V_1 - V_2\| \leq \varepsilon \,] = \iint I(\, \|s_1 - s_2\| \leq \varepsilon) f_V(s_1) f_V(s_2) ds_2 ds_1 \tag{8-4}$$

同时，在 Hiemstra 和 Jones（1994）看来，对于任何 $\varepsilon > 0$，等式（8-3）一般都暗含下列关系：

$$\frac{C_{X,Y,Z}(\varepsilon)}{C_{X,Y}(\varepsilon)} = \frac{C_{Y,Z}(\varepsilon)}{C_Y(\varepsilon)} \tag{8-5}$$

进一步地，其等价形式可以表示为：

$$\frac{C_{X,Y,Z}(\varepsilon)}{C_Y(\varepsilon)} = \frac{C_{X,Y}(\varepsilon)}{C_Y(\varepsilon)} \times \frac{C_{Y,Z}(\varepsilon)}{C_Y(\varepsilon)} \tag{8-6}$$

"HJ 检验"就是通过式（8-5）来计算相关积分比率。然后，检验左边和右边的比率是否存在显著不同。在具体计算中，每个积分采用的形式如式（8-7）所示：

$$C_{W,n}(\varepsilon) = \frac{2}{n(n-1)} \sum \sum_{i<j} I_{ij}^W, \, I_{ij}^W = I(\, \|W_i - W_j\| \leq \varepsilon) \tag{8-7}$$

正如上文所说的，"HJ 检验"在某些情况下存在过度拒绝的问题。通过比较式（8-3）和式（8-5），我们会发现，两者并不是在所有情况下的结果都是一致的，式（8-5）只有在某些特殊情形下才会发生。例如，当给定 $Y = y$，Z 和 X 的条件分布不依赖于 y 时，或者说，在两者之间的等价规律不具备一般性时。为了弄清这一点，我们继续看在零假设下，若：

$$P[\, \|X_1 - X_2\| < \varepsilon, \|Z_1 - Z_2\| < \varepsilon \,|\, Y_1 = Y_2 = y\,]$$
$$= P[\, \|X_1 - X_2\| < \varepsilon \,|\, Y_1 = Y_2 = y\,] P[\, \|Z_1 - Z_2\| < \varepsilon \,|\, Y_1 = Y_2 = y\,] \tag{8-8}$$

则式（8-5）可以重新表示为：

$$P[\, \|X_1 - X_2\| < \varepsilon, \|Z_1 - Z_2\| < \varepsilon \,|\, \|Y_1 - Y_2\| < \varepsilon\,]$$
$$= P[\, \|X_1 - X_2\| < \varepsilon \,|\, \|Y_1 - Y_2\| < \varepsilon\,] P[\, \|Z_1 - Z_2\| < \varepsilon \,|\, \|Y_1 - Y_2\| < \varepsilon\,] \tag{8-9}$$

一般而言，这些条件并不等价。两方程的概率分解充分说明：两个事件发生的条件并不相同。或者可以说，在原假设条件下，Z 和 X 的条件分布是可以依赖 Y。所以，在原假设下，$X_1 - X_2$ 和 $Z_1 - Z_2$ 也将依赖于 Y_1 和 Y_2。在这样的情形下，式（8-9）中的左边的平均概率就不能被分解和表达成右边的情形。这就充分证实"HJ 检验"结果与零假设存在不一致的状况。

在 Diks 和 Panchenko（2006）所提出的修正思路中，两位学者仍然认为如果能通过适当的举措消除式（8-5）中的偏差，那么"HJ 检验"的结果仍是渐进有效的。例如，通过以适当速率增加样本容量并允许带宽 ε 趋于 0 的方法。因此，在其看来，原假设暗含式（8-10）所示的关系。

$$q_g = E\Big[\frac{f_{X,Y,Z}(X,Y,Z)}{f_Y(Y)} - \frac{f_{X,Y}(X,Y)}{f_Y(Y)}\frac{f_{Y,Z}(Y,Z)}{f_Y(Y)}g(X,Y,Z)\Big] = 0 \quad (8-10)$$

其中，$g(X,Y,Z)$ 表示正权函数。

所以，如果基于指示函数对式（8-10）进行自然估计，我们可以构造出一个统计量 $T_n(\varepsilon)$ 来进行非参数格兰杰因果检验。其中，$I_{ij}^W = I(\|W_1 - W_2\| < \varepsilon)$。

$$T_n(\varepsilon) = \frac{(2\varepsilon)^{-d_X-2d_Y-d_Z}}{n(n-1)(n-2)}\sum_i\Big[\sum_{k,k\neq 1}\sum_{j,j\neq i}(I_{ik}^{XYZ}I_{ij}^Y - I_{ik}^{XY}I_{ij}^{YZ})\Big] \quad (8-11)$$

如果将随机向量 W 在 W_i 的局部密度估计函数表示为：$\hat{f}_W(W_i) = \frac{(2\varepsilon)^{-d_W}}{n-1}\sum_{j,j\neq 1}I_{ij}^W$，则式（8-11）就可以进一步简化为：

$$T_n(\varepsilon) = \frac{(n-1)}{(n-2)}\sum_i[\hat{f}_{X,Y,Z}(X_i,Y_i,Z_i)\hat{f}_Y(Y_i) - \hat{f}_{X,Y}(X_i,Y_i)\hat{f}_{Y,Z}(Y_i,Z_i)]$$

$$(8-12)$$

由式（8-12）可知，如果选取适当带宽序列 $\varepsilon(n)$，估计值就存在一致性、无偏性和有效性。按照 Powell 和 Stoker（1996）给出的实质性建议：对于任何 $d_X = d_Y = d_Z = 1$，如果将带宽设置为 $\varepsilon_n = Cn^{-\beta}$，检验结果都是科学有效的。其中，$C$ 为任意正常数，$\beta \in (\frac{1}{4}, \frac{1}{3})$。但本书在具体进行非参数格兰杰因果检验时，仍旧继续参照 Diks 和 Panchenko（2006）采用的方式，将带宽设定为 $\varepsilon_n = \max(Cn^{-2/7}, 1.5)$。在这样的条件下，改进后得非参数格兰杰因果检验统计量 T_n 就服从正态分布，如式（8-13）所示：

$$\sqrt{n}\frac{(T_n(\varepsilon_n) - q)}{S_n} \to N(0,1) \quad (8-13)$$

二、数据平稳性检验

进行非参数格兰杰因果关系检验的数据必须是严格的平稳数据，若是非平稳数据就容易导致检验结果存在严重偏差和造成不一致性并失去检验的意义。因此，在对互联网金融发展和货币政策、政策目标的关系进行检验时应对数据进行平稳性检验。关于数据平稳性检验的方法较多而且比较完善，并在实践中受到了广泛运用。但是传统方法，诸如 ADF 检验和 PP 检验，在具体检验过程中大多存在效度低、样本偏差等问题，这使检验结果存在一定程度上的扭曲。检验结论的不确定直接威胁结论的可信度。为此，Ng 和 Perron（2001）所提出的"Ng-Perron 检验"方法很好地化解了这一问题。

该方法利用广义最小退势，构造了 MZa、MZt、MSB 和 MPT 四个统计量，全方位对数据进行平稳性检验。在这一方法下，只有四个统计量全部通过显著性检验后，数据才能被认定为平稳性数据，因而其检验条件更为严格、检验层次更为全面、检验结论更为可信。为此，本书运用 Ng-Perron 检验对实证中所涉及的变量进行平稳性检验。检验结果如表 8-1 所示。

由结果可知，数量型货币政策（MP）、价格型货币政策（MI）、货币政策目标——经济增长（EG）、互联网金融发展指数（IF）、互联网支付发展指数（IP）、互联网货币基金发展指数（FF）、互联网投资发展指数（II）、互联网保险发展指数（IN）、分性别属性互联网金融发展指数（IF-man、IF-woman）、分年龄属性互联网金融发展指数（IF-60b、IF-60、IF-70、IF-80、IF-90、IF-00）等变量的 MZa、MZt、MSB 和 MPT 统计值均大于渐进临界值，因而拒绝"存在单位根"的原假设，这说明各序列均是平稳时间序列，可以直接进行非参数格兰杰因果关系检验。

基于此，在接下来的部分仍然遵从结构化的操作思路，在货币政策和互联网金融发展关系检验层面分别检验数量型货币政策、价格型货币政策与互联网金融发展之间的非参数格兰杰因果关系。在互联网金融发展和货币政策目标关系检验层面，分别从总体层面、分性别检验、分年龄检验以及分业态检验四个方面进行检验，可以更为全面、系统地反映互联网金融发展和货币政策传导机制关系。

表 8-1 变量平稳性检验

变量	MZa	MZt	MSB	MPT
EG	-1.304***	-0.636*	0.487**	14.206*
MP	0.769**	0.429***	0.557***	25.174**
MI	-1.920***	-0.741***	0.385***	10.186***
IF	-13.067***	-2.325**	0.173***	2.715***
IF-man	-8.356***	-1.97***	0.223***	10.742***
IF-woman	-6.449***	-1.656***	0.257***	14.105**
IF-60b	-22.227***	-3.322***	0.1495***	4.168***
IF-60	-4.483**	-1.483*	0.332***	20.203***
IF-70	-6.786***	-1.741***	0.257***	13.486***
IF-80	-5.1042***	-1.462***	0.286***	17.222***
IF-90	-5.154**	-1.4***	0.272***	16.794***
IF-00	-0.585***	-0.17***	0.29***	27.925***

续表

变量	MZa	MZt	MSB	MPT
IP	1.610 **	1.275 ***	0.792 ***	51.041 ***
FF	1.629 ***	1.281 ***	0.786 ***	50.6 ***
II	-1.987 ***	-0.615 **	0.31 ***	8.871 ***
IN	0.074 ***	0.046 ***	0.626 ***	26.34 ***

注：*** 、** 、* 分别表示1%、5%和10%的显著性水平。

第二节 我国互联网金融发展与数量型货币政策关系检验

基于上述分析，首先运用滚动相关系数法、非参数格兰杰因果检验方法实证检验数量型货币政策与互联网金融发展的相关关系、格兰杰因果关系。同时，为拓展研究维度，在实施检验过程中，分别从总体和分业态两个角度对数量型货币政策与互联网金融发展的相关性、格兰杰因果关系进行检验。其中，总体层面揭示数量型货币政策与互联网金融发展关系；分业态层面主要检验数量型货币政策与互联网支付发展、互联网货币基金发展、互联网投资发展、互联网保险发展之间的关系，以揭示数量型货币政策在不同互联网金融发展业态之间的关系与传导机制的差异性。

一、总体检验结果与分析

（一）格兰杰因果关系检验结果

为反映非参数格兰杰因果关系检验结果的完整性、精准性，本书同时给出基于"HJ检验"和基于"T检验"两种方法的互联网金融发展和数量型货币政策的非参数格兰杰因果关系检验的实证结果。见表8-2。从结果来看，"T检验"的统计值一般要大于"HJ检验"的统计值。从比较来看，差距也并不多。从原因来看，这可能主要是囿于样本容量的限制。因为，Diks 和 Panchenko（2006）在其研究成果中指出：如果样本容量小于500，"T检验"和"HJ检验"的检验结果差距并不大。只有样本容量大于500时，"T检验"的优越性才会更为凸显、表现才更为明显。因此，在具体分析时，我们仍以"T检验"的检验结果为基准，下面的分析亦是如此、不再赘述。

由表8-2我们可以看出，无论滞后多少期，都无法拒绝"互联网金融发展

(IF) 不是数量型货币政策 (MI) 格兰杰原因"的原假设。但是在滞后 1~5 期后，检验结果拒绝"数量型货币政策 (MI) 不是互联网金融发展 (IF) 格兰杰原因"的原假设，数量型货币政策是互联网金融发展的格兰杰原因。虽然两者之间不存在互动机制，但数量型货币政策应该干预互联网金融发展，而不应对其不管不问、放任自流。

虽然互联网金融作为一种新型融资模式，但其实质仍是金融，而且部分互联网金融新业态具备信用创造功能。例如，网络借贷、互联网众筹等对传统信贷还有一定的替代作用。货币政策若不干预互联网金融发展，所导致的直接后果就是货币政策对信贷调控的效果被互联网金融"稀释"，进而使货币政策的"金融机构"传导机制失效。

所以，从这个层面来讲，研究结论提供了货币政策干预互联网金融发展的直接实证证据。货币政策框架对于互联网金融仍然有一定适应性，为防范金融风险和实现货币政策目标，新时期货币政策制定应将传统调控对象和互联网金融机构一视同仁，增加针对互联网金融机构的调控内容和举措，可以更好地达到货币政策调控目标。但需要注意的是，货币政策影响互联网金融发展的最大滞后期为 5 个月。这说明在互联网金融发展中，数量型货币政策的传导时滞是 5 个月，既要确保货币政策效果，也要避免进行经常性、连续性货币政策调控。

表 8-2 互联网金融发展和数量型货币政策的检验结果

滞后阶数	IF ↛ MI		MI ↛ IF	
	HJ	T	HJ	T
1	0.569 (0.285)	0.756 (0.225)	2.296 *** (0.011)	2.358 *** (0.01)
2	0.482 (0.315)	0.728 (0.233)	1.397 * (0.081)	1.469 * (0.071)
3	0.482 (0.315)	0.5 (0.309)	1.505 * (0.066)	1.566 * (0.059)
4	0.476 (0.317)	0.487 (0.313)	1.216 (0.112)	1.329 * (0.092)
5	-0.773 (0.78)	-0.863 (0.806)	1.215 (0.112)	1.324 * (0.093)
6	-0.722 (0.765)	-0.865 (0.807)	0.867 (0.193)	0.992 (0.161)
7	-0.725 (0.766)	-0.851 (0.803)	0.905 (0.183)	1.006 (0.157)

续表

滞后阶数	IF ⇸ MI		MI ⇸ IF	
	HJ	T	HJ	T
8	-0.762 (0.777)	-0.785 (0.784)	0.951 (0.171)	1.023 (0.153)

注：***、*分别表示1%、10%的显著性水平。括号内为P值。

（二）相关分析

虽然非参数格兰杰因果关系检验可以从复杂多变的事物联系中抽离出两者之间的统计关系。但也正因为是非参数的，所以，单纯的格兰杰因果关系检验也无法确定货币政策和互联网金融之间的影响机制及其特征。这就要求研究进一步运用其他技术手段来进行检验。一种用于时间序列操作的重要方法就是使用滑窗对时间序列进行统计值计算和其他函数计算。因而，本书结合格兰杰因果检验所确立的两者之间作用方向的结果，进一步运用窗口函数中的二元移动窗口函数，来测度货币政策和互联网金融发展之间的滚动相关系数。

在本部分依然延续上述的分析思路，从总体和分业态结构两个维度进行计算。在总体层面，计算出来的数量型货币政策和互联网金融发展之间的滚动相关系数结果如图8-1所示。由结果可知，除2014年8月、2016年1月和2月以外，数量型货币政策和互联网金融发展的都是正相关关系，滚动相关系数的平均水平为0.65。如果按照相关系数判定标准，在总体上，数量型货币政策和互联网金融发展之间是"强相关"关系。

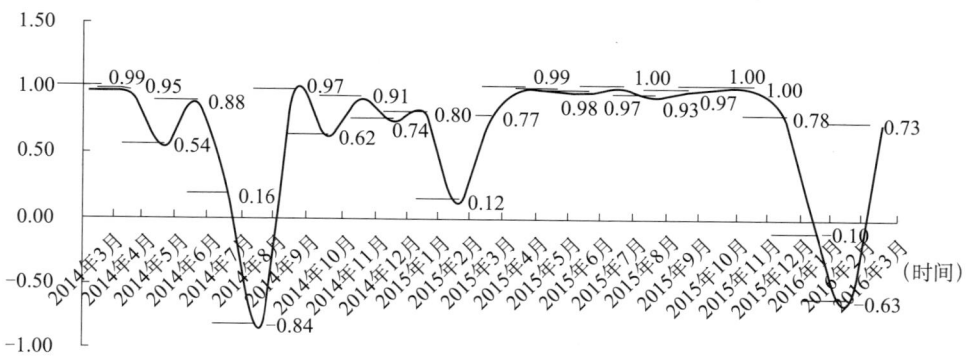

图8-1 互联网金融发展和数量型货币政策的滚动相关系数

需要特别注意的是，在2015年3~11月期间，数量型货币政策和互联网金融发展的滚动相关系数一直维持在［0.93，1］区间范围内，说明这一时段数量型货币政策与互联网金融发展之间的相关性很强且具有连续性。所以，综合非参数格兰杰因果关系检验结果，数量型货币政策对于互联网金融发展有较强的促进作用，数量型货币政策应干预互联网金融发展。可以看出，滚动性相关性进一步增强了研究结论的解释能力，通过与非参数格兰杰因果关系检验结果的综合分析，对于现实政策运用的指导性也就越强。

二、分业态检验结果与分析

（一）格兰杰因果关系检验结果

随着互联网金融发展速度加快，业态创新日新月异且成绩斐然。为了更好地厘清数量型货币政策与互联网金融业态之间的关系。表8-3给出了各互联网金融发展业态与数量型货币政策之间的非参数格兰杰因果关系检验结果。在这部分我们仍以非参数格兰杰的"T检验"结果为准。由结果可知，在滞后1期后，互联网投资分别拒绝"互联网货币投资不是数量型货币政策的格兰杰原因"和"互联网投资不是数量型货币政策的格兰杰原因"的原假设。这说明互联网投资与数量型货币政策之间存在互动机制，主要是由互联网投资的发展属性所决定的。

一方面，互联网投资也就是通常我们所说的P2P网络借贷，其有"信用创造"功能，会增大货币乘数和增加货币供应量，使数量型货币政策调控的不稳定性增加，进而制约数量型货币政策效果；另一方面，其通过资产证券化（ABS）打通了资金端和资产端，有效连接了投资者和消费者，这在某种程度上使其具备了"造血"功能，同时也会直接影响货币政策的实施及其稳定。可以说，在互联网金融发展新时期，互联网投资会是货币政策调控的重点选择。除此之外，互联网支付、互联网货币基金、互联网保险均接受其不是数量型货币政策的格兰杰原因的原假设，但是均拒绝数量型货币政策不是其格兰杰原因的原假设。这说明数量型货币政策也应对互联网支付、互联网货币基金和互联网保险等进行干预。

表8-3 各互联网金融业态与数量型货币政策关系检验结果

滞后阶数	互联网支付				互联网货币基金			
	IP ↛ MI		MI ↛ IP		FF ↛ MI		MI ↛ FF	
	HJ	T	HJ	T	HJ	T	HJ	T
1	0.506 (0.306)	0.659 (0.255)	1.739** (0.041)	1.925** (0.027)	1.153 (0.124)	1.229 (0.11)	1.258* (0.104)	1.342* (0.09)
2	0.473 (0.318)	0.816 (0.207)	1.385* (0.083)	1.477* (0.07)	1.242* (0.107)	1.275* (0.101)	0.928 (0.177)	1.005 (0.158)
3	0.486 (0.314)	0.822 (0.206)	1.331* (0.092)	1.408* (0.08)	1.255* (0.105)	1.301* (0.10)	—	—
4	0.525 (0.3)	0.640 (0.261)	1.362* (0.087)	1.434* (0.075764)	1.27* (0.102)	1.324* (0.093)	—	—
5	-0.894 (0.814)	-0.86 (0.805)	1.387* (0.083)	1.467* (0.071)	1.29* (0.099)	1.351* (0.088)	—	—
6	-0.684 (0.753)	-0.837 (0.799)	1.155 (0.124)	1.231* (0.109)	1.269* (0.102)	1.319* (0.093)	—	—
7	0.888 (0.187)	0.879 (0.19)	1.173 (0.12)	1.258* (0.104)	0.797 (0.213)	0.859 (0.195)	—	—
8	0.803 (0.211)	0.82 (0.206)	1.195 (0.116)	1.29* (0.099)	0.8 (0.212)	0.871 (0.192)	—	—

滞后阶数	互联网投资				互联网保险			
	II ↛ MI		MI ↛ II		IN ↛ MI		MI ↛ IN	
	HJ	T	HJ	T	HJ	T	HJ	T
1	1.230* (0.109)	1.292* (0.098)	1.565** (0.059)	1.654** (0.049)	0.47 (0.319)	0.778 (0.218)	2.829*** (0.002)	3.071*** (0.001)
2	1.242* (0.107)	1.277* (0.101)	0.953 (0.170)	0.991 (0.161)	-1.539 (0.938)	-1.203 (0.886)	1.254 (0.105)	1.324 (0.093)
3	1.255* (0.105)	1.297* (0.097)	—	—	-1.48 (0.931)	-1.227 (0.89)	1.145 (0.126)	1.082 (0.139)
4	1.27* (0.102)	1.313* (0.095)	—	—	-1.4 (0.919)	-1.315 (0.906)	0.839 (0.201)	0.84 (0.2)
5	1.29* (0.099)	1.338* (0.09)	—	—	-1.32 (0.907)	-1.335 (0.909)	0.895 (0.185)	0.862 (0.194)
6	1.269* (0.102)	1.287* (0.099)	—	—	-0.151 (0.56)	-0.15 (0.56)	0.868 (0.193)	0.795 (0.213)
7	0.797 (0.213)	0.853 (0.197)	—	—	-0.806 (0.789)	-0.833 (0.798)	0.782 (0.217)	0.799 (0.212)
8	0.8 (0.212)	0.864 (0.194)	—	—	0.8 (0.212)	0.833 (0.202)	—	—

注：***、**、*分别表示1%、5%、10%的显著性水平。括号内为P值。

(二) 相关分析

以非参数格兰杰因果检验为基础，进一步测算出数量型货币政策和互联网支付、互联网保险、互联网投资以及互联网货币基金等不同互联网金融业态结构的滚动相关系数。计算出来的数量型货币政策和互联网金融业态的滚动相关系数的详细情况如表 8-4 所示。

表 8-4 数量型货币政策和不同互联网金融发展业态的滚动相关系数

时间	cor (MI-IF)	cor (MI-IP)	cor (MI-IN)	cor (MI-II)	cor (MI-FF)
2014 年 3 月	0.993	0.983	0.478	0.798	0.995
2014 年 4 月	0.950	0.981	1.000	0.990	0.699
2014 年 5 月	0.543	0.948	0.969	1.000	-0.822
2014 年 6 月	0.880	0.974	0.994	0.247	-0.999
2014 年 7 月	0.159	0.476	0.374	-0.618	-0.797
2014 年 8 月	-0.838	-0.744	-0.909	0.539	-0.980
2014 年 9 月	0.966	0.998	0.964	0.580	0.916
2014 年 10 月	0.621	0.302	0.606	0.997	0.496
2014 年 11 月	0.914	0.781	0.792	1.000	0.900
2014 年 12 月	0.741	0.776	0.999	1.000	0.864
2015 年 1 月	0.802	-0.721	1.000	-1.000	0.988
2015 年 2 月	0.121	-0.975	0.375	-0.975	0.911
2015 年 3 月	0.770	0.323	0.712	0.380	0.950
2015 年 4 月	0.988	0.985	1.000	0.944	0.971
2015 年 5 月	0.980	0.397	0.907	0.718	0.985
2015 年 6 月	0.967	0.953	0.998	0.475	0.845
2015 年 7 月	1.000	0.962	0.971	0.629	-1.000
2015 年 8 月	0.932	0.887	0.839	0.921	0.308
2015 年 9 月	0.974	0.976	-0.245	0.998	0.895
2015 年 10 月	0.996	0.962	-0.884	0.997	0.986
2015 年 11 月	0.999	0.954	0.184	0.999	0.999
2015 年 12 月	0.777	0.815	0.993	0.525	0.872
2016 年 1 月	-0.102	-0.896	0.648	-0.838	0.984
2016 年 2 月	-0.635	-0.940	-0.761	-0.714	0.907

为了更为直观地反映互联网金融各业态的滚动相关系数的变动趋势，将计算结果绘制成图 8-2。由图 8-2 可知，数量型货币政策与不同互联网金融业态发展呈负相关的月份出现一致性。但纵览样本总体趋势，我们会发现数量型货币政策与不同互联网金融业态的滚动相关系数总体上呈正相关关系。

通过计算滚动相关系数的平均值可得：数量型货币政策与互联网支付、互联网保险、互联网投资以及互联网货币基金等业态之间的滚动相关系数分别为 0.5、0.54、0.44 和 0.51。对照滚动系数的判定标准，可以看出，数量型货币政策与互联网支付、互联网投资为中等正相关,与互联网保险、互联网货币基金为强正相关。但如果从相关系数的数值来看,数量型货币政策与各互联网金融业态之间的差距并不大。结合非参数格兰杰检验结果可知,不同业态结构检验结果也支持数量型货币政策应该干预互联网金融发展的基本假设。

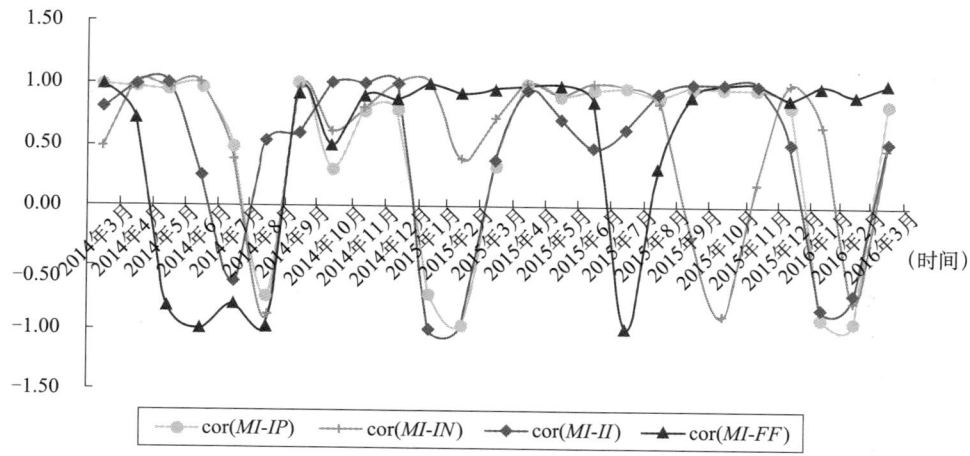

图 8-2 数量型货币政策和不同互联网金融发展业态的滚动相关系数

第三节 我国互联网金融发展与价格型货币政策关系检验

对照数量型货币政策与互联网金融发展之间关系的差异性特征,继续检验价格型货币政策与互联网金融发展之间的关系。在具体实施过程中,同上述方式一致,仍然从总体和分业态两个维度进行,结合非参数格兰杰因果关系检验和滚动相关系数法,检验我国互联网金融发展与价格性货币政策的格兰杰因果关系、相关关系,力争更为全面、系统地揭示价格型货币政策和互联网金融发展之间的关系及其差异性特征。

一、总体检验结果与分析

(一)格兰杰因果关系检验结果

价格型货币政策是我国货币政策的重要组成部分,同数量型货币政策共同构成我国货币政策框架体系。为比,在接下来的部分,本书继续从总体和不同发展业态的层面进行检验。表8-5给出的是总体上互联网金融发展和价格型货币政策的非参数格兰杰的结果。由表中结果可知,无论是"HJ检验"还是"T检验",都无法拒绝"互联网金融发展不是价格型货币政策格兰杰原因"的原假设。但都拒绝"价格型货币政策不是互联网金融发展的格兰杰原因"的原假设。实证结论说明,价格型货币政策亦应对互联网金融发展进行干预,这一点同数量型货币政策的检验结果是一致的。

综合而言,货币政策干预互联网金融发展得到实证检验结果的共同支撑。但需要注意的是,在滞后1~7期时,价格型货币政策都是互联网金融发展的格兰杰原因。从中可以看出,价格型货币政策时滞最大为7个月,这个要比数量型货币政策的5个月要长。从这个角度来说,价格型货币政策达到干预互联网金融发展目标的期限反而会更长。

表8-5 互联网金融发展和价格型货币政策的检验结果

滞后阶数	IF ⇸ MP		MP ⇸ IF	
	HJ	T	HJ	T
1	0.897 (0.185)	0.975 (0.165)	2.599*** (0.005)	2.643*** (0.004)
2	0.987 (0.162)	1.009 (0.156)	1.819** (0.034)	1.831** (0.034)
3	—	—	1.833** (0.033)	1.893** (0.029)
4	—	—	1.648** (0.05)	1.661** (0.048)
5	—	—	1.665** (0.048)	1.669** (0.048)
6	—	—	1.534* (0.062)	1.533* (0.063)
7	—	—	1.319* (0.09)	1.29* (0.098)
8	—	—	1.015 (0.155)	0.939 (0.174)

注:***、**、*分别表示1%、5%、10%的显著性水平。括号内为P值。

(二)相关分析

参照上部分的操作流程,继续测算价格型货币政策与互联网金融发展之间的滚动相关系数。将计算结果绘制成折线图，如图8-3所示。由图可知，总体来看，除了2015年1月、2月、8月、10月和2016年2月，价格型货币政策和互联网金融发展之间的滚动相关系数均为正以外，在样本区间内其他月份的价格型货币政策和互联网金融发展的滚动相关系数都为负。这说明，总体上价格型货币政策和互联网金融发展是负相关的，滚动相关系数的平均数为-0.499。

按照相关系数等级划分标准，价格型货币政策和互联网金融发展是"中等负相关"。参照非参数格兰杰检验结果，价格型货币政策不仅是互联网金融发展的格兰杰原因，而且与互联网金融发展存在相关性。因此，价格型货币政策也应关注互联网金融发展。但比较发现，在对于互联网金融发展干预中，货币政策也应"相机抉择"。如果要鼓励互联网金融发展，则适宜采用数量型货币政策；如果要抑制互联网金融过度膨胀、过热，则适宜采用价格型货币政策。

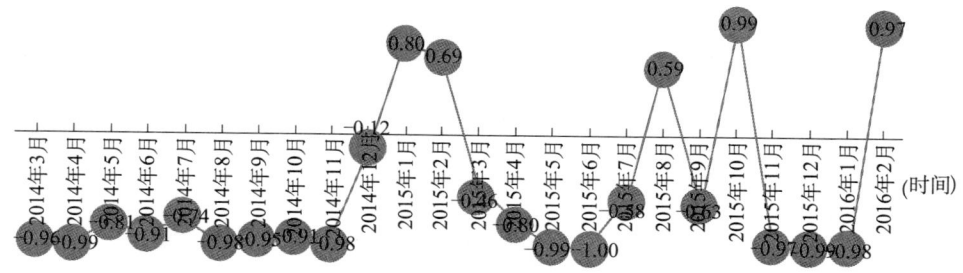

图8-3　价格型货币政策和互联网金融发展的滚动相关系数

二、分业态检验结果与分析

（一）格兰杰因果关系检验结果

表8-6给出了各互联网金融发展业态与价格型货币政策非参数格兰杰因果关系检验结果。由表8-6可知，在滞后1~2期时，拒绝"互联网支付不是价格型货币政策格兰杰原因"和"价格型货币政策不是互联网支付的格兰杰原因"的原假设。这说明，在滞后1~2个月后，互联网支付发展和价格型货币政策之间存在互动机制。互联网支付中所形成的"备付金"被互联网金融机构以协议存款形式投入商业银行，在一定程度上提升了商业银行揽储成本和金融市场平均利率水平，势必会影响到价格型货币政策效果。但这种影响一般会在2个月后消

失。当滞后 3~5 期时，互联网支付发展并不是价格型货币政策的格兰杰原因，但是价格型货币政策却是互联网支付的格兰杰原因。可以看出，互联网支付和价格型货币政策的关系存在明显的"非对称性"特征。

互联网货币基金、互联网投资分别拒绝"互联网货币基金不是价格型货币政策的格兰杰原因"和"互联网投资不是价格型货币政策的格兰杰原因"的原假设，这说明互联网货币基金和互联网投资是影响价格型货币政策的重要原因。但是接受"价格型货币政策不是互联网货币基金的格兰杰原因"和"价格型货币政策不是互联网投资的格兰杰原因"的原假设。说明在对这两类互联网金融发展业态进行货币政策干预时，价格型货币政策可能并不适用。

另外从互联网保险层面来看，在滞后 3 期时，分别拒绝"互联网保险不是价格型货币政策格兰杰原因"和"价格型货币政策不是互联网保险的格兰杰原因"的原假设。说明在滞后 3 个月后，两者之间存在互动关系。除此之外，互联网保险均不是价格型政策变动的格兰杰原因。但是滞后 1~7 期后，价格型货币政策均是互联网保险的格兰杰原因。所以，综合而言，在互联网金融发展业态层面，价格型货币政策应重点关注互联网支付和互联网保险。尽管在互联网货币基金和互联网投资方面的作用并不明显，但互联网货币基金和互联网投资的发展会对价格型货币政策产生影响。

表 8-6 各互联网金融业态与价格型货币政策关系检验结果

滞后阶数	互联网支付				互联网货币基金			
	IP ⇸ MP		MP ⇸ IP		FF ⇸ MP		MP ⇸ FF	
	HJ	T	HJ	T	HJ	T	HJ	T
1	1.407* (0.08)	1.454* (0.073)	1.761** (0.035)	1.916** (0.028)	1.645** (0.05)	1.843** (0.033)	1.018 (0.154)	1.129 (0.13)
2	1.427* (0.077)	1.418* (0.078)	1.228* (0.10)	1.311* (0.095)	1.811** (0.035)	1.873** (0.031)	0.822 (0.206)	0.645 (0.259)
3	0.615 (0.269)	0.695 (0.244)	1.331* (0.092)	1.347* (0.089)	2.013** (0.022)	2.12** (0.02)	-0.076 (0.53)	-0.342 (0.634)
4	0.812 (0.792)	-0.638 (0.738)	1.362* (0.087)	1.372* (0.085)	2.102** (0.018)	2.061** (0.02)	0.954 (0.17)	0.869 (0.192)
5	-0.719 (0.764)	0.801 (0.789)	1.387* (0.083)	1.397* (0.081)	1.702** (0.044)	1.639** (0.051)	0.82 (0.206)	0.746 (0.228)
6	0.886 (0.188)	0.771 (0.22)	1.155 (0.124)	1.154 (0.124)	1.591* (0.056)	1.538* (0.062)	—	—

续表

滞后阶数	互联网支付				互联网货币基金			
	$IP \not\to MP$		$MP \not\to IP$		$FF \not\to MP$		$MP \not\to FF$	
	HJ	T	HJ	T	HJ	T	HJ	T
7	0.817 (0.207)	0.755 (0.225)	1.173 (0.12)	1.117 (0.132)	0.825 (0.205)	0.816 (0.207)	—	—
8	—	—	1.195 (0.116)	1.099 (0.136)	—	—	—	—

滞后阶数	互联网投资				互联网保险			
	$II \not\to MP$		$MP \not\to II$		$IN \not\to MP$		$MP \not\to IN$	
	HJ	T	HJ	T	HJ	T	HJ	T
1	2.338*** (0.01)	1.9118** (0.03)	0.163 (0.435)	0.05 (0.48)	0.665 (0.253)	0.844 (0.199)	2.859*** (0.002)	2.958*** (0.002)
2	2.159 (0.02)	1.75 (0.04)	-0.851 (0.803)	-1.114 (0.867)	0.872 (0.191)	0.859353 (0.195073)	1.928** (0.027)	1.832** (0.03)
3	1.619 (0.053)	1.401 (0.081)	-0.863 (0.806)	-1.072 (0.858)	1.477* (0.07)	1.406* (0.08)	2.01** (0.022)	1.835** (0.033)
4	1.263 (0.103)	0.999 (0.159)	-0.924 (0.822)	-1.006 (0.843)	0.911 (0.181)	0.559 (0.288)	1.463* (0.072)	1.364* (0.086)
5	1.067999 (0.143)	0.796 (0.213)	-0.924 (0.822)	-0.912 (0.819)	0.926 (0.177)	0.466 (0.321)	1.498* (0.067)	1.416* (0.08)
6	1.101 (0.136)	0.83 (0.203)	-0.869 (0.807)	-0.85 (0.802)	1.501** (0.067)	0.865 (0.194)	1.363* (0.086)	1.403* (0.08)
7	1.084 (0.139)	0.815 (0.208)	-0.795 (0.787)	-0.777 (0.781)	1.033 (0.151)	0.053 (0.479)	1.283* (0.1)	1.366* (0.09)
8	1.066 (0.143)	0.808 (0.21)	—	—	0.397 (0.346)	-0.397 (0.654)	0.971 (0.166)	1.088 (0.138)

注：***、**、*分别表示1%、5%、10%的显著性水平。括号内为P值。

（二）相关分析

继续测算价格型货币政策和不同互联网金融发展业态之间的滚动相关系数。计算结果如表8-7所示。

表8-7 互联网金融发展与价格型货币政策的滚动相关系数

时间	cor（MP-IP）	cor（MP-IN）	cor（MP-II）	cor（MP-FF）
2014年3月	-0.999	-0.625	-0.68	-0.961
2014年4月	-0.999	-0.988	-0.953	-0.809
2014年5月	-0.999	-0.814	-0.942	0.561
2014年6月	-0.987	-0.986	-0.309	0.999
2014年7月	-0.923	-0.874	0.975	0.241

续表

时间	cor（MP-IP）	cor（MP-IN）	cor（MP-II）	cor（MP-FF）
2014 年 8 月	-0.998	-0.933	0.979	-0.827
2014 年 9 月	-0.99	-0.943	-0.521	-0.885
2014 年 10 月	-0.998	-0.92	-0.321	-0.964
2014 年 11 月	-0.999	-0.999	1	-0.984
2014 年 12 月	-0.070	0.614	1	0.084
2015 年 1 月	-0.722	0.999	-1	0.988
2015 年 2 月	-0.655	0.851	-0.653	0.489
2015 年 3 月	0.072	-0.381	0.012	-0.996
2015 年 4 月	-0.808	-0.718	-0.42	-0.505
2015 年 5 月	-0.914	-0.923	-0.69	-0.977
2015 年 6 月	-0.999	-0.93	-0.725	-0.97
2015 年 7 月	-0.351	-0.769	0.253	0.569
2015 年 8 月	0.501	0.418	0.57	-0.249
2015 年 9 月	-0.633	-0.408	-0.82	-0.428
2015 年 10 月	0.997	-0.961	0.991	0.931
2015 年 11 月	-0.873	-0.381	-0.985	-0.988
2015 年 12 月	-0.984	-0.779	-0.976	-0.96
2016 年 1 月	0.178	0.911	-0.755	0.444
2016 年 2 月	0.963	0.996	0.99	-0.983
2016 年 3 月	-0.868	-0.533	-0.59	-1

为了更直观地反映价格型货币政策和互联网金融业态之间的滚动相关性，以表中数据为基础绘制成折线图，如图 8-4 所示。综合结果来看，价格型货币政策和不同互联网金融发展业态之间是"负相关"的关系。少数正相关出现的月份与总体层面的检验结果一致。这说明，价格型货币政策和互联网金融发展负相关的检验结果在不同互联网金融业态结构层面也是成立的。

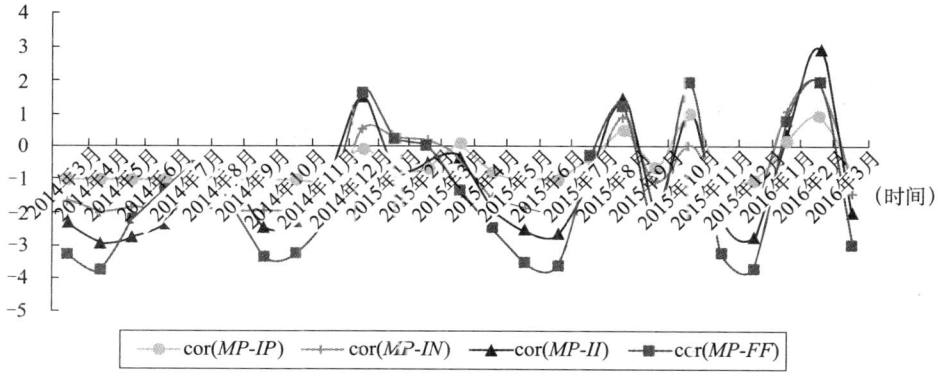

图 8-4　价格型货币政策和不同互联网金融发展业态的滚动相关系数

此外，计算滚动相关系数平均值可知，价格型货币政策与互联网支付、互联网保险、互联网投资以及互联网货币基金的滚动相关系数的平均值分别为 -0.56、-0.4、-0.18、-0.32。可以看出，价格型货币政策和互联网支付为"强负相关"，与互联网保险、互联网货币基金为"中等负相关"，与互联网投资为"弱负相关"。

最后，将各部分实证检验结果整理形成表 8-8。总体层面，无论是数量型货币政策还是价格型货币政策均是互联网金融发展的格兰杰因果原因，货币政策应根据互联网金融发展水平、阶段特征进行适度、适时干预。

具体来说，在互联网金融发展初期，主要以"新事物形态"出现，此时货币政策调控基调应主要以鼓励、激励发展为主。在类型选择上，适宜采用数量型货币政策。因为其不仅是互联网金融发展的格兰杰原因而且呈强正相关，这时数量型货币政策可以为互联网金融发展提供有效的制度支撑。但当互联网金融发展出现轨迹背离、运行偏差或者乱象丛生时，价格型货币政策的扭转、纠偏和抑制作用就比较强。因为，价格型货币政策不仅是互联网金融发展的格兰杰原因而且呈中等负相关。研究结果为我国货币政策干预互联网金融发展提供了有效支撑，也澄清了学界一直以来的争议。

一言以蔽之，虽然数量型工具产生加剧效应，价格型工具发挥抑制作用（顾海峰和杨立翔，2018），但政策操作方向和力度却存在明显差异性。在互联网金融业态结构层面，数量型货币政策的覆盖范围、调控力度明显要高于价格型货币政策。需要注意的是，对于互联网投资、互联网货币基金的干预应选择数量型货币政策为主，价格型货币政策的抑制作用并不会发挥作用。这说明，对于这两类互联网金融业态的调控与干预，应该重点关注其所带来的"鲶鱼效应"，而并不是这两种业态本身。因此，现行的调控和监管政策明显顾此失彼，效果有待进一步提升。

表 8-8　货币政策与互联网金融及其业态的检验结果整理

互联网金融及业态		数量型货币政策	价格型货币政策
总体	互联网金融	格兰杰原因——强正相关	格兰杰原因——中等负相关
分业态	互联网支付	格兰杰原因——中等正相关	格兰杰原因——强负相关
	互联网保险	格兰杰原因——强正相关	格兰杰原因——中等负相关
	互联网投资	格兰杰原因——中等正相关	非格兰杰原因——弱负相关
	互联网货币基金	格兰杰原因——强正相关	非格兰杰原因——中等负相关

第四节 我国互联网金融发展与货币政策目标的关系检验

在揭示我国互联网金融发展与货币政策传导机制关系时,除了要揭示反映互联网金融发展与货币政策关系之外,还要反映互联网金融发展和货币政策目标之间的关系。为此,下面主要从货币政策目标——经济增长的角度来揭示互联网金融发展与货币政策目标的关系。在具体的操作中,也主要从总体和结构两个角度来进行实际操作。其中,总体层面主要检验互联网金融发展与经济增长之间的非参数格兰杰因果关系;在结构层面,主要从分性别、分年龄、分业态三个层面进行。

一、总体检验结果

首先,从总体层面检验互联网金融发展与经济增长间的非参数格兰杰因果关系。为了比较,依然延续上述操作方式,同时给出"HJ 检验"结果和"T 检验"结果。从中可以看出,两者之间并不存在显著差异。关于这一点原因,在上部分已经进行了分析和揭示。这里就不再进行赘述。综合比较来看,在本书中主要以"T 检验"作为分析基准。具体如表 8-9 所示。

表 8-9 总体检验结果

滞后阶数	IF ↛ EG		EG ↛ IF	
	HJ	T	HJ	T
1	1.629* (0.052)	1.713** (0.043)	1.084 (0.139)	1.165 (0.122)
2	1.389* (0.082)	1.405* (0.08)	1.083 (0.139)	1.072 (0.142)
3	0.939 (0.174)	1.01 (0.156)	0.758 (0.212)	0.874 (0.191)
4	0.649 (0.258)	0.753 (0.226)	0.792 (0.214294)	0.868 (0.193)
5	-0.905 (0.817)	-0.661 (0.746)	0.78 (0.213)	0.872 (0.192)

注:**、*分别表示 5% 和 10% 的显著性水平。括号内为 P 值。

其次，由结果可知，在滞后1期和2期时，"T检验"结果均拒绝"互联网金融发展不是经济增长的格兰杰原因（$IF \nrightarrow EG$）"的原假设。检验结果说明，互联网金融发展可以推动经济增长。互联网金融在突破时空限制、高效匹配信息、简化交易流程、降低交易成本和投融资门槛等方面有先天优势，在消除金融排斥、发展多层次资本市场和促进经济增长等方面发挥着重要作用（林辉和杨旸，2016）。互联网金融增大了货币乘数和货币供应量，通过影响金融市场中的利率、资产价格和汇率等途径，促进投资、消费和净出口，进而推动经济增长。

再次，互联网金融发展将降低道德风险和逆向选择问题、提升抵押资产价值，有助于提升银行信贷供给意愿，通过投资"马车"带动经济增长。这与前面分析互联网金融对经济增长的影响机制部分所揭示的理论内涵存在一致性。

最后，从表8-9我们可以看出，无论滞后期如何变化，非参数格兰杰因果关系检验的结果均接受"经济增长不是互联网金融发展的格兰杰原因（$EG \nrightarrow IF$）"的原假设。这表明我国经济增长并不是互联网金融发展的原因。这可能说明：

一是按照金融发展的因应需求论的基本观点：经济水平的增长会带来金融机构的发展变化，促进金融市场的建立。对短期资本和长期资本的需求不断增加，能够筹集资金用于经济发展的金融机构就会应运而生。纵观中国互联网金融机构的产生轨迹，其显然不符合因应需求论的基本逻辑。从金融功能视角来看，现行互联网金融机构与传统金融机构并不存在本质差别，其更多体现的是在金融抑制大环境下对金融服务供给主体的"补位"，具有兼顾公平的普惠性质。

因而，互联网金融机构体现更多的是中国金融体系不断完善、自我演化的必然结果。导致这一过程发展的直接因素是网络技术和移动通信技术的发展，而并不是经济增长。这也说明，我国互联网金融产生有一定的"外生性"。这也在一定程度上解释了为什么在中国经济高速增长时期，互联网金融并未得到迅速发展；反倒是2013年后，我国经济处于增速放缓、结构转型和质量提升的"新常态"时期后，互联网金融却获得了长足发展的背离现象。

二是由于本书对经济增长量化采用的是工业增加值增长率这一指标，因此，最近几年在GDP构成中，工业增加值所占比重整体呈下降趋势，第三产业增加值增速持续高于工业增加值增速。而且第三产业也是互联网金融涉足的重要领域，这可能也是经济增长不是互联网金融发展原因的主要方面。一般而言，诸多理论已经证实金融与经济增长之间存在双向因果关系和互动机制。

因此，结合经济增长的量化指标综合来看，互联网金融发展与经济增长所表现出的单向因果关系，一个最有力的解释原因就是，当前我国互联网金融发展与实体经济增长之间出现了背离的特征事实。互联网金融活动脱离实体经济，陷入"自我循环""自娱自乐"的低效率发展困境。因为互联网金融大多投向货币市场、资本市场、债券市场、外汇市场等虚拟经济领域，存在互联网金融与实体经济"脱钩"的问题（孙杰和贺晨，2015），并未达到降低企业融资成本的发展预期目标。这与学者所担忧的"互联网金融推高了实体经济融资成本"的结论也不谋而合（王达，2014）。通过对互联网金融的有效监管，引导互联网金融服务实体经济，提高其与实体经济的融合度、协调性及其服务能力，在达到货币政策目标的同时，也为我国实体经济发展描绘实质性发展愿景。

二、分性别检验结果

进一步从分性别属性的角度来检验互联网金融发展与经济增长的关系。结果如表 8－10 所示。男性群体的非参数格兰杰因果关系检验表明：当滞后 1 期后，拒绝"互联网金融发展不是经济增长的格兰杰原因（$IF\text{-}man \to EG$）"的原假设，但是无法拒绝"经济增长不是互联网金融发展的格兰杰原因（$EG \to IF\text{-}man$）"的原假设。女性群体的非参数格兰杰因果检验结论同男性群体的检验结果并不存在显著差异。同样是滞后 1 期，拒绝"互联网金融发展不是经济增长的格兰杰原因（$IF\text{-}woman \to EG$）"的原假设，但是无法拒绝"经济增长不是互联网金融发展的格兰杰原因（$EG \to IF\text{-}woman$）"的原假设。

男性和女性测度的互联网金融指数的发展程度和增长趋势完全一致。可以看出，分性别检验的结果同总体检验的结果并无差异性：互联网金融发展是经济增长的格兰杰原因，但是经济增长并不是互联网金融发展的格兰杰原因。互联网金融发展与经济增长并不存在理论层面所揭示的互动机制，对于其中的原因在上部分已经论述，这里不再进行论述。

表 8－10　分性别属性检验结果

滞后阶数	男				女			
	$IF\text{-}man \to EG$		$EG \to IF\text{-}man$		$IF\text{-}woman \to EG$		$EG \to IF\text{-}woman$	
	HJ	T	HJ	T	HJ	T	HJ	T
1	1.644** (0.05)	1.741** (0.04)	0.971 (0.166)	1.069 (0.143)	1.749** (0.04)	1.822** (0.034)	1.042 (0.149)	1.123 (0.131)

续表

滞后阶数	男				女			
	IF-man ⇸ EG		EG ⇸ IF-man		IF-woman ⇸ EG		EG ⇸ IF-woman	
	HJ	T	HJ	T	HJ	T	HJ	T
2	1.104 (0.135)	1.072 (0.142)	0.502 (0.308)	0.585 (0.279)	1.389* (0.082)	1.405* (0.08)	1.009 (0.157)	1.078 (0.14)
3	0.939 (0.174)	1.010 (0.156)	0.627 (0.265)	0.759 (0.224)	0.939 (0.174)	1.010 (0.156)	0.801 (0.211)	0.874 (0.191)
4	0.649 (0.258)	0.753 (0.226)	0.582 (0.28)	0.728 (0.233)	0.649 (0.258)	0.753 (0.226)	0.792 (0.214)	0.868 (0.193)
5	-0.905 (0.817)	-0.661 (0.746)	0.525 (0.299)	0.666 (0.253)	-0.905 (0.817)	-0.661 (0.746)	0.78 (0.218)	0.872 (0.192)

注：**、*分别表示5%、10%的显著性水平。括号内为P值。

三、分年龄检验结果

长期以来，年龄是决定个人消费者是否习惯和接受互联网金融模式的关键（王达，2014）。在互联网金融诞生之初，其用户大多以年轻人为主，随着互联网金融的纵深推进和发展，互联网金融的客户也逐步覆盖所有年龄层次。那么，在不同年龄层次，互联网金融发展与经济增长之间的关系又会存在怎样的差异性呢？下面主要从这个维度对互联网金融发展和经济增长之间的关系进行非参数格兰杰因果关系检验。结果如表8-11所示。

表8-11 分年龄属性检验结果

滞后阶数	"60前"				"60后"				"70后"			
	IF-60b ⇸ EG		EG ⇸ IF-60b		IF-60 ⇸ EG		EG ⇸ IF-60		IF-60 ⇸ EG		EG ⇸ IF-60	
	HJ	T	HJ	T	HJ	T	HJ	T	HJ	T	HJ	T
1	1.613** (0.05)	1.714** (0.043)	2.343*** (0.01)	2.294*** (0.01)	1.732** (0.042)	1.819** (0.034)	2.279*** (0.01)	2.301*** (0.01)	1.605** (0.05)	1.672** (0.047)	1.462* (0.072)	1.493* (0.068)
2	1.186 (0.118)	1.182 (0.119)	1.621** (0.05)	1.617** (0.05)	1.343* (0.089)	1.390* (0.082)	1.601* (0.055)	1.643* (0.05)	1.378* (0.084)	1.396* (0.081)	0.725 (0.234)	0.789 (0.215)
3	1.216 (0.112)	1.263 (0.103)	1.638** (0.05)	1.636** (0.05)	1.216 (0.112)	1.263 (0.103)	1.6** (0.05)	1.619** (0.05)	0.929 (0.177)	0.99 (0.161)	0.808 (0.209)	0.874 (0.191)
4	1.192 (0.117)	1.202 (0.115)	1.321* (0.093)	1.353* (0.088)	1.192 (0.117)	1.202 (0.115)	1.239* (0.10)	1.307* (0.09)	0.78 (0.218)	0.839 (0.201)	0.799 (0.212)	0.868 (0.193)
5	-0.905 (0.817)	-0.661 (0.746)	1.186 (0.118)	1.193 (0.116)	-0.905 (0.817)	-0.661 (0.746)	1.243* (0.10)	1.267* (0.10)	-0.905 (0.817)	-0.661 (0.746)	0.789 (0.215)	0.872 (0.192)

续表

滞后阶数	"80后"				"90后"				"00后"			
	IF-80→EG		EG→IF-80		IF-90→EG		EG→IF-90		IF-00→EG		EG→IF-00	
	HJ	T	HJ	T	HJ	T	HJ	T	HJ	T	HJ	T
1	1.644** (0.05)	1.741** (0.041)	1.334* (0.091)	1.373* (0.085)	1.644** (0.05)	1.743** (0.04)	1.403* (0.08)	1.385* (0.083)	1.522* (0.064)	1.643** (0.05)	1.866** (0.031)	2.063** (0.02)
2	1.104 (0.135)	1.072 (0.142)	0.512 (0.304)	0.585 (0.279)	1.301* (0.097)	1.339* (0.09)	0.755 (0.225)	0.817 (0.207)	1.331* (0.092)	1.367* (0.086)	1.589* (0.056)	1.650** (0.049)
3	0.939 (0.174)	1.01 (0.156)	0.633 (0.263)	0.759 (0.224)	0.989 (0.161)	1.024 (0.153)	0.732 (0.232)	0.816 (0.189)	1.406* (0.08)	1.40* (0.081)	1.8792** (0.03)	1.805** (0.036)
4	0.649 (0.258)	0.753 (0.226)	0.589 (0.278)	0.728 (0.233)	0.773 (0.219)	0.798 (0.212)	0.854 (0.196)	0.881 (0.184)	1.245 (0.107)	1.204 (0.114)	1.922** (0.027)	1.85** (0.03)
5	−0.905 (0.817)	−0.661 (0.746)	0.534 (0.297)	0.666 (0.253)	0.879 (0.19)	0.889 (0.187)	0.871 (0.192)	0.932 (0.177)	−0.54 (0.705)	−0.711 (0.762)	1.265* (0.1)	1.3* (0.1)

注：***、**、*分别表示1%、5%和10%的显著性水平。括号内为P值。

"60前"群体的互联网金融发展指数与经济增长的关系。在滞后1期后，"60前"群体的检验结果拒绝"互联网金融发展不是经济增长的格兰杰原因（IF-60b→EG）"的原假设；而且滞后1~4期后，也拒绝"经济增长不是互联网金融发展的格兰杰原因（EG→IF-60b）"的原假设。

"60后"群体的非参数格兰杰因果检验结果在滞后1~2期时，拒绝"互联网金融发展不是经济增长的格兰杰原因（IF-60→EG）"的原假设，在滞后1~5期时，拒绝"经济增长不是互联网金融发展的格兰杰原因（EG→IF-60）"的原假设。

"70后"群体和"90后"群体的检验结果表明在滞后1~2期后，拒绝"互联网金融发展不是经济增长的格兰杰原因（IF-70→EG；IF-90→EG）"的原假设，在滞后1期时，拒绝"经济增长不是互联网金融发展的格兰杰原因（EG→IF-70；EG→IF-90）"的原假设。

"80后"群体的检验结果表明，在滞后1期时，分别拒绝"互联网金融发展不是经济增长的格兰杰原因（IF-30→EG）"和"经济增长不是互联网金融发展的格兰杰原因（EG→IF-80）"的原假设。

"00后"群体的检验表明，在滞后1~3期时，拒绝"互联网金融发展不是经济增长的格兰杰原因（IF-00→EG）"的原假设，在滞后1~5期时，拒绝"经济增长不是互联网金融发展的格兰杰原因（EG→IF-00）"的原假设。

综合来看，在分年龄属性维度、互联网金融发展和经济增长的短期内，也就是在滞后1个月范围内，两者存在互动关系和互作机制，但存在"非对称性"特征。随着滞后期限的增长,互联网金融发展并不是经济增长原因,但经济增长是促进互联网金融发展的原因。可以从以下几个方面来理解:

互联网金融作为一种新兴事物,其出现时间较短,虽然可以在提升交易效率、克服信息不对称和覆盖"长尾群体"等方面克服传统金融机构的劣势,但影响经济增长的因素众多,互联网金融也只能是众多因素中的一个。经济增长是互联网金融发展的格兰杰因果原因,说明在经济发展过程中,互联网金融发展会逐步实现"内生化",成为经济增长的"血液"。

一言以蔽之,若从政策角度来看,试图通过互联网金融来塑造新"经济增长点"和新动力的做法是不可持续的。为此,需要理清政府政策监管与市场力量之间的边界,让市场机制充分发挥其在互联网金融发展中的决定性作用。当然,互联网金融发展应明确定位,为经济增长尤其是实体经济增长做好服务工作。

四、分业态检验结果

随着互联网金融创新深化和监管细化,互联网金融新业态也不断涌现。但从发展实际来看,互联网支付、互联网货币基金、互联网投资和互联网保险四个主要新业态组成了现行互联网金融发展的主要内容,并被赋予了刺激消费、降低企业融资成本和化解交易风险等目标预期。在实践中,各业态与经济增长关系又如何呢?下面有必要进一步予以检验。分业态层面的检验结果如表8-12所示。

由结果可以看出:从互联网支付角度来看,在滞后1期后,拒绝"互联网支付不是经济增长的格兰杰原因($IP \nrightarrow EG$)"的原假设;而且无论滞后多少期,都接受"经济增长不是互联网支付的格兰杰原因($EG \nrightarrow IP$)"的原假设。可以看出,互联网支付与经济增长之间只存在单向格兰杰因果关系,互联网支付利于提升支付效率和消费的便利性,利于从"消费端"拉动经济增长。

从互联网货币基金角度来看,在滞后1期后,分别拒绝"互联网货币基金不是经济增长的格兰杰原因($FF \nrightarrow EG$)"和"经济增长不是互联网货币基金的格兰杰原因($EG \nrightarrow FF$)"的原假设。检验结果充分说明,互联网货币基金与经济增长之间存在互动机制。

从互联网投资角度来看,在滞后1~3期时,拒绝"互联网投资不是经济增长的格兰杰原因($II \nrightarrow EG$)"的原假设,说明互联网投资是经济增长的原因。而且值得关注的是,在滞后 1~5 期时,分别拒绝"经济增长不是互联网投资的格兰杰原因($EG \nrightarrow II$)"和"经济增长也是互联网投资的格兰杰原因($EG \nrightarrow II$)"的原假设,互联网投资与经济增长之间存在互动机制。

从互联网保险角度来看,在滞后 1 期后,分别拒绝"互联网保险不是经济增长的格兰杰原因($IN \nrightarrow EG$)"和"经济增长不是互联网保险的格兰杰原因($EG \nrightarrow IN$)"的原假设,互联网保险发展与经济增长间也存在互动关系。

综合而言,除互联网支付与经济增长间存在单向格兰杰因果关系以外,互联网货币基金、互联网投资和互联网保险均与经济增长之间存在双向格兰杰因果关系和互动机制,有效地支撑了理论预期。

表 8-12 分业态检验结果

滞后阶数	互联网支付				互联网货币基金			
	$IP \nrightarrow EG$		$EG \nrightarrow IP$		$FF \nrightarrow EG$		$EG \nrightarrow FF$	
	HJ	T	HJ	T	HJ	T	HJ	T
1	1.707** (0.044)	1.782** (0.037)	1.135 (0.123)	1.227 (0.11)	1.528* (0.063)	1.637* (0.05)	1.316* (0.094)	1.364* (0.086)
2	1.102 (0.135)	1.008 (0.157)	0.839 (0.201)	0.965 (0.167)	1.226 (0.11)	1.256 (0.105)	1.206 (0.114)	1.247 (0.106)
3	1.022 (0.153)	1.097 (0.136)	0.545 (0.293)	0.743 (0.229)	1.211 (0.113)	1.228 (0.11)	0.903 (0.183)	0.882 (0.189)
4	0.83 (0.203)	0.912 (0.181)	0.637 (0.262)	0.819 (0.206)	0.79 (0.215)	0.818 (0.207)	0.876 (0.191)	0.887 (0.188)
5	0.641 (0.261)	0.788 (0.215)	1.022 (0.153)	1.082 (0.139)	—	—	—	—

滞后阶数	互联网投资				互联网保险			
	$II \nrightarrow EG$		$EG \nrightarrow II$		$IN \nrightarrow EG$		$EG \nrightarrow IN$	
	HJ	T	HJ	T	HJ	T	HJ	T
1	1.964** (0.025)	2.092** (0.018)	1.752** (0.04)	1.86** (0.03)	1.613* (0.053)	1.64* (0.051)	2.071** (0.019)	2.417** (0.008)
2	1.597* (0.055)	1.64** (0.051)	1.612* (0.05)	1.568* (0.06)	0.709 (0.239)	0.48 (0.316)	1.037 (0.15)	1.071 (0.142)
3	1.306* (0.096)	1.31* (0.095)	2.218** (0.013)	2.053** (0.02)	1.042 (0.149)	0.88 (0.189)	0.831 (0.203)	0.879 (0.189)
4	0.971 (0.166)	0.949 (0.171)	2.051** (0.02)	1.821** (0.034)	1.245 (0.107)	1.345 (0.089)	0.733 (0.232)	0.712 (0.238)
5	-0.901 (0.816)	-0.777 (0.782)	1.994** (0.023)	1.772** (0.038)	0.677 (0.249)	0.85 (0.198)	1.243 (0.107023)	0.981 (0.163)

注:**、* 分别表示 5% 和 10% 的显著性水平。括号内为 P 值。

第五节　小结

本书基于格兰杰因果关系检验的前沿发展成果——非参数格兰杰因果关系检验方法以及滚动相关性分析法，从总体和分业态的双重维度，实证揭示我国互联网金融发展和货币政策关系及其差异性。研究发现：

在互联网金融发展和货币政策关系检验方面：总体来看，无论是数量型货币政策还是价格型货币政策均是互联网金融发展的格兰杰原因，且存在很强的相关关系。货币政策应干预互联网金融发展。从互联网金融发展角度来看，数量型货币政策是互联网支付、互联网投资、互联网货币基金、互联网保险的格兰杰因果关系且存在相关性，但价格型货币政策在这方面则并不一致。价格型货币政策是互联网支付、互联网保险的格兰杰原因而且与两者存在相关性。虽然价格型货币政策与互联网货币基金和互联网投资存在相关性，但并不是两者的格兰杰原因。可以看出，在业态结构层面，数量型货币政策覆盖面更广、力度更强，尤其是在互联网投资和互联网货币基金干预方面，数量型货币政策存在绝对优势、占据主导地位。综合而言，在对互联网金融进行干预时，数量型货币政策覆盖互联网金融业态更广，尤其是在互联网货币投资和互联网货币基金干预方面，数量型货币政策比价格型货币政策更有优势、效果也会更为显著。在互联网支付和互联网保险干预方面，数量型货币政策和价格型货币政策应相互配合、实现联动和提升合力。

在互联网金融发展和货币政策目标——经济增长关系检验方面：从总体层面来说，尽管互联网金融发展是经济增长的格兰杰原因，但经济增长并不是互联网金融发展的原因。分性别属性检验结果表明，男性群体和女性群体的互联网金融发展指数与经济增长的格兰杰因果关系同总体检验结果一致；分年龄检验结果表明，"60前"群体至"00后"群体所测度的互联网金融发展指数与经济增长在短期内存在互动关系和互作机制，但呈现明显的"非对称性"特征。尤其是随着滞后期限的增长，互联网金融发展并不是经济增长的格兰杰原因，但是经济增长却是互联网金融发展的格兰杰原因，互联网金融发展会逐步"内生化"，成为经济增长的重要动力。此外，从不同业态的检验结果来看，除互联网支付与经济增长间存在单向格兰杰因果关系之外，互联网货币基金、互联网投资和互联网保险均与经济增长存在互动机制，是双向格兰杰因果关系。可以看出，互联网金融发展也是互联网金融传导机制的格兰杰因果关系。

第九章　互联网金融发展对货币政策传导机制影响实证：动态面板模型

在上文分析中，本书已经从互联网金融发展和货币政策协调度、货币政策和互联网金融发展关系两个维度，通过互联网金融发展对货币政策的影响在统计层面进行了初步判断，并已经发现互联网金融发展与货币政策之间出现了失衡态势。这种失衡状态到底产生了怎样的影响呢？这实际上就涉及互联网金融发展对货币政策传导机制的影响问题了。那么互联网金融发展是否会影响到货币政策效力和阻止其对经济作用效果呢？下面本书将以互联网金融发展和货币政策及其传导机制关系检验为理论基础，从经济增长的角度，综合运用动态面板模型、空间动态面板模型以及门槛面板模型来揭示互联网金融发展对货币政策有效性的影响效应。力争从多层面、多角度反映互联网金融发展对货币政策传导机制的影响。

第一节　模型设计与估计方法

为了增强研究的可信度和科学性，本书以理论为基础，从经济增长的角度构建互联网金融发展对货币政策有效性影响的面板数据计量模型。需要指出的是，为了更好地评估互联网金融发展的影响效应，本书分别建立互联网金融发展单独影响经济增长、互联网金融发展和货币政策相互作用影响经济增长两层面的动态计量模型。前者用来反映互联网金融单独影响效应，后者用来反映互联网金融发展和货币政策的交互效应，并以此来反映互联网金融对货币政策传导效果的影响。前者所建立的计量模型如下：

$$EG_{it} = \alpha + \beta IF_{it} + CON'_{it}\gamma + \varepsilon_i + \mu_{it} \qquad (9-1)$$

其中，EG 表示我国各个省份经济增长水平，IF 表示各省份互联网金融发展水平，CON 表示一系列影响我国经济增长水平的其他变量。由式（9-1）可以看到，式（9-1）只能用来揭示互联网金融发展对货币政策的最终目标——经济

第九章 互联网金融发展对货币政策传导机制影响实证：动态面板模型

增长的影响效应。如果要揭示互联网金融发展对货币政策传导效果影响的话，方程（9-1）显然无法满足。为此，我们继续引入互联网金融发展和货币政策的交互项 $PL \times IF$，并用其来揭示在互联网金融发展中，货币政策传导作用及其对最终目标经济增长的影响效应，并借此反映货币政策的有效性。为此，模型（9-1）可以改写为：

$$EG_{it} = \alpha + \beta IF_{it} + \phi PL_{it} \times IF_{it} + CON'_{it}\gamma + \varepsilon_i + \mu_{it} \qquad (9-2)$$

其中，ϕ 表示互联网金融和货币政策交互影响系数。如果其显著为正，那么就意味着互联网金融发展对货币政策传导效果有正向影响。换言之，互联网金融发展，可以促进货币政策目标——经济增长水平提升、增强货币政策有效性。相反，如果其显著为负，那么就意味着互联网金融发展对货币政策传导效果有负面影响，会削弱货币政策传导至最终目标——经济增长的有效性。或者说，在这样的情形下，货币政策效力失效。另外，从理论层面而言，货币政策传导机制一般存在"时滞效应"，而且其他变量的影响也会存在滞后效应。为此，我们将式（9-2）改写成动态面板模型，将因变量、自变量滞后项引入，并通过观测滞后项的显著性来反映货币政策的滞后效应。可得：

$$EG_{it} = \alpha + \chi EG_{i,t-1} + \beta IF_{it} + \theta IF_{i,t-1} + \phi PL_{it} \times IF_{it} + \vartheta (PL \times IF)_{i,t-1} \\ + CON'_{it}\gamma + CON'_{i,t-1}\kappa + \varepsilon_i + \mu_{it} \qquad (9-3)$$

由于在动态面板中引入了变量的滞后项，传统静态面板模型的估计方法就显得并不适应。如果不加以改进，直接估计会产生不一致性和形成"动态面板偏差"。克服这一问题最常用的方法就是运用工具变量法。选择滞后项作为工具变量，进行 GMM 估计（广义矩阵估计），进而可以得到"Arellano-Bond"估计量。

一般来说，GMM 估计方法又可以分为差分 GMM 和系统 GMM 两种。但当变量为随机游走过程时，滞后水平项就不是一阶差分项的好工具变量，而系统 GMM 则很好地化解了这一问题，其将滞后的差分项和滞后的水平项同时作为工具变量以提高研究精度。所以，从理论上来说，系统 GMM 要比差分 GMM 估计结果更具可信度。所以，在后续模型进行估计时，选取系统 GMM 方法以提高整体估计结果精度。此外，广义系统 GMM 估计方法又可以进一步细分为一步系统 GMM 方法和两步系统 GMM 方法两种。但关于两者孰优孰劣的问题，学术界并未达成一致。为此，本书综合对比两种方法，最终选择最优结果作为分析基础。

由上述模型估计原理可知，工具变量在系统 GMM 估计方法中起着至关重要的作用，直接决定着估计结果的质量与信度。如何保证工具变量选取的有效性就显得十分重要。为此，需要进一步运用萨甘（Sargan）方法进行过度识别检验，以验证工具变量的有效性。萨甘检验的零假设为："所有的工具变量都是有效的"，即选取的工具变量和差分方程的随机误差项都是无关的。Sargan 统计量为：

$$\text{Sargan} = NJ_N(\hat{\varphi}_2) = N\left(\frac{1}{N}\sum_{i=1}^{N} Z'_i \Delta\hat{\mu}_{i2}\right)' W_N^{-1} \left(\frac{1}{N}\sum_{i=1}^{N} Z'_i \Delta\hat{\mu}_{i2}\right) \sim \chi_q^2 \tag{9-4}$$

其中，N 表示工具变量个数，$J_N(\hat{\varphi}_2)$ 表示两步系统 GMM 估计量。Z'_i 表示第 i 个个体的工具变量矩阵，W_N 表示权重矩阵，q 为总的工具变量个数减去要估计的参数个数。同时，如果随机误差项 μ_{it} 随时间序列，那么 GMM 估计量也是非有效的。因此，就有必要对序列相关性进行检验。在同方差的假定下，随机误差项只存在一阶自相关，但不存在二阶自相关。

$$\begin{cases} E(\Delta\mu_{it}\Delta\mu_{i,t-1}) = -\sigma_\mu^2 \\ E(\Delta\mu_{it}\Delta\mu_{i,t-2}) = 0 \end{cases} \tag{9-5}$$

第二节　变量说明及数据来源

一、因变量

要想从经济增长角度评估互联网金融对货币政策有效性的影响，就需要从货币政策传导机制说起。一般来说，在货币政策目标体系中，最终目标主要有经济增长、物价稳定、充分就业和国际收支平衡四个。因此，可以从这个角度，来揭示货币政策的有效性。但在实际操作中，不能将这个四个变量同时列入分析。因为，从实践和经济学内涵角度来看，就其本质而言，这四个变量所反映的福利实质是一样的。为此，在进行分析时，只能聚焦于某一个特定的目标。本书主要从经济增长的角度来揭示互联网金融对货币政策有效性的影响。在具体量化中，考虑到数据可获性和口径统一问题，经济增长水平（EG）主要用我国各省份地区生产总值累计同比实际增速来表示，研究数据来自国家统计局。样本区间内，各省份的生产总值累计同比增速如图 9-1 所示。

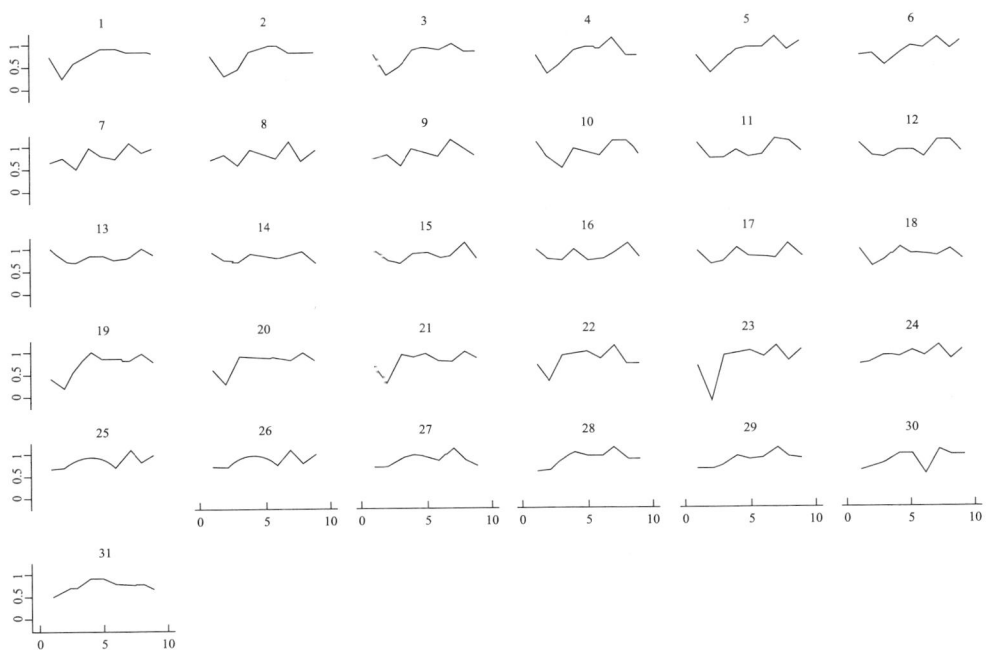

图 9-1　各地区生产总值累计同比增速

二、核心自变量

本书所包含的核心变量主要有互联网金融发展（IF）及其与货币政策（PL）的交互项（$IF \times PL$）①两个。由于我国各省份地区生产总值累计同比实际增速采用的是季度数据，而北京大学互联网金融发展指数是月度数据。因此，在实际操作中对互联网金融发展指数进行变频处理。用三个月的互联网金融发展指数平均值来表示其季度水平。该指数原始数据由北京大学互联网金融研究中心编制和提供，如图 9-2 所示。

另外，在货币政策（PL）方面：由于货币政策主要通过中介目标对总体目标产生影响。因而，货币政策也主要从中介目标层面维度进行量化。从我国货币

---

① 由于货币政策在具体量化中一般用中介指标来衡量，为了化解内生性问题，本书在具体操作中就不单独将货币政策引入模型中，而是主要考虑其与互联网金融发展的交互项。当然，这样做主要是为了说明互联网金融发展与货币政策相互影响而对经济增长产生的影响。

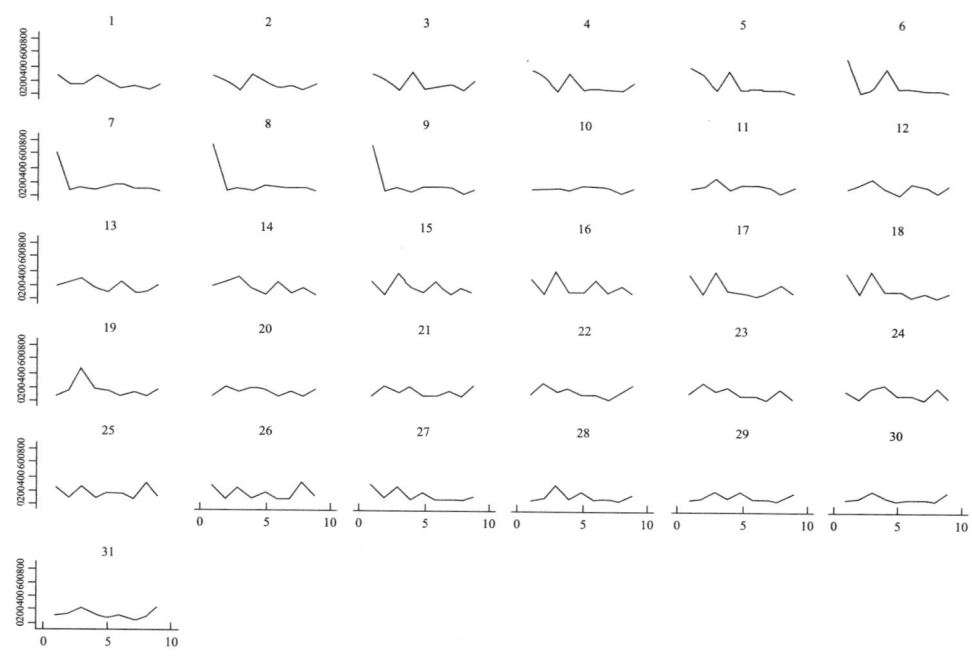

图9-2 各省互联网金融发展指数

政策操作实践来看,货币供应量长期以来被选作货币政策调控的中介目标(张晓慧,2012)。该指标既能反映货币供给的变化,又可以反映货币需求的变化。数据不但获取便利,而且与经济增长的关联性较强。但在本书中,运用的是各省的面板数据,货币供应量数据主要公布的是宏观维度的总体数据。数据可获性不符合要求。

为此,本书采用"信贷规模"这一指标进行替代。事实上,银行信贷与最终目标间的相关性,类似于货币供应量与最终目标之间的关系。一般来说,广义的货币供应量包含现金和存款,它反映的是银行体系的负债。贷款是银行体系的资产。如果银行其他资产、负债项目的数量不变,贷款增量等于现金增量和存款增量加总之和。所以,以货币供应量作为中介目标与以"信贷规模"作为增量目标是同一事物的两个方面,两者是一致的。而且从国际操作经验来看,英国、日本、法国、韩国、印度和印度尼西亚等都将"信贷规模"作为中介目标加以管理。美国在20世纪70年代以前也曾将银行信贷规模作为货币政策的中介目标。为此,在本书中,用人民币各项贷款余额期末比年初增加量作为货币政策的量化指标。数据来自 CEIC 中国经济数据库,如图 9-3 所示。

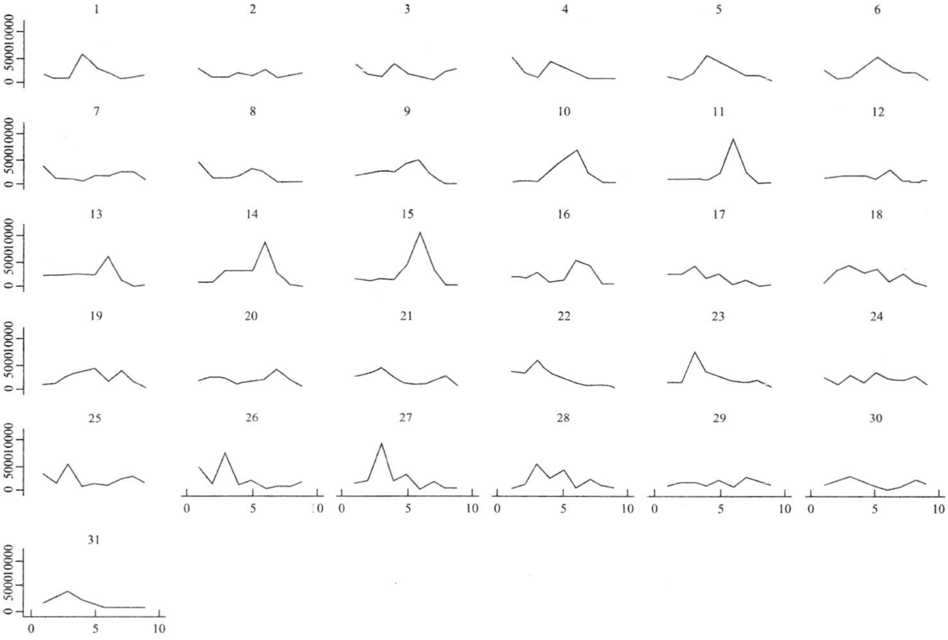

图 9-3　各省人民币各项贷款余额期末比年初增加量

三、其他变量

经济增长作为货币政策有效性的衡量指标,除了受到核心变量的影响之外,还受到其他变量的影响。虽然影响经济增长变量较多、不可穷尽,但一般而言,推进经济增长还是主要依靠"三驾马车"的作用。因此,在考虑经济增长的控制变量时,就不可避免地要考虑消费、投资和出口"三驾马车"的作用。考虑数据的可获性以及统计口径的问题,本书中主要运用各省份 2014 年第一季度至 2016 年第一季度,社会零售累计同比增速来反映消费增长水平(CO);投资水平(IV)用固定资产投资完成额累计同比增速来衡量;出口水平(EX)用出口额(人民币)累计同比增速来衡量。数据来自国家统计局,如图 9-4、图 9-5 和图 9-6 所示。

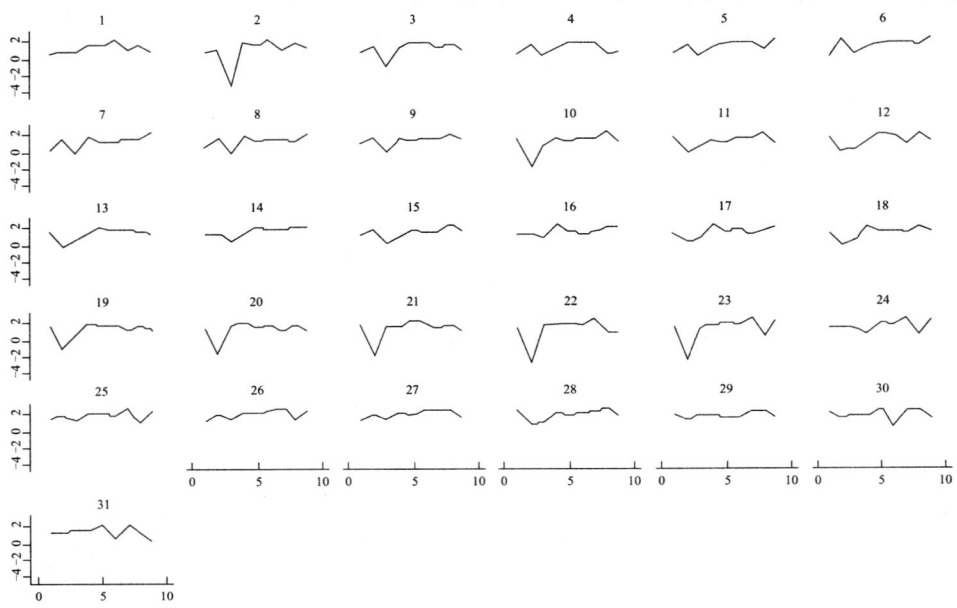

图 9-4　各省固定资产投资完成额累计同比增速

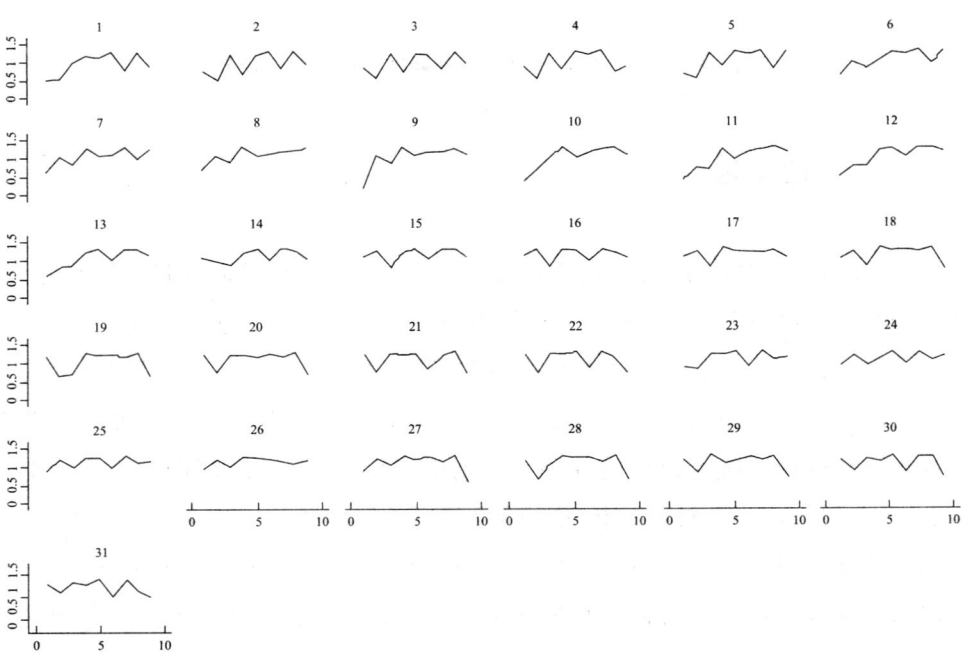

图 9-5　各省社会零售累计同比增速

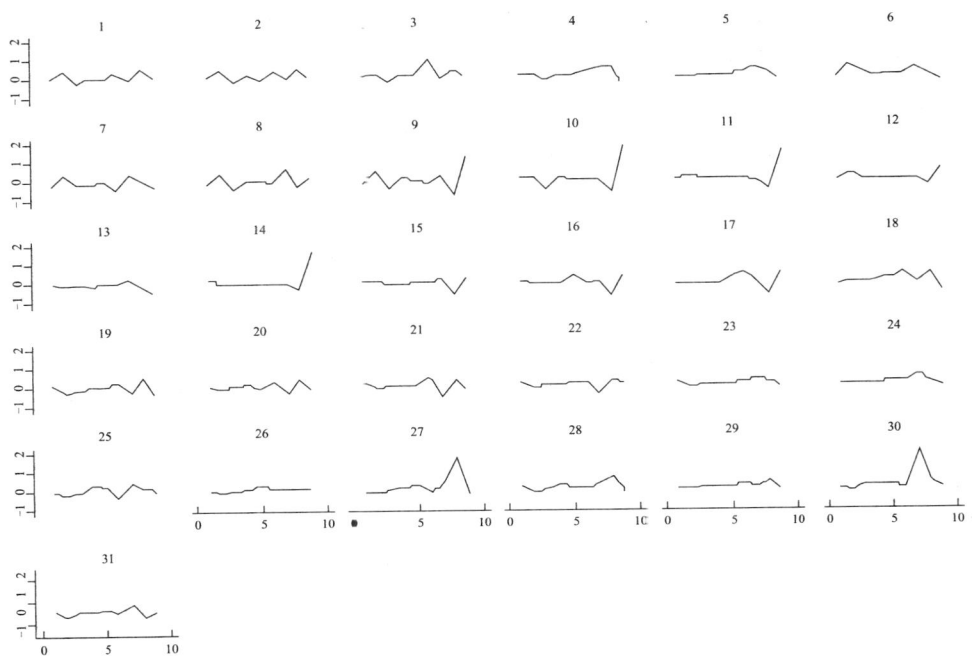

图 9-6　各省出口额（人民币）累计同比增速

除此之外，还要考虑经济增长影响因素不可回避的财政政策作用。引领经济新常态、深入推进供给侧结构性改革是当前我国经济发展的战略焦点与主攻领域。尤其是面对错综复杂和变化多端的国内外形势，面向"两个一百年"的战略目标，经济发展中的结构性矛盾、突发问题越发严峻，供给侧结构性改革的任务也更加繁重而紧迫。中国经济尤其是实体经济，如何在新常态运行和各种矛盾集中涌现的双重夹击下实现效率改进和平衡，急切求得"最优解"，需要构建宏观调控框架，达到精准布局宏观调控和应对结构性矛盾双重目标。

作为国家宏观调控框架中的重要组成部分，货币政策和财政政策理应承担起更大责任和发挥更大作用。但两者聚焦和侧重的关键点是不同的。货币政策聚焦的是"需求侧"，财政政策关注的则是"供给侧"。因此，政策因素不仅是影响经济增长的重要因素，也是需要着重考虑的重要变量。除了上述所说的货币政策之外，财政政策还是影响经济增长的重要因素。从改革开放至今，我国经济增长迅速、成就显著，财政政策作用及其贡献不容小觑。为此，在其他影响因素中，也将财政政策考虑进来并对其进行量化。在具体操作中用地方公共财政收入（本级）累计同比增速来表示财政政策作用（FS）。数据来自 CEIC 中国经济数据库。各省份所有指标的时间跨度均为2014年第一季度至2016年第一季度，各省份的指标具体情况如图9-7所示。

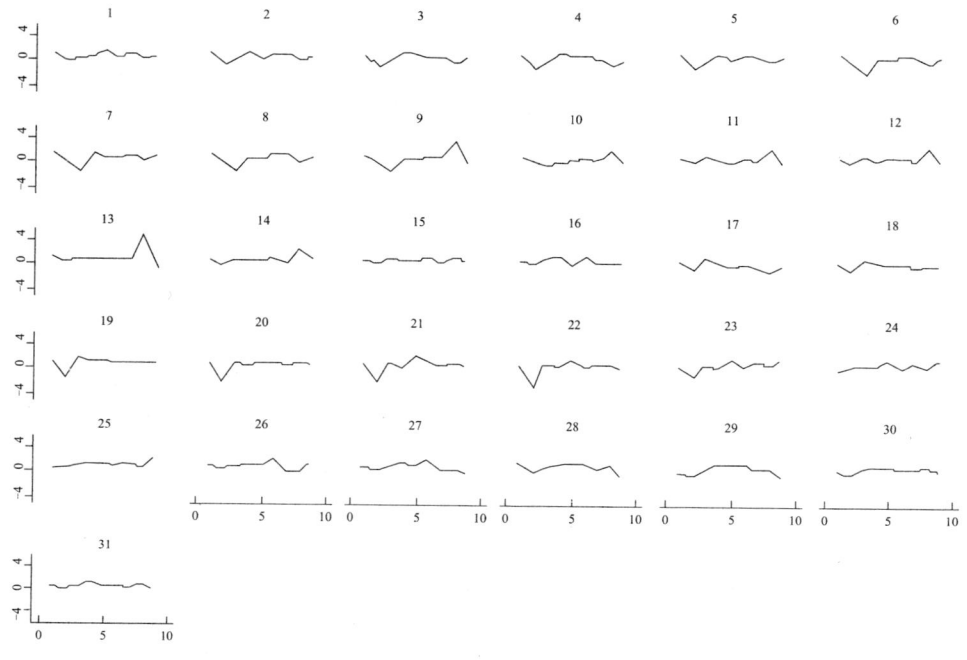

图9-7 地方公共财政收入（本级）累计同比增速

第三节 实证结果及分析

从货币政策传导机制可以看出，其量化指标与影响经济增长的其他变量间在理论上都存在较大的关联性，各变量之间的这种相关性在计量经济学中就是所谓的"多重共线性"。当产生多重共线性后，就会出现"伪回归"现象进而造成回归结果失真、失去可信度。为了增强研究结论可信度，本书首先对自变量进行多重共线性检验。

一般来说，进行多重共线性检验的方法较多，包括对拟合优度和F值的初步判断、方差膨胀因子的VIF检验以及条件指数方法。但相比较而言，条件指数的检验精度很高。为此，本书主要运用条件指数方法进行多重共线性检验。按照经验，如果条件指数小于30，表明不存在多重共线性；如果条件指数介于30~100，则说明存在一定程度的多重共线性，但不会对模型回归与解释产生影响。如果条件指数大于 100，则表明各变量之间存在严重的多重共线性。检验结果如表 9-1 所示。从中可以看出，使用缩放变量计算得到的条件指数为 21.55，其小于 30。所以，可以认为各变量之间并不存在多重共线性特征，进行回归分析中可以避免产生"伪回归"问题。

表 9-1　条件指数与方差分解比率

序号	条件指数	IF	PL	CO	IV	EX	FS
1	1.00	0.00	0.01	0.00	0.00	0.00	0.01
2	2.19	0.00	0.00	0.00	0.00	0.83	0.00
3	3.02	0.05	0.13	0.00	0.04	0.05	0.25
4	4.15	0.01	0.20	0.01	0.05	0.08	0.44
5	4.57	0.27	0.59	0.00	0.04	0.03	0.04
6	7.67	0.19	0.00	0.06	0.87	0.01	0.20
7	21.55	0.47	0.06	0.92	0.00	0.00	0.06

虽然经过上述检验，我们发现各变量间并不存在多重共线性现象，但是为了更好地进行分析和拓展分析层次，仍采用逐步回归法，在核心变量基础上，逐个引入控制变量，并分别建立模型的方式进行研究以使分析层次更为宽广。动态面板估计结果如表 9-2 所示。其中，模型（1）给出的是只涵盖互联网金融发展（IF）单一核心变量的动态面板估计结果；模型（2）给出的是引入货币政策与互联网金融发展交互项（IF × PL）后的动态面板估计结果；模型（3）～模型（6）给出的是在模型（2）基础上，分别引入消费水平（CO）、投资水平（IV）、出口水平（EX）以及财政政策（FS）等控制变量后的动态面板估计结果；模型（7）给出的是全变量的动态面板估计结果。

由 Arellano-Bond 检验、Sargan 检验可知，模型总体较为合适，工具变量选择恰当，过度识别成立，且 Wald 也显示模型整体高度显著。为此，我们主要从综合比较中进行分析。从中可以看到，当滞后一期和两期后，经济增长（EG）对其自身的影响都存在不确定性。由于在本书中选取数据为我国进入新常态后的数据，因此，这种不确定性在很大程度上和我国新常态下经济增长减速的特征事实、结构转型阵痛反复以及量质转变的进程缓慢有很大关系。下面主要从核心变量和其他控制变量的角度来论述各变量对经济增长的动态影响效应。

由模型（1）可以看出，互联网金融发展（IF）对经济增长的影响均显著为负而且边际系数较小。说明在样本跨期内，互联网金融发展确实已经对经济增长产生了不良影响。而且从其滞后项（IF_{t-1}）来看，互联网金融发展对经济增长的影响存在明显的滞后效应。随着时间推进，互联网金融对经济增长的不良影响会延续下去。

研究结论充分印证了互联网金融对经济增长所造成的不良影响。互联网金融大多投向货币市场、资本市场、债券市场、外汇市场等虚拟经济领域，存在互联网金融与实体经济"脱钩"的问题（孙杰和贺晨，2015）。在样本区间内，互联网金融发展确实给我国经济增长造成了一定程度上的冲击。这可能也从一个层面存在脱离实体经济，陷入自我循环"自娱自乐"的低效率发展困境。离开实体经济"土壤"的互联网金融势必会成为无源之水、无本之木。可以说，纠正互联网金融发展偏差，需要通过对互联网金融的有效监管，引导互联网金融服务实体经济，提高其与实体经济的融合度、协调性，为我国经济发展描绘实质性发展愿景。

货币政策作为经济调控的主要"抓手"，经济增长是货币政策目标体系的重要组成，其是否会削弱互联网金融发展对经济增长产生的不利影响呢？为了揭示这一交互作用，在模型（1）基础上，我们继续引入互联网金融发展与货币政策交互项（$IF \times PL$），其结果如表9-2中的模型（2）。

由模型（2）可知，互联网金融发展与货币政策交互项（$IF \times PL$）对经济增长（EG）的影响显著为负。这充分说明在样本区间内，互联网金融发展对货币政策的有效性确实产生了负面影响。同时，我们可以发现，当添加控制变量后，在模型（3）~模型（7）中，互联网金融发展和货币政策的交互项（$IF \times PL$）对经济增长的影响方向都为负，尤其是当引入所有变量后，虽然互联网金融发展对货币政策有效性的影响仍为负，但是并没有通过显著性检验，亦增加了其不确定性。互联网金融发展对中央银行的货币发行、资产负债结构以及货币政策实施产生了连锁影响，降低了原有货币政策实施框架的有效性、增加了货币政策调控难度和货币政策的有效性（刘澜飚、齐炎龙和张靖佳，2016）。当然，这一点也可以从金融市场和金融机构两个层面来解释在互联网金融发展中货币政策有效性失效的原因。

其中，在金融市场层面，互联网金融发展在某种程度上扩大了货币乘数和提升了货币供应量。如学者陈韬和陶斌智（2014）认为，互联网金融导致我国一些分割的金融子市场的货币供应量增加。但受制于多重因素影响，货币供应量增加并未在整体上拉低利率水平。因为各类互联网金融机构为了吸引投资者，所制定的利率水平均高于银行业。虽然通过金融市场上银行和互联网金融中介机构间的"竞争机制"在短期内会拉低市场利率均衡水平，但从长期来看，却使金融市场主体形成了利率上涨的预期，反倒加重了经济融资成本、减少了投资需求和对经济产生不良影响。

从长期来看，互联网金融发展所形成的利率上涨效应，也会致使资产价格上涨和本币升值，抑制投资增长和耐用品消费，进而对经济增长产生负面影响。在金融机构层面，银行的本质是企业，为应对冲击和缓解生存困境，作为理性经纪人和在利润最大化诉求驱使下，其势必会提高利率水平，进而将提高的经营成本转嫁给贷款企业，这无形之中会增加逆向选择风险和道德风险，会使金融机构缩减信贷规模，影响企业投资水平和抑制经济增长。另外，由于利率水平提升，不仅使企业的抵押资产价值贬值，也使银行信贷规模缩减，影响企业投资水平和抑制经济增长。

但是两者的交互影响存在"滞后效应"。由表 9-2 可以清晰地看到：在滞后 1 期后，互联网金融发展和货币政策的交互项，对经济增长的影响显著为正。这也充分说明，在互联网金融发展中，货币政策的影响存在明显的滞后效应。虽然在当期互联网金融发展对货币政策的有效性会造成不良的影响，但是货币政策传导存在一定时滞，这种不良影响也会逐步消失。所以，从这个角度来说，虽然互联网金融作为一种新兴金融业态，但是其本质仍是金融，货币政策仍应对其进行关注，但需要注意货币政策在互联网金融发展中的时滞效应，切记频繁地运用货币政策对互联网金融发展进行干预和调节。

从其他变量来看，消费水平（CO）及其滞后项（CO_{t-1}）对经济增长的影响均显著为正。充分印证了在样本区间内，消费对于我国经济增长的带动性作用；投资水平（IV）以及投资水平的滞后项（IV_{t-1}）对经济增长的影响效应也显著为正。综合来看，研究充分证明了消费和投资这"两驾马车"，在样本区间内对于我国经济增长的带动作用。

但需要注意的是，出口水平（EX）及其滞后项（EX_{t-1}）对于经济增长的影响效应并不一致。其当期水平对我国经济增长影响并不显著。而且其滞后项对经济增长的影响显著为负。这可能是因为：在样本区间内，我国贸易环境发生较大变化，贸易税收政策调控、人民币升值预期、外需放缓、国际贸易保护政策升级、国内需求旺盛以及进口价格飙升等多重因素的影响与此有较大关联度，致使我国贸易顺差空间逐步缩减，对经济增长的拉动作用递减。综合而言，在后续发展中应逐步改善贸易环境，扭转其所带来的不良影响。

最后，财政政策（FS）及其滞后项（FS_{t-1}）对经济增长的影响效应均显著为正，这也充分证实了财政政策对经济增长的带动作用。综合比较来看，在样本区间内，消费水平对经济增长的影响系数最大。这也充分说明，消费这驾"马车"对经济增长的带动作用。与我国进入新常态、探寻新动力的政策基调有很大关联。当然，需要指出的是，挖掘影响我国贸易增长的主要因素，并采取应对措施，进而激发其对经济增长的带动作用，是新时期我们需要关注的焦点问题。

表9-2 动态面板估计结果

变量	模型						
	(1)	(2)	(3)	(4)	(5)	(6)	(7)
常数项	0.10 (19.02)***	0.158 (14.97)***	0.035 (2.74)**	0.072 (8.75)***	0.161 (12.78)***	0.161 (12.51)***	0.024 (1.62)*
EG_{t-1}	0.049 (1.36)*	0.022 (0.77)	-0.1997 (-7.06)***	-0.233 (-7.63)***	0.024 (0.61)***	-0.1795 (-6.77)***	-0.314 (-6.77)***
EG_{t-2}	-0.072 (-7.14)***	-0.078 (-7.54)***	0.006 (0.28)	-0.022 (-1.67)*	-0.094 (-5.37)***	-0.085 (-6.11)***	0.0195 (0.77)
IF	-0.00008 (-14.91)***	-0.013 (-13.49)***	0.003 (1.94)**	0.005 (3.15)***	-0.012 (-10.83)***	-0.012 (-12.72)***	0.01 (4.74)***
IF_{t-1}	-8.90e-06 (-1.64)*	-0.01 (-4.34)***	-0.003 (-1.58)*	-0.005 (-4.17)***	-0.011 (-4.58)***	-0.01 (-5.38)***	-0.001 (-0.54)
$IF \times PL$		-0.001 (-2.50)**	-0.004 (-9.82)***	-0.003 (-4.67)***	-0.002 (-3.59)***	-0.001 (-0.99)	-0.004 (-4.71)***
$(IF \times PL)_{t-1}$		0.004 (5.76)***	0.002 (2.41)**	0.003 (4.58)***	0.006 (4.92)***	0.004 (5.03)***	0.001 (1.48)*
CO			0.507 (24.06)***				0.267 (7.19)***
CO_{t-1}			0.296 (14.20)***				0.123 (3.58)***
IV				0.179 (25.99)***			0.134 (10.62)***
IV_{t-1}				0.035 (6.08)***			0.026 (3.31)***
EX					0.001 (0.93)		-0.001 (-0.78)
EX_{t-1}					-0.009 (-4.29)***		0.002 (1.26)***
FS						0.069 (9.78)***	0.015 (1.82)*
FS_{t-1}						0.06 (11.03)***	0.017 (2.45)**

续表

变量	模型						
	(1)	(2)	(3)	(4)	(5)	(6)	(7)
AR (1)	-4.252	-4.252	-3.519	-3.776	-4.325	-4.023	-3.272
AR (2)	1.688	2.191	0.841	-0.898	1.814	1.206	-0.924
Sargan test		30.451	27.316	29.404	29.212	29.385	23.162
Wald	30.41296	1350.39	4030.62	3960.45	2935.08	584.36	3716.52
观测值	31×9	31×9	31×9	31×9	31×9	31×9	31×9

注：***、**、*分别表示1%、5%和10%的显著性水平。

第四节 小结

长期以来，货币政策作为我国经济调节的工具，在互联网金融发展中，其宏观环境、政策目标及其有效性的作用都发生了很大变化。本书以我国省际季度面板数据来构建动态面板模型，从经济增长的角度验证互联网金融对货币政策有效性的影响。

研究发现，互联网金融发展及其滞后项对经济增长的影响均显著为负，实证结果充分证实在样本区间内互联网金融发展已经对经济增长产生了不良影响，且随着时间的推移，这种不良影响会延续下去。进一步地，互联网金融发展和货币政策的交互项对当期经济增长的影响也为负。尤其是当引入所有控制变量后，虽然互联网金融发展对货币政策有效性的影响仍为负，但是并没有通过显著性检验。

互联网金融发展已经对货币政策有效性影响存在较大的不确定性，但是两者的交互影响存在"滞后效应"。在滞后一期后，互联网金融发展和货币政策的交互影响对经济增长的影响显著为正，这也充分说明，在互联网金融发展中，货币政策有效性亦存在"时滞效应"，新时期货币政策应继续关注互联网金融发展变化。从控制变量来看，消费水平、投资水平和财政政策及其滞后项均对经济增长的影响显著为正，但需要注意的是，出口对经济增长的影响在当期和滞后一期后并不一致。

第十章　互联网金融发展对货币政策传导机制影响实证：动态空间面板模型

由于货币政策属于总量调节政策，因而在很大程度上无法兼顾不同产业、不同部门、不同群体的一致性。但货币政策在实施过程中，仍存在普遍的非均衡性、非对称性等结构性差异特征。这也就是学界普遍认同的货币政策的区域非对称性。货币政策的区域效应研究是现代货币经济领域的一个热点问题，它主要研究货币政策效应的空间非对称性，具体分析货币政策冲击在异质国家或地区的传导和真实经济活动的影响（孔丹凤、Cortes 等，2007）。其与不同政策方向的非对称性、不同传导机制的非对称性、不同通货膨胀水平的非对称性、不同经济阶段的非对称性等，共同构成货币政策非对称性理论内涵的主要架构（孙大超、王博等，2014）。在实践层面，对于一个经济区域或者大国来说，货币政策的空间效应问题日益得到人们的重视。大量的实证研究表明，不仅欧洲货币区表现出明显的货币政策区域效应差异，美国、加拿大等发达国家也不例外，而我国改革开放以来的货币政策执行情况，同样验证了地域效应差异的存在（王爽，2009）。在实证互联网金融发展对货币政策传导机制影响时，不可避免地要考虑货币政策传导机制过程中空间相互作用因素和区域差异因素。

第一节　模型设计与估计方法

为了将空间因素融入模型，进一步对式（9-2）进行改造。事实上，之所以要考察空间因素，是因为传统计量经济学中忽视了地区数据模型中存在空间异质性和观测中存在空间依赖性的两大问题，违反了回归模型的 Gauss-Markov 假设。空间计量经济学很好地解决了上述两大问题（王钊、姜松，2013）。这其中空间权重是关键。空间权重的引入也是空间计量经济学与传统计量经济学的重要区别之一。空间权重刻画的是截面个体之间的相关结构，是一个无量纲的矩阵。本书中将空间权重设定为 W_{ij}。但目前关于空间权重的设定，在学术界并未达成统一认识。例如，Anselin（1988）所设定的空间权重如式（10-1）所示：

$$W_{ij} = \exp(\rho d_{ij}) \qquad (10-1)$$

其中，d_{ij} 表示两个区域的"欧氏距离"，ρ 表示既定的参数。此外，还有学者在构建空间权重时，基于地理距离来构建空间权重矩阵。并假定空间距离越短，空间关联性越强。在实际操作中，一般采用地区之间地理距离倒数的平方作为空间权重矩阵，如式（10-2）所示：

$$W_{ij} = \begin{cases} \dfrac{1}{d_{ij}^2} \\ 0 \end{cases} \qquad (10-2)$$

相比较 Anselin（1988）所采用的"欧氏距离"而言，国内学者一般运用省会城市的球面距离来表示，其计算公式如式（10-3）所示：

$$d_{ij} = r \times \arccos[(\sin(lon_i) \times \sin(lon_j) + \cos(lon_i) \times \cos(lon_j) \times \cos(lan_i - lan_j)]$$
$$(10-3)$$

在式（10-3）中，r 表示地球半径，lon_i 和 lon_j 分别表示两个省份省会城市的经度，lan_i 和 lan_j 分别表示两个省份省会城市的纬度。由于我国东部省域面积相对较小、经济发达、人口密度高，而西部省域面积辽阔、经济欠发达、人口密度小，中国省份这一独特结构令使用空间距离从原则上来构建空间权值矩阵是不可靠的（高远东、温涛、王小华，2013）。在本研究中，主要参照现阶段学者主要的处理方式，运用二进制的邻接空间权重矩阵，如图10-1所示。具体设定方式如下：

$$W_{ij} = \begin{cases} 1, 省\ i\ 和省\ j\ 相邻 \\ 0, 省\ i\ 和省\ j\ 不相邻 \end{cases} \qquad (10-4)$$

以此为基础，将空间权重矩阵引入式（9-1）。就可以得到空间自回归模型，如式（10-5）所示：

$$EG_{it} = \alpha + W_{ij} \times EG_{it} + \beta IF_{it} + \phi PL_{it} \times IF_{it} + CON'_{it}\gamma + \varepsilon_i + \mu_{it} \qquad (10-5)$$

以式（10-5）为基准模型，进一步地引入控制变量：消费增长水平（CO）、投资水平（IV）、出口水平（EX）以及财政政策（FS）。则式（10-5）可以转变为：

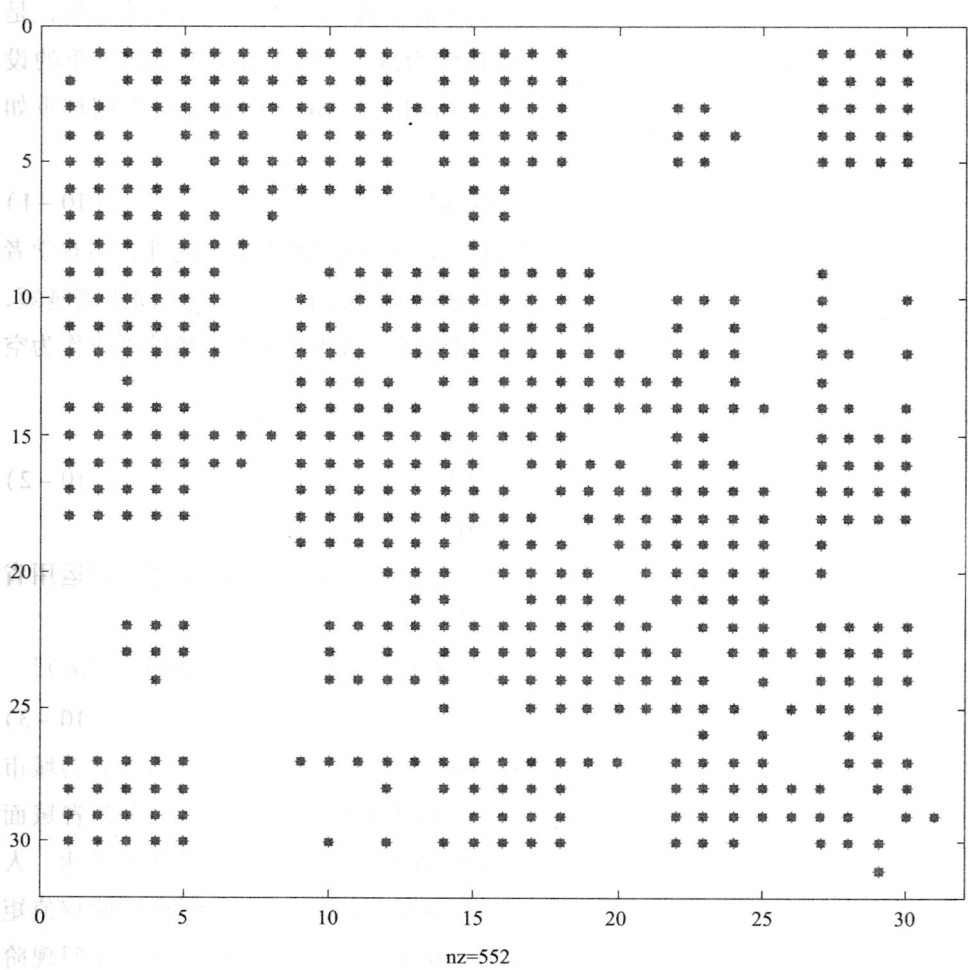

图 10-1　我国二进制的邻接空间权重矩阵

$$EG_{it} = \alpha + W_{ij} \times EG_{it} + \beta IF_{it} + \phi PL_{it} \times IF_{it} + \chi_1 CO_{it} +$$
$$\chi_2 IV_{it} + \chi_3 EX_{it} + \chi_4 FS_{it} + \varepsilon_i + \mu_{it} \qquad (10-6)$$

综合来看，由于式（10-5）和式（10-6）所运用的都是空间自回归模型，其只能反映因变量的空间效应，其他变量的空间效应并不能反映。虽然空间杜宾模型能够揭示模型中所有变量的空间效应。但当变量增多时空间杜宾模型的检验效果会受到很大影响和变得并不稳健。同时，在实践操作中，许多实证研究使用点估计方法来对一个或者多个空间回归模型的空间溢出效应进行检验。这种估计方法可能导致错误结论而使研究结果存在偏误（LeSage and Pace, 2009）。

要克服这种偏误，前沿计量经济学理论典型的做法就是采用偏导数的形式对影响效应进行直接效应和间接效应分解，以保障实证结果的有效性、科学性和无偏性。但目前适宜进行直接效应和间接效应分解模型只适用于空间自回归模型和空间杜宾模型两种。为了说明其原理，此处以空间杜宾模型为例进行解释，其表达式如式（10-7）所示：

$$y_{it} = \lambda \sum_{j=1}^{N} w_{ij} y_{jt} + \phi + x_{it}\beta + \sum_{j=1}^{N} w_{ij} x_{ijt}\theta + \varepsilon_i + \alpha_t + v_{it} \quad (10-7)$$

将式（10-7）以并向量形式重写可得：

$$Y_t = (I - \lambda W)\varphi \iota_N + (I - \lambda W)^{-1}(X_t\beta + WX_t\theta) + (I - \lambda W)^{-1} v_t^* \quad (10-8)$$

在式（10-8）中，误差项 v_t^* 包括 v_t 和偶尔包括空间和时间的具体效应。因此，相对于 k 个解释变量在不同单位和特定时点的偏导数矩阵就可以表示为式（10-9）：

$$\left[\frac{\partial Y}{\partial x_{1k}} \cdot \frac{\partial Y}{\partial x_{Nk}}\right]_t = \begin{bmatrix} \frac{\partial y_1}{\partial x_{1k}} & \cdot & \frac{\partial y_1}{\partial x_{Nk}} \\ \frac{\partial y_N}{\partial x_{1k}} & \cdot & \frac{\partial y_N}{\partial x_{Nk}} \end{bmatrix}_t = (I - \lambda W)^{-1} \begin{bmatrix} \beta_k \cdot w_{12}\theta_k \cdot w_{1N}\theta_k \\ w_{21}\theta_k \cdot \beta_k \cdot w_{1N}\theta_k \\ \vdots & \vdots & \vdots \\ w_{N1} \cdot w_{N2}\theta_k \cdot \beta \end{bmatrix} \quad (10-9)$$

在式（10-9）中，直接效应反映的是矩阵主对角线上元素的平均值，衡量的是自变量是否对本地区的因变量具有显著影响。间接效应是矩阵所有非对角线元素的平均值，主要用于检验是否存在空间溢出效应，计算结果与时间下标是独立的。为此，本书将运用直接效应和间接效应分解的估计方法来分解除因变量以外的各自变量的空间溢出效应。

进一步地，为了体现模型稳健性和承接上一章的研究结论，将式（10-6）写成动态空间面板模型，以进一步增强研究的科学性、合理性以及解释能力。具体如式（10-10）所示。

$$EG_{it} = \alpha + \varpi EG_{i,t-1} + W_{ij} \times EG_{it} + \beta IF_{it} + \phi PL_{it} \times IF_{it} + \chi_1 CO_{it} + \chi_2 IV_{it} + \chi_3 EX_{it} - \chi_4 FS_{it} + \varepsilon_i + \mu_{it} \quad (10-10)$$

第二节 静态空间面板模型的实证结果与分析

为了考察引入空间因素后模型中各变量影响效应的变化及其稳定性，本书采用逐步回归的方法，以核心变量互联网金融发展（IF）及其与货币政策量化指标的交互项（$IF \times PL$）为基准，分别引入消费增长水平（CO）、投资水平（IV）、出口水平（EX）以及财政政策（FS）等控制变量的方法。估计结果如表10-1所示。其中，模型（1）给出的是基准模型的估计结果；模型（2）~模型（5）给出的是添加控制变量后的估计结果。通过比较发现，当引入全部控制变量后，基准模型并未发生较大变化。在一定程度上证实了研究结论的可信度、科学性。为此，在下面分析中，以模型（5）作为分析的基准模型。

从中可以看出，空间变量（$W \times EG$）对货币政策最终目标体系中的经济增长水平（EG）的影响显著为正，这说明经济增长存在显著的空间溢出效应。这主要与要素的流动性、市场一体化建设、区域分工与合作、城乡统筹发展、制度创新与政策保障有很大关系。尤其是，在"互联网+"战略的实施背景下，数字经济发展更是突破了区域界限，使各地区经济增长在空间维度上紧密关联、共赢发展。

根据腾讯研究院《中国"互联网+"数字经济指数（2017）》显示：数字经济已经成为我国经济的重要组成部分，并测算得到"互联网+"数字经济指数每增长一点，GDP大致增加1406.02亿元。截至2016年底，全国"互联网+"数字经济指数增加161.95点，并由此估算出2016年全国数字经济总体量约为22.77万亿元，占2016年全国GDP总量的30.61%。可以看到，数字经济的发展使各地区经济增长在区域间的关联性、互动性进一步增强。

互联网金融发展（IF）对经济增长的影响显著为负，这一点同上述实证结果是一致的。互联网金融发展与货币政策的交互项（$IF \times PL$）对经济增长的影响显著为正。这说明互联网金融发展负面影响需要货币政策来消除，只有货币政策干预互联网金融发展，才能达到促进经济增长的政策目标。从其他变量来看，引入空间变量以后，消费增长水平（CO）对经济增长的影响效应为正，但并不显著。除此以外，投资水平（IV）、财政政策（FS）对经济增长的影响均显著为正；出口水平（EX）对经济增长的影响显著为负。综合来看，引入空间变量以后核心变量和控制变量的影响效应并未发生显著变化。这说明模型的稳健性较好，解释能力较强。

表 10-1　空间自回归模型的估计结果

变量	模型				
	(1)	(2)	(3)	(4)	(5)
常数项	0.05 (5.28)***	0.047 (4.77)***	0.047 (5.29)***	0.048 (5.46)***	0.049 (5.62)***
IF	-0.00004 (-3.89)***	-0.00003 (-2.98)***	-0.00001 (-1.54)*	-0.00002 (-1.94)**	-0.00002 (-1.70)*
IF×PL	4.25e-09 (2.38)**	3.87e-09 (2.18)**	3.76e-09 (2.46)**	3.99e-09 (2.64)***	3.68e-09 (2.44)**
CO		0.121 (3.55)***	0.024 (0.77)	0.032 (1.05)	0.02 (0.63)
IV			0.082 (9.88)***	0.082 (10.05)***	0.079 (9.61)***
EX				-0.004 (-2.71)****	-0.003 (-2.59)
FS					0.015 (2.26)**
W×EG	0.43 (4.20)***	0.292 (2.5)***	0.249 (2.38)**	0.23 (2.21)**	0.216 (2.07)**
R^2	0.217	0.262	0.444	0.464	0.468
观测值	31×9	31×9	31×9	31×9	31×9

注：***、**、*分别表示1%、5%和10%的显著性水平。

在空间自回归模型中我们只能观测到货币政策目标——经济增长，这一因变量自身的空间溢出效应。对于其他变量则无从得知，需要进一步运用其他手段进行揭示。按照上文中所提出的估计方法，进一步对空间自回归模型中的空间效应进行分解，得到直接效应和间接效应。

其中，直接效应揭示的是各变量对本地区经济增长水平的影响效应；间接效应揭示的是各变量对邻近区域经济增长水平的影响效应。分解结果如表10-2所示。其中，模型（6）对应的是只涵盖核心变量的空间效应分解结果；模型(7)～模型(10)对应的是添加控制变量消费增长水平（CO）、投资水平（IV）、出口水平（EX）以及财政政策（FS）后的估计结果。在下面的分析中，本书仍以模型（10）中引入所有控制变量后的分解结果，作为分析的基准模型。

表 10-2　基于空间自回归模型的直接效应和间接效应分解结果

变量	模型 (6)			模型 (7)			模型 (8)		
	直接效应	间接效应	总体效应	直接效应	间接效应	总体效应	直接效应	间接效应	总体效应
IF	-0.00004 (-4.06)***	-0.00003 (-2.91)***	-0.00007 (-4.60)***	-0.00003 (-3.08)***	-0.00001 (-2.05)**	-0.00005 (-3.40)***	-0.00001 (-1.60)*	-4.20e-06 (-1.25)*	-0.00019 (-1.66)*
$IF \times PL$	4.35e-09 (2.37)**	3.16e-09 (1.92)*	7.51e-09 (2.39)**	3.92e-09 (2.17)**	1.59e-09 (1.60)*	5.51e-09 (2.24)**	3.80e-09 (2.44)**	1.20e-09 (1.54)*	5.01e-09 (2.50)**
CO				0.122 (3.83)***	0.052 (1.81)*	0.174 (3.68)***	0.025 (0.85)	0.007 (0.64)	0.032 (0.83)
IV							0.082 (9.87)***	0.028 (1.71)*	0.11 (5.72)***
EX									
FS									

续表

变量	模型 (9)			模型 (10)		
	直接效应	间接效应	总体效应	直接效应	间接效应	总体效应
IF	-0.000186 (-2.00)**	-5.07e-06 (-1.46)*	-0.000236 (-2.11)**	-0.00002 (-1.76)*	-3.93e-06 (-1.29)*	-0.00002 (-1.84)*
IF×PL	4.03e-09 (2.61)***	1.20e-09 (1.53)*	5.23e-09 (2.66)***	3.71e-09 (2.41)**	1.00e-09 (1.45)*	4.72e-09 (2.45)**
CO	0.033 (1.15)	0.009 (0.90)	0.042 (1.16)	0.0204 (0.70)	0.004 (0.50)	0.025 (0.69)
IV	0.082 (10.05)***	0.026 (1.71)*	0.108 (6.08)***	0.079 (9.58)***	0.022 (1.65)*	0.101 (6.01)***
EX	-0.003 (-2.73)***	-0.001 (-1.43)*	-0.005 (-2.54)***	0.003 (-2.62)***	-0.001 (-1.28)*	-0.004 (-2.40)***
FS				0.015 (2.27)**	0.004 (1.32)*	0.019 (2.22)*

注：***、**、* 分别表示1%、5%和10%的显著性水平。

在模型（10）中，总体效应就是上述空间自模型的主要结果，体现的是直接效应和间接效应加总后的结果。但要分析各自变量对因变量的空间效应，侧重点应放在间接效应部分，反映的是自变量对邻近区域因变量的空间效应。为此，在本部分分析时，主要以间接效应分析结果为基准。由结果可知，互联网金融发展（IF）对邻近地区经济增长的影响效应显著为负。虽然互联网金融发展具有跨空间、跨市场、跨期限的典型特征，呈现典型的空间集聚性，但互联网金融发展与经济发展密切相连。一般来说，经济发展水平越高，互联网金融发展水平也就越高。反之，经济发展水平越低，互联网金融发展水平也就越低。从这个意义上来讲，互联网金融发展的"极化效应"十分显著。在互联网工具的作用下，产生比传统金融更为迅速的聚合资源作用，对周边地区经济发展形成"要素掏空"，这也是互联网金融发展对周边地区经济增长影响显著为负的重要原因。

互联网金融发展和货币政策的交互项（$IF \times PL$）对邻近区域经济增长的影响显著为正。研究结论充分证明了货币政策作为总量调控政策的根本属性。当货币政策干预互联网金融发展后，会对邻近区域经济增长产生显著的促进作用。这和非参数检验结果、动态面板实证结果是一致的。因此，货币政策干预互联网金融发展，不仅会对本区域的经济增长产生促进作用，更会对邻近区域经济增长产生显著促进作用。另外，我们也要看到，互联网金融发展和货币政策的交互项（$IF \times PL$）对邻近区域经济增长的边际影响系数仍相对较小，这说明货币政策不仅要干预互联网金融发展，也要在政策层级、覆盖范围、政策力度等方面进一步强化。

从其他控制变量来看，尽管消费增长水平（CO）对邻近区域经济增长的影响为正，但并不显著。这说明消费增长不仅是阻滞本区域经济增长的障碍，更存在显著的"空间溢出"效应。要想转变经济增长方式、扩大内需、进一步激活消费这驾"马车"的带动作用，就需要着重考虑新时期宏观经济发展的重要问题和战略发展重点。投资水平（IV）对领近区域经济增长的影响显著为正，这与资金要素的跨空间、跨时间流动有很强的关系。说明区域投资水平并未对邻近区域形成"挤压效应"，这与我国整体经济靠投资"马车"拉动有很大关联。因而，区域间并未出现"此消彼长"的现象。出口水平（EX）对领近区域经济增长的影响效应显著为负，说明出口水平发展会对邻近区域产生排挤效应。因为出口发展水平与区域自然资源、区位条件有很大关联。因而，出口发展水平的空间差异和分布格局存在很大的差异性。财政政策（FS）对邻近区域经济增长的影响显著为正。财政政策同货币政策的属性一致，都是总量调控政策。因而，不仅会对本区域经济增长产生影响，也会对邻近区域经济增长产生显著影响。

第三节 动态空间面板模型的实证结果与分析

从上述空间模型的属性来看，其仍属于静态空间面板模型。按照上述分析，我们可以清晰地看到：作为货币政策目标的经济增长，存在显著的路径依赖特征和滞后效应。因此，单纯地从静态空间面板模型无法判断计量经济模型的科学性和可信度。一个典型的做法就是，在静态空间面板模型中引入因变量的滞后项，将静态空间面板模型改造成为动态空间面板模型，以增强模型的稳健性。进行动态空间面板模型估计的第一步，也是要对变量的空间效应以及空间面板的形态进行识别和判断。

估计结果如表10-3所示。其中，模型（11）给出的是只涵盖核心变量的动态空间面板模型形式的检验结果；模型（12）~模型（15）分别是添加控制变量消费增长水平（CO）、投资水平（IV）、出口水平（EX）以及财政政策（FS）后的检验结果。由结果可知，残差空间自相关检验中的 GLOBAL Moran MI、GLOBAL Geary GC、GLOBAL Getis – Ords GO、Moran MI Error Test、LM Error（Burridge）、LM Error（Robust）等主要检验方法都拒绝原假设，说明存在回归残差空间自相关性；因变量空间自相关性检验中的 LM Lag（Anselin）、LM Lag（Robust）方法也拒绝原假设，说明存在因变量空间自相关；广义空间自回归检验中的 LM SAC（LMErr + LMLag_ R）以及 LM SAC（LMLag + LMErr_ R）方法也拒绝原假设，说明存在广义空间自回归。

综合而言，残差空间自相关性检验、因变量空间自相关性检验以及广义空间自回归检验等都拒绝原假设，说明存在残差空间自相关、因变量空间自相关以及广义的空间自回归。这说明可以建立动态 SEM 模型、动态 SAR 模型以及动态 SAC 模型。由于本书在上述已经对各变量的空间效应进行了细致的分析，因此，在本部分主要建立简单动态空间自回归模型以检验模型的稳健性。

表 10-3　空间面板模型形式检验

检验类型		Spatial Panel Autocorrelation Tests				
		(11)	(12)	(13)	(14)	(15)
残差空间自相关性检验	GLOBAL Moran MI	0.479 (0.000)	0.438 (0.000)	0.485 (0.000)	0.479 (0.000)	0.421 (0.000)
	GLOBAL Geary GC	0.521 (0.000)	0.617 (0.000)	0.524 (0.000)	0.521 (0.000)	0.601 (0.000)
	GLOBAL Getis-Ords GO	-2.132 (0.000)	-1.948 (0.000)	-2.157 (0.000)	-2.131 (0.000)	-1.873 (0.000)
	Moran MI Error Test	2.895 (0.004)	2.711 (0.007)	2.959 (0.003)	2.937 (0.003)	2.622 (0.009)
	LM Error (Burridge)	122.511 (0.000)	101.525 (0.000)	124.474 (0.000)	121.469 (0.000)	93.852 (0.000)
	LM Error (Robust)	16.962 (0.000)	20.187 (0.000)	23.422 (0.000)	16.682 (0.000)	4.060 (0.0439)
因变量空间自相关性检验	LM Lag (Anselin)	121.6 (0.000)	99.565 (0.0000)	122.826 (0.000)	120.738 (0.000)	129.802 (0.000)
	LM Lag (Robust)	16.051 (0.0001)	18.227 (0.000)	21.774 (0.000)	15.950 (0.0001)	40.011 (0.000)
广义空间自回归检验	LM SAC (LMErr + LMLag_ R)	138.562 (0.000)	119.752 (0.000)	146.248 (0.000)	137.419 (0.000)	133.862 (0.000)
	LM SAC (LMLag + LMErr_ R)	138.562 (0.000)	119.752 (0.000)	146.248 (0.000)	137.419 (0.000)	133.862 (0.000)

注：括号内为P值。

为此，进一步运用Shehata和Mickaiel（2012）所编写的"SPREGDPD"命令进行估计。估计结果如表10-4所示。其中，模型（16）为基准模型，只涵盖因变量EG_{t-1}、$W×EG$和互联网金融发展（IF）以及其与货币政策的交互项（$IF×PL$）等核心变量的估计结果。模型（17）~模型（20）给出的是分别添加消费增长水平（CO）、投资水平（IV）、出口水平（EX）以及财政政策（FS）等变量的估计结果。从中可以看出，将静态空间面板模型改造成为动态空间面板模型后，各变量的估计结果并未发生显著变化。互联网金融发展（IF）对经济增长的影响显著为负。互联网金融发展与货币政策的交互项（$IF×PL$），除了在添加消费水平控制变量后变为不显著之外，在其他条件下均对经济增长的影响显著为正。研究结果说明，货币政策干预互联网金融后会对经济增长产生促进作用，有利于在保证互联网金融健康发展的同时，促进经济增长，也就是实现货币政策最终目标。所以，当静态空间面板模型改造成为动态空间面板模型后,估计结果是十分稳健的。这也进一步对上述分析结果进行了支撑。实证检验结果充分说明研究结论的可信度、科学性以及解释能力较好。在其他变量方面,估计结果与上述分析结果一致。综合而言,货币政策应干预互联网金融发展。

表 10-4 动态空间面板模型估计结果

变量	模型				
	(16)	(17)	(18)	(19)	(20)
常数项	0.079 (8.52)***	0.012 (0.95)	0.051 (5.37)***	0.079 (8.42)***	0.092 (9.59)***
EG_{t-1}	0.219 (2.46)**	0.149 (1.46)*	0.078 (0.99)	0.219 (2.46)**	0.072 (0.65)
$W \times EG$	0.05 (6.63)***	0.031 (4.86)***	0.022 (4.25)***	0.05 (6.62)***	0.027 (4.73)***
IF	-0.013 (-4.56)***	0.004 (1.14)	-0.004 (-1.48)*	-0.013 (-4.43)***	-0.012 (-4.83)***
$IF \times PL$	0.002 (1.69)*	-0.001 (-1.08)	0.001 (1.33)*	0.002 (1.67)*	0.002 (1.89)**
CO		0.485 (8.90)			
IV			0.136 (13.14)***		
EX				0.0001 (0.05)	
FS					0.094 (10.48)***
Chi² Test	44.007***	22.649***	18.073***	43.761***	22.352***
Wald	77.108	172.425	290.018	76.818	209.073
F	19.277	34.485	58.004	15.364	41.815
Raw Moments R^2	0.9702	0.9774	0.9814	0.9702	0.9782
Raw Moments R^2 Adj	0.9699	0.9770	0.9811	0.9697	0.9778
Engle LM ARCH Test	0.3241	0.5204	0.1991	0.9625	0.0450

注:***、**、*分别表示1%、5%和10%的显著性水平,括号内为P值。

第四节 小结

在本章上半部分我们考虑了互联网金融发展会影响货币政策传导机制,但是并未考虑空间效应。因此在此部分,本书继续构建静态空间面板模型和动态空间面板模型，在考察上述模型稳健性的基础上，继续解释各变量的空间效应。从静态面板的角度来看，本书建立空间自回归模型，并运用直接效应和间接效应分解方法，揭示各变量对货币政策目标经济增长影响的空间效应。研究发现，作为货币政策目标的经济增长存在显著的空间溢出效应。之所以如此，与促进经济增长的要素流动性、市场一体化建设、区域分工与合作、城乡统筹发展、制度创新与政策保障以及数字经济发展的"跨空间"属性有很大关联。

互联网金融发展对邻近地区的经济增长的影响效应显著为负，互联网金融发展具有"极化效应"。货币政策和互联网金融发展的交互项，对邻近区域经济增长的影响显著为正。研究结论充分证明了货币政策作为总量调控政策的根本属性。当货币政策干预互联网金融发展后，会对邻近区域经济增长产生显著的促进作用，但是现行影响系数较小。这与非参数检验结果、动态面板实证结果的检验结果是一致的。因此，货币政策干预互联网金融发展，不仅会对本区域的经济增长产生促进作用，也会对邻近区域经济增长产生显著促进作用。另外，我们也要看到，货币政策和互联网金融发展的交互项对邻近区域经济增长的边际影响系数仍相对较小。这说明货币政策不仅要干预互联网金融发展，而且在政策层级、覆盖范围、政策力度等方面都需要进一步强化。

从控制变量来看，在直接效应方面，消费水平、投资水平、出口水平以及财政政策都与动态面板和静态空间面板的估计结果一致。在间接效应层面，除消费水平对邻近区域经济增长的影响并不显著之外，投资水平、出口水平以及财政政策都具有显著的空间溢出效应。

进一步地，动态空间面板估计结果表明，各变量的估计结果并未发生显著变化。在动态空间面板模型中，互联网金融发展对经济增长的影响仍然显著为负，货币政策与互联网金融发展的交互项对经济增长的影响显著为正。货币政策干预互联网金融后会对经济增长产生促进作用，有利于在保证互联网金融健康发展的同时，促进经济增长。综合而言，当将静态空间面板模型改造成为动态空间面板模型后，估计结果是十分稳健的。

第十一章　互联网金融发展对货币政策传导机制影响实证：面板门槛模型

在上文分析中，本书已经从多个维度和视角，证实了货币政策只有干预互联网金融发展，才能在促进互联网金融规范发展的同时达成货币政策的经济增长目标。但从某种意义上说，并未揭示货币政策"松紧"变化后互联网金融发展对货币政策目标——经济增长的影响效应的动态变化特征。那么，在对互联网金融发展的过程中，货币政策制定当局应秉承怎样的操作规则呢？对于互联网金融发展是应坚持宽松的货币政策还是紧缩的货币政策？抑或是适中、中性的货币政策呢？这些问题都需要进一步予以解答。为此，本书建立面板门槛模型，进一步揭示货币政策动态调整后互联网金融发展对货币政策目标——经济增长的影响效应的动态变化。

第一节　模型设计与估计方法

货币政策是随着宏观经济环境、微观市场形态的变化不断变化和进行调整的。一般当经济衰退、通货紧缩时会采取扩张的货币政策进行调控；当经济过热、通货膨胀时，会采取紧缩的货币政策进行干预。可以看出，货币政策调控一般会呈现宽松、适度和紧缩三种典型状态。在各种状态转变中，揭示互联网金融发展对货币政策目标——经济增长的影响效应的动态变化就显得更有价值、更有意义和更具现实操作性。因此，要揭示货币政策的不同状态，一个非常关键的步骤，就是要对货币政策操作指标的"临界值"进行阶段划分。为此，引入Hansen（2000）的门槛回归模型并对其进行改造。按照上述说明，货币政策一般具有宽松、适度和紧缩三种不同形态，为此将货币政策操作过程划分三个阶段，并且假定其状态转变的临界值分别为 PL_1 和 PL_2，则可以将货币政策操作状态划分为 $(-\infty, PL_1]$，$(PL_1, PL_2]$，$(PL_2, +\infty)$ 三个不同区间范围。据此，建立如下面板门槛模型：

$$EG_{it} = \alpha + \beta_1 IF_{it} I(PL_1 < PL_{it}) + \beta_2 IF_{it} I(PL_1 < PL_{it} < PL_2) +$$
$$\beta_3 IF_{it} I(PL_2 < PL_{it}) + CON'_{it}\gamma + \varepsilon_i + \mu_{it} \qquad (11-1)$$

在式（11-1）中，控制变量依然考虑消费增长水平（CO）、投资水平（IV）、出口水平（EX）以及财政政策（FS）四个变量。$I(\cdot)$表示指示函数。在模型（11-1）中，如何确定和估计货币政策操作指标的临界值就显得十分重要。按照 Hansen 给出的方式，对于其值域的确定可以采用"自助法"。这是一种对原始数据进行"再抽样"的方法。其原理是：假定从总体抽样本容量为 n 的样本，则这个样本就带有总体信息。如果进行多次"有放回"的抽样，且每次样本容量都为 n，可以获得"自助样本"（姜松、黄庆华等，2013）。在门槛面板回归模型中，临界值的确定应是回归残差平方和最小时所对应的值（Hansen, 2000）。

也就是说，当搜寻出第一个临界值后，还需进一步确定临界值个数。检验通过后就可以构造临界值的置信区间，如式（11-2）：

$$LR_n = \frac{S'' - S'}{\sigma^2} \qquad (11-2)$$

其中，S'' 表示不同临界值下的残差平方和，S' 为第一个临界值所对应的残差平方和，σ^2 为其残差的方差。当确定好临界值个数后就需要进一步估计在不同货币政策状态下，互联网金融发展对经济增长影响的差异性特征。在式（11-1）中，如果在不同货币政策状态下，互联网金融发展对经济增长的影响效应相同，则边际影响系数 $\beta_1 = \beta_2 = \beta_3$。相反，若在不同的货币政策状态下，互联网金融发展对经济增长的影响效应不同，则边际影响系数满足 $\beta_1 \neq \beta_2 \neq \beta_3$。要对此进行判断，需要运用 LM 统计量对其进行验证与检验，如式（11-3）所示：

$$LM = \frac{S - S'}{\sigma^2} \qquad (11-3)$$

其中，S 为原假设所对应的残差平方和。

第二节 门槛效应检验

据此，按照理论模型的设定方法，选取 PL 作为门槛变量，设置 3000 次的 Bootstrap 方法模拟计算出"似然比统计量"LM 值，对门槛效应进行检验。表 11-1 给出了门槛变量的检验结果。其中，模型（1）给出的是不涵盖控制变量的检验结果;模型(2)~模型(5)给出的是分别添加控制变量消费增长水平(CO)、投资水平(IV)、出口水平(EX)以及财政政策(FS)后的检验结果。由结果可以看出,无论是否添加控制变量,PL 的 LM 值在相应的显著性水平下均拒绝原假设,也就是说门槛变量 PL 存在 2 个门槛值。

表 11-1 门槛变量的检验结果

模型	假设检验		Bootstrap 模拟的 LM 值	临界值		
				90%	95%	99%
(1)	H_0 有 0 个门槛值	H_1 有 1 个门槛值	6.2305**	2.737	3.841	6.578
	H_0 有 1 个门槛值	H_1 有 2 个门槛值				
(2)	H_0 有 0 个门槛值	H_1 有 1 个门槛值	4.5072**	2.71	3.823	6.779
	H_0 有 1 个门槛值	H_1 有 2 个门槛值				
(3)	H_0 有 0 个门槛值	H_1 有 1 个门槛值	4.8227**	2.685	3.74	6.651
	H_0 有 1 个门槛值	H_1 有 2 个门槛值				
(4)	H_0 有 0 个门槛值	H_1 有 1 个门槛值	6.264***	2.73	3.936	7.052
	H_0 有 1 个门槛值	H_1 有 2 个门槛值				
(5)	H_0 有 0 个门槛值	H_1 有 1 个门槛值	6.0505***	2.64	3.729	6.515
	H_0 有 1 个门槛值	H_1 有 2 个门槛值				

注:***、**分别表示1%、5%的显著性水平。

第三节 门槛回归估计结果与分析

进一步地,基于门槛值就可以将货币政策划分为低门槛区间、中门槛区间和高门槛区间,也就分别对应货币政策的紧缩、适度和宽松三种状态。各门槛区间的估计结果如表 11-2 所示。其中,模型(6)为核心变量的门槛回归估计结果;模型(7)~模型(10)分别为添加控制变量消费增长水平(CO)、投资水平(IV)、出口水平(EX)以及财政政策(FS)后的门槛回归估计结果。综合来看,在不同的货币状态下,互联网金融发展对于经济增长的影响都存在诸多不确定性因素。在只包含核心变量的模型中,货币政策无论是在低门槛区间、中门槛区间还是高门槛区间,互联网金融发展对于经济增长的影响均显著为负。

当添加控制变量后,研究结果存在一定的规律性。那就是在货币政策的低门槛区间,互联网金融发展对于经济增长的影响一般都为正。当货币政策迈入中门槛区间和高门槛区间后,互联网金融发展对经济增长的影响基本为负。一方面,说明货币政策干预互联网金融发展并不能全面铺开,需要考虑当地的消费条件、投资条件、出口条件以及财政政策的配合程度等因素;另一方面,也说明货币政策干预互联网金融发展应贯彻适度从紧政策。国家的政策操作也充分证实了这一点。如在 2018 年 6 月 29 日中国人民银行发布的《中国人民银行办公厅关于支付机构客户备付金全部集中交存有关事宜的通知》（银办发〔2018〕114 号）中就提出"将支付机构客户备付金集中交存比例逐步提高至 100%"的政策条款。研究结论为这一政策操作提供了直接的经验证据和理论支撑。

表 11 – 2　门槛效应的估计结果

变量	模型				
	(6)	(7)	(8)	(9)	(10)
IF（MP 低门槛）	-0.014 (-4.78)***	0.445 (6.22)**	0.151 (13.14)***	0.002 (0.57)	0.119 (11.0)***
IF（MP 中门槛）	-0.016 (-5.47)***	0.008 (2.39)**	-0.002 (-0.78)	-0.014 (-4.62)***	-0.01 (-3.77)***
IF（MP 高门槛）	-0.013 (-5.06)***	0.007 (2.15)**	-0.003 (-1.37)	-0.016 (-5.28)***	-0.008 (-3.35)***
CO		0.006 (2.01)**			
IV			-0.001 (-0.62)		
EX				-0.013 (-4.86)***	
FS					-0.009 (-4.43)***

注：***、** 分别表示 1%、5% 的显著性水平，无标记表示不显著。括号内为 P 值。

第四节　小结

本章基于门槛回归模型，在不同货币政策状态下，考察互联网金融发展对货币政策目标经济增长的影响效应及其阶段性特征。研究发现，货币政策对互联网金融的干预强度不同，互联网金融发展对经济增长的影响效应存在不确定性。但在考虑不同的环境条件后，还存在的一定共性特征。

一般而言，在货币政策的低门槛区间，互联网金融发展对货币政策目标经济增长的影响效应一般为正；在货币政策的中门槛区间和高门槛区间，互联网金融发展对经济增长的影响效应基本为负。这说明，对于互联网金融发展应该贯彻适度从紧的货币政策，干预互联网金融发展。从当前我国互联网金融发展中所面临的诸多问题，制定适度从严的货币干预政策，对于实现货币政策的经济增长目标有重要的指导价值和理论支撑。但也需要注意的是，在货币政策干预互联网金融发展的同时，应考虑"三驾马车"的拉动作用以及货币政策与财政政策的协同配合作用等外在因素，切记"一刀切"，以免挫伤互联网金融主体进行金融创新的积极性以及在我国普惠金融体系中的重要贡献和突出作用，力争"去粗取精、去伪存真"，在防范互联网金融风险的基础上，引导互联网金融服务实体经济并做出重要贡献。

第十二章 研究结论与政策建议

第一节 研究结论

互联网金融本质仍是金融。在快速发展的背后,金融风险的不断集聚、裂变对金融体系和金融市场稳定性都会构成冲击。一般而言,互联网金融风险主要包括法律政策风险、业务管理风险、网络技术风险、货币政策风险和洗钱犯罪风险等类型,从国际发展经验来看,受互联网金融冲击最大的是金融稳定和货币政策,也就是其中的"货币政策风险"。货币政策风险衡量的就是互联网金融对货币供需和货币政策传导机制造成的一系列负面影响,进而削弱了其对实体经济的促进作用和宏观调控的有效性。不仅如此,随着互联网金融纵深发展,其与经济发展各横切面、市场主体的不同行为场景以及产业不同部门间的互动、融合交流也越发频繁。长期以来作为我国经济调节的政策工具,货币政策发生作用的宏观环境、微观生态以及锚定目标都发生了很大变化,进而使货币政策传导机制有效性在互联网金融发展中面临诸多不确定性。为此,本书借鉴相关理论,以货币政策在互联网金融中的传导机制的理论分析、互联网金融发展的国际监管经验为基础,刻画我国互联网金融发展现状及其趋势以及"互联网金融元年"后我国货币政策操作实践及其互联网金融关注要点,解构货币政策与互联网金融发展的协调性、相互关系,从多维度实证互联网金融发展对货币政策传导机制的影响,进而提出在互联网发展大背景下,货币政策操作路径选择与政策建议。研究所得的结论如下:

(1)理论分析表明互联网金融发展会从金融市场和金融机构两个层面对货币政策造成影响。互联网金融发展增大了货币乘数和货币供应量,在金融市场途径和金融机构途径方面都对货币政策传导机制形成了较大冲击。在金融市场层面,互联网金融发展加剧了利率上涨、资产价格以及汇率下跌预期,使货币政策陷入"流动性陷阱"。在金融机构层面,互联网金融发展提升了商业银行揽储成本、挤压了其创利空间，压抑了商业银行信贷供给意愿，逆向选择风险和道德风险陡增、降低了抵押资产价值，增加了实体经济融资成本和冲击货币政策效力。辅助案例表明，即使用于便利交易需求的基础货币在很大程度上完全消除，货币政策也应继续有效，宏观经济是否稳定只与央行控制短期名义利率的能力有关，货币政策的效力仍将继续有效，特别是通过使用"渠道"制度执行政策等。

（2）国外互联网金融监管对于我国互联网金融健康发展有重要借鉴意义。梳理世界主要国家互联网金融监管的主要经验，凝练国外互联网金融监管的一般特征，在很大程度上是为了在借鉴国外互联网金融监管经验的基础上，寻求与我国经济发展阶段、互联网金融成长现实相兼容的互联网金融监管路径。这些经验体现在：一是在成长初期适宜采用宽松政策；二是将互联网金融纳入政策监管体系；三是监管持续性和反馈机制构建；四是实现机构监管向功能监管转变；五是强调消费者权益保护。

（3）我国互联网金融发展总体处于成长初期阶段，但不同业态发展差异明显，货币政策操作应兼顾结构性特征。研究基于 Logistic 成长曲线刻画我国互联网金融发展总体及其业态的发展阶段特征。研究发现，在总体层面我国互联网金融发展处于成长初期阶段，发展空间十分巨大。在不同业态层面，互联网支付和互联网投资均处于成长初期阶段，互联网货币基金和互联网保险处于成长后期阶段。从生命周期全过程来看，我国互联网金融各业态发展存在显著的差异性特征。虽然各互联网金融业态的发展阶段并不一致，但各互联网金融业态均会在 2022 年全部迈入生命周期的成熟阶段。也正是因为互联网金融发展的阶段差异性，货币政策才不能"一刀切"，应体现结构性特征。

（4）我国货币政策和互联网金融之间的协调度呈现不断下降态势，价格型货币政策比数量型政策的失衡程度更为严峻。本书基于静态协调系数和动态协调系数的双重测算发现，货币政策和互联网金融发展的失衡状态不断增加并不断恶化。在很大程度上反映了我国货币政策在调控互联网金融发展中的"错位"，也在一定程度上宣告货币政策传导机制失效。从结构层面来看，互联网金融发展对于价格型货币政策的冲击要比数量型货币政策的冲击幅度更大，价格型货币政策与互联网金融协调发展之路也更为艰难。这与学术界现有研究成果以及美国案例佐证中所认定的"在对互联网金融发展中，价格型货币政策的传导更为有效"的结论并不一致。

（5）数量型货币政策和价格型货币政策均是互联网金融发展的格兰杰原因，数量型货币政策产生"加剧效应"，价格型货币政策发挥"抑制作用"。本书基于格兰杰因果关系检验的前沿发展成果——非参数格兰杰因果关系检验,以及基于二元移动窗口函数的滚动相关系数方法,从总体和分业态的双重维度,实证揭示我国互联网金融发展和货币政策关系及其相关性。研究发现:总体来看,无论是数量型货币政策还是价格型货币政策均是互联网金融发展的格兰杰原因且存在强相关关系。货币政策应干预互联网金融发展。但需要注意的是,两种政策类型的作用方向并不相同。数量型货币政策产生加剧效应,价格型货币政策发挥抑制作用。从互联网金融业态结构层面来看,数量型货币政策是互联网支付、互联网投资、互联网货币基金、互联网保险的格兰杰原因且存在相关性。但价格型货币政策在这方面则并不同。价格型货币政策是互联网支付、互联网保险的格兰杰原因而且与两者存在相关性。虽然价格型货币政策与互联网货币基金及互联网投资存在相关性,但并不是两者的格兰杰原因。可以看出,在业态结构层面,数量型货币政策覆盖面更广、力度更强,尤其是在互联网货币投资和互联网货币基金干预方面,数量型货币政策存在绝对优势、占据主导地位。

(6) 在样本区间内,互联网金融发展已经对我国经济增长产生了不良影响,但货币政策影响存在显著滞后效应。本书以我国省际季度面板数据,构建动态面板模型,从经济增长的角度来看,实证互联网金融对货币政策具有有效性的影响。研究发现,互联网金融发展及其滞后对经济增长的影响均显著为负,实证结果充分证实在样本区间内互联网金融发展已经对经济增长产生了不良影响。且随着时间推移,这种不良影响会延续下去。另外,互联网金融发展与货币政策的交互项对当期经济增长的影响也为负,尤其是引入所有变量后,虽然互联网金融发展对货币政策有效性的影响仍为负,但是并没有通过显著性检验。互联网金融发展对货币政策有效性影响存在较大的不确定性,但是两者的交互影响存在"滞后效应"。在滞后一期后,互联网金融发展和货币政策的交互影响对经济增长的影响显著为正,这也充分说明,在互联网金融发展中,货币政策有效性亦存在"时滞效应",新时期货币政策应继续关注互联网金融发展。

(7) 互联网金融发展对邻近地区的经济增长影响显著为负,互联网金融发展具有很强的"极化效应"。货币政策干预互联网金融发展后会对邻近区域经济增长产生显著的促进作用。本书继续构建静态空间面板模型和动态空间面板模型,在考察上述模型稳健性的基础上,继续解释各变量的空间效应。互联网金融发展对邻近地区的经济增长的影响效应也显著为负,互联网金融发展具有"极化效应"。货币政策和互联网金融发展的交互项对邻近区域经济增长的影响显著为正。研究结论充分证明了货币政策作为总量调控政策的根本属性。当货币政策干预互联网金融发展后，会对邻近区域经济增长产生显著的促进作用，但是现行影响系数较小。这与非参数检验结果、动态面板实证检验结果存在一致性。因此，货币政策干预互联网金融发展不仅会对本区域的经济增长产生促进作用，也会对邻近区域经济增长产生显著促进作用。另外，我们还要看到，货币政策和互联网金融发展的交互项对邻近区域经济增长的边际影响系数仍相对较小。这说明货币政策不仅要干预互联网金融发展，在政策层级、覆盖范围、政策力度等方面也都需要进一步强化。

（8）货币政策对互联网金融的干预强度不同，互联网金融发展对经济增长的影响效应存在不确定性。研究发现，在货币政策低门槛区间，互联网金融发展对货币政策目标经济增长的影响效应一般为正；在货币政策中门槛区间和高门槛区间，互联网金融发展对经济增长的影响效应基本为负。这说明对于互联网金融发展应该贯彻适度从紧的货币政策，干预互联网金融发展。从我国互联网金融发展中所面临的诸多问题来看，制定适度从严的货币干预政策，对于实现货币政策的经济增长目标有重要的指导价值和理论支撑。但需要注意的是，在货币政策干预互联网金融发展时，也应考虑"三驾马车"的拉动作用，以及货币政策与财政政策的协同配合作用等外在因素，切记"一刀切"，以免挫伤互联网金融主体进行金融创新的积极性以及在我国普惠金融体系中的重要贡献和突出作用，力争"去粗取精、去伪存真"，在防范互联网金融风险的基础上，引导互联网金融服务实体经济并做出贡献。

第二节 政策建议

（1）强化货币政策对互联网金融的调控力度。实证结论得知：虽然互联网金融发展对货币政策有效性已经产生了不良影响，但是互联网金融发展中货币政策效力有一定时滞性，滞后一期后货币政策可以起到规范互联网金融发展和促进经济增长的作用。因此，在对互联网金融发展进行监管时，货币政策仍应有较大发挥空间，应关注互联网金融发展。在进入新常态的现实背景约束下，一方面，央行应强化对互联网金融机构和商业银行间的同业存款征收法定存款准备金，这样可以达到增加互联网金融机构资金获取成本、降低市场利率，引导资金流向实体经济和实体性产业转变；另一方面，央行应发挥再贴现、再贷款在基础货币投放过程中的重要作用，适时降低再贷款利率和再贴现利率，降低同业拆借的资金运用成本,减缓商业银行因资金获取成本过高,而向实体企业转嫁成本的意愿,进而降低实体经济发展的融资成本和增强服务实体经济能力、提升货币政策传导效力的目的。

在结构层面,货币政策的制定也应调整思路,秉承激励、引导的基本原则,把握政策尺度、力度,适时增加"结构性"权重,充分考虑不同货币政策类型在互联网金融不同业态之间的结构差异、承受力度以及回馈效果,使货币政策调控能够随着互联网金融结构变迁适时调整,在增强货币政策调控效力的同时,有的放矢,增强货币政策的针对性、精准性。参照实证结论,尽管数量型货币政策对互联网支付、互联网货币基金、互联网投资和互联网保险等主要互联网金融业态都存在适用性,但是价格型货币政策却只适用于互联网支付和互联网保险,对于互联网货币基金和互联网投资并不适用。当然,需要注意的是,有些互联网金融业态,如互联网支付和互联网投资,则需要数量型货币政策和价格型货币政策相互配合、共同发力。唯有此,才能全面提升货币政策的作用效果。

(2) 做好金融综合统计,增强货币政策操作指标精度。互联网金融提升了货币供应量和增大了货币乘数,改变了货币层次结构,长期以来使数量型货币政策所依赖的中间变量 M_2,在很大程度上对货币政策工具反应的灵敏性、关联性、精准性不断下降,M_2 的可控性受到互联网金融发展的严峻挑战。当然,这背后反映的实质问题是,我国现行的 M_2 的统计口径与互联网金融发展大背景下的不兼容、不匹配是有很大关系的。可以说,现行货币层次统计口径没有办法满足互联网发展中的新形势、新要求。拓展统计口径,增强货币政策操作指标精度就显得较为迫切。

为此,在互联网金融发展中,首先,要重新界定、完善流动性划分标准,创新货币层次统计口径、统计工作方法,逐步建立和完善互联网金融数据统计监测体系,将第三方支付机构在网络支付、银行卡收单和预付卡发行中所形成的高流动性货币纳入统计范畴,并密切关注其在货币层次中的占比及其动态变化。其次,逐步将 P2P 网贷、互联网股权众筹等主要互联网金融新兴业态纳入社会融资规模的统计中,增强货币政策操作目标的量化精度及其与货币政策之间的关联度,实现货币层次统计与新发展、新变化同步。此外,由于互联网金融产品大多是"交叉性"金融产品,因此,要建立交叉性金融产品统计制度,对跨市场、跨行业、跨部门、跨期限的金融活动进行统计和监测。在监测对象方面,重点监测从事互联网金融行业的金融控股公司的金融活动,聚焦风险薄弱环节,支持内部交易关联判断和外部风险传染识别,逐步规范互联网金融行业及其发展,增强货币政策效力和顺利达成货币政策预期目标。

（3）转变货币政策中介目标，提升决策科学性。将互联网金融活动纳入统计体系只能在短期内起到提升货币政策操作有效性的作用，无法"标本兼治"。要达成这一双重目标，必须实现货币政策中介目标的转变。当前，对于货币供应量的锚定是我国货币政策操作的最为重要的中介目标。但是按照本书中对于美国的案例分析揭示，随着支付技术的进步以及现代支付体系的建立，对货币政策影响最大的就是这一指标，但对于锚定同业拆借利率的美国货币政策操作实际则并未有很大影响，甚至货币政策操作框架也并不需要改变就可以抵御互联网金融的冲击。

从这个角度来看，我国继续锚定货币供应量或者信贷规模的做法可能会形成制度背离的问题，转变货币政策中介目标就是发展的必由之路和理性抉择。新时期应选择新的货币政策中介指标，如选择利率，并将最终目标锚定为稳定物价这一单一目标。随着我国利率市场化的推进，选取这一中介指标所具备的制度条件已经满足。新时期要继续推进利率市场化，建立以数量型货币政策和价格型货币政策为主的互动机制。根据新时代我国利率市场化的新特点、新变化、新特征，全面增强互联网金融中介的自主定价能力、风险管理水平、信用创造能力以及对基准利率的敏感性、接受性，通过市场"自发机制"扫清货币政策传导障碍和实现货币政策目标。

（4）深入推进利率市场化，扫清货币政策传导障碍。虽然互联网金融发展增大了货币乘数和增加了货币供应量，但却使利率上升和资产价格下降，强化了货币政策的"流动性陷阱"困境。从表面上来看，这似乎是互联网金融机构和商业银行在现行约束条件下由于市场分割和利润竞争所形成的"零和博弈"结果，但从本质上来看，所揭示的核心实质问题是我国利率市场化不够彻底、体制机制改革掣肘。虽然存款利率上限放开后，我国利率市场化迈入了新阶段，但并不意味着我国利率市场化已经终结，新时期利率市场化改革仍应继续深化、扫清货币政策传导机制障碍。

为此，一是应根据新时期我国推进利率市场化进程新特点、新方向，丰富我国货币政策调控工具箱，更加注重互联网金融时期利率变化的新特征，引导社会预期，建立与市场主体和社会公众互动的沟通机制，增强新型互联网金融产品对政策利率的敏感性、可接受程度，借助市场自发机制实现货币政策操作目标和增强货币政策效力。二是健全法定准备金制度，引导市场利率下行。将互联网金融机构纳入法定准备金征收体系，对互联网金融机构的同业存款征收法定准备金，并适当降低法定准备金比率，在防范风险的同时，增加其经营成本和降低收益率，引导其将资金投向其他短期性金融工具，降低货币市场利率。

（5）服务实体经济，增强货币政策可控力。货币政策传导机制体现的是产品市场和货币市场间的互动关系和作用机制。货币政策干预的最终目的是为实体经济发展保驾护航。从这个角度来说，在互联网金融发展中，货币政策之所以不确定、风险性陡增，从某种意义上来说，是与互联网金融自身发展属性和投资的金融化、虚拟化存在密切关联的。互联网金融机构一般将资金投向货币市场、资本市场、债券市场、外汇市场等虚拟经济领域，在很大程度上与实体经济存在脱节和背离，在现实中形成了互联网金融不断膨胀但实体经济融资仍然困难、成本仍然高昂的现实困境，"资金空转"问题表现十分突出。

所以，在互联网发展大背景下，要增强货币政策效力，互联网金融应明确定位，始终坚持"服务实体经济"的根本宗旨，引导资金投向基础设施建设、节能环保工程、智能制造、能源建设、现代服务业等与我国经济社会发展密切相关的重点领域以及创新、研发和消费等实体经济关键环节，不断满足实体经济发展对于多元化资金的需求、全面提升其服务实体经济、促进供给侧结构性改革的能力和效率，形成互联网金融发展与实体经济交互作用、相互支撑的良性格局，奠定货币政策调控的前提框架和制度土壤，全面增强货币政策的调控能力。

参考文献

[1] Allen F., Mcandrews J., Strahan P. E-Finance: An Introduction [R]. Center for Financial Institutions Working Papers, 2002 (1): 5 – 27.

[2] Almaaitah M., Shatat A., Kumar E. R. Empirical Study in the Security of Electronic Payment Systems [J]. International Journal of Computer Science Issues, 2011 (4): 448 – 455.

[3] Anselin L. A Test for Spatial Autocorrelation in Seemingly Unrelated Regressions [J]. Economics Letters, 1988, 28 (4): 335 – 341.

[4] Baek B., Wa A. Nonparametric Test for Independence of a Multivariate Time Series [R]. Working Paper, 1992 (1): 137 – 156.

[5] Bernanke B. S. Federal Reserve Policy in an International Context [J]. IMF Economic Review, 2017, 65 (1): 5 – 36.

[6] Davoodalhosseini S. M. Central Bank Digital Currency and Monetary Policy [M]. Social Science Electronic Publishing, 2017.

[7] Diks C., Panchenko V. Rank-based Entropy Tests for Serial Independence [J]. Studies in Nonlinear Dynamics & Econometrics, 2006 (1): 2.

[8] Freedman S., Jin G. Z. Do Social Networks Solve Information Problems for Peer-to-Peer Lending? Evidence from Prosper.com [J]. Social Science Electronic Publishing, 2008 (1): 8 – 43.

[9] Friedman M., Schwartz A. J. A Monetary History of the United States, 1867 – 1960 [J]. Nber Books, 1963, 70 (1): 512 – 523.

[10] Granger C. W. J. Investigating Causal Relations by Econometric Models and Cross-spectral Methods [J]. Econometrica, 1969 (3): 424 – 438.

[11] Hansen A. H. Fiscal Policy and Business Cycles [M]. Routledage, 2013.

[12] Herrero-Lopez S. Social Interactions in P2P Lending [C]. The Workshop on Social Network Mining & Analysis. DBLP, 2009.

[13] Hicks J. R. Keynes and the Classics: A Suggested Interpretation [J]. Econ-

ometrica, 1937, 5 (2): 147 – 159.

[14] Hiemstra C., Jones J. D. Testing for Linear and Nonlinear Granger Causality in the Stock Price-Volume Relation [J]. The Journal of Finance, 1994 (5): 1639 – 1664.

[15] Keynes J. M. The General Theory of Employment [J]. Quarterly Journal of Economics, 1937, 51 (2): 209 – 223.

[16] Kshetri N. Informal Institutions and Internet-based Equity Crowdfunding [J]. Journal of International Management, 2017 (7): 1 – 25.

[17] Mishkin F. S. Central Banking in a Democratic Society [M]. Central Banking, Monetary Policies, and the Implications for Transition Economies, 1999.

[18] Mollick E. The Dynamics of Crowdfunding: An Exploratory Study [J]. Journal of Business Venturing, 2014 (1): 1 – 16.

[19] Mundell R. A. Capital Mobility and Stabilization Policy Under Fixed and Flexible Exchange Rates [J]. Canadian Journal of Economics and Political Science, 1963, 29 (4): 11.

[20] Oyewole O. S., Gambo J., Abba M., et al. Electronic Payment System and Economic Growth: A Review of Transition to Cashless Economy in Nigeria [J]. International Journal of Scientific Engineering & Technology, 2013, 2 (9): 913 – 918.

[21] Pace R. K., Lesage J. P. A Sampling Approach to Estimate the Log Determinant Used in Spatial Likelihood Problems [J]. Journal of Geographical Systems, 2009, 11 (3): 209 – 225.

[22] Parker S. C. Crowdfunding, Cascades and Informed Investors [J]. Economics Letters, 2014 (3): 432 – 435.

[23] Perron P., Qu Z. A. Simple Modification to Improve the Finite Sample Properties of Ng and Perron's Unit Root Tests [J]. Economics Letters, 2006 (1): 12 – 19.

[24] Pierce M., Tewari. H. Electronic Payment Systems for E-Commerce [J]. Electronic, 2001 (10): 85 – 99.

[25] Powell J. L., Stoker T. M. Optimal Bandwidth Choice for Density-weighted Averages [J]. Journal of Econometrics, 1996 (2): 291 – 316.

[26] Riggins F. J., Weber D. M. A Model of Peer-to-peer (P2P) Social Lending in the Presence of Identification Bias [C]. Proceedings of the 13th International Con-

ference on Electronic Commerce. ACM, 2011.

[27] Scott A. Interest and Prices: Foundations of a Theory of Monetary Policy [J]. Economica, 2005, 72 (287): 550-552.

[28] Sharp A. M. Crowdfunding Success Factors [J]. International Research Journal of Applied Finance, 2014 (7): 822-832.

[29] Stiglitz J. E., Weiss A. Credit Rationing in Markets with Imperfect Information [J]. American Economic Review, 1981 (3): 393-410.

[30] Teoh W. M., Chong S. C., Lin B. Factors Affecting Consumers' Perception of Electronic Payment: An Empirical Analysis [J]. Internet Research, 2013 (4): 465-485.

[31] Tobin J. A General Equilibrium Approach To Monetary Theory [J]. Journal of Money Credit & Banking, 1969, 1 (1): 15-29.

[32] Vismara S. Information Cascades Among Investors in Equity Crowdfunding [J]. Entrepreneurship Theory & Practice, 2015 (1): 11519.

[33] Woodford M. Monetary Policy in a World Without Money [J]. International Finance, 2000 (2): 229-260.

[34] Wright D. Comparative Evaluation of Electronic Payment Systems [J]. Information Systems & Operational Research, 1999 (1): 71-85.

[35] 曹凤岐. 互联网金融对传统金融的挑战 [J]. 金融论坛, 2015 (1): 3-6.

[36] 陈凯麟, 蒋伏心. "供给侧"改革背景下的证券公司发展战略研究——基于互联网金融模式下的 GL 证券公司实证研究 [J]. 经济体制改革, 2017 (2): 100-106.

[37] 陈麟, 谭杨靖. 互联网金融生态系统发展趋势及监管对策 [J]. 财经科学, 2016 (3): 49-57.

[38] 陈韬, 陶斌智. 创新视角下的互联网金融发展 [J]. 国际金融, 2014 (12): 60-67.

[39] 陈小亮, 陈彦斌. 供给侧结构性改革与总需求管理的关系探析 [J]. 中国高校社会科学, 2016 (3): 67-78.

[40] 丁攀, 李素芳. 中国货币政策对城乡居民收入的有效性研究——FAVAR 模型的全视角分析 [J]. 经济科学, 2014 (4): 39-49.

[41] 鄂奕洲, 乔玉洋, 刘子超. 互联网金融模式演进与风险识别研究——

基于系统科学视角 [J]．华东经济管理，2016 (3)：91 - 96．

[42] 方兴，郭子睿．第三方互联网支付、货币流通速度与货币政策有效性——基于 TVP-VAR 模型的研究 [J]．经济问题探索，2017 (3)：183 - 190．

[43] 冯乾，王海军．互联网金融不当行为风险及其规制政策研究——以市场诚信、公平竞争与消费者保护为核心 [J]．中央财经大学学报，2017 (2)：24 - 31．

[44] 顾海峰，杨立翔．互联网金融与银行风险承担：基于中国银行业的证据 [J]．世界经济，2018 (10)：75 - 100．

[45] 郭路，刘霞辉，孙瑾．中国货币政策和利率市场化研究——区分经济结构的均衡分析 [J]．经济研究，2015 (3)：18 - 31．

[46] 何飞，张兵．互联网金融的发展：大数据驱动与模式衍变 [J]．财经科学，2016 (6)：12 - 22．

[47] 何启志，彭明生．互联网金融、股票市场与中小企业发展 [J]．财政研究，2017 (9)：88 - 101．

[48] 何师元．"互联网 + 金融"新业态与实体经济发展的关联度 [J]．改革，2015 (7)：72 - 81．

[49] 胡志九．银行业黄金 10 年与转型关口：中国银监会年报例证 [J]．改革，2016 (3)：61 - 73．

[50] 黄小英，许永洪，温丽荣．商业银行同业业务的发展及其对货币政策信贷传导机制的影响——基于银行微观数据的 GMM 实证研究 [J]．经济学家，2016 (6)：24 - 34．

[51] 姜松，黄庆华，王钊．FDI、门槛效应与房地产业发展——基于 1999 ~ 2010 年省际面板数据的实证 [J]．软科学，2013，27 (7)：7 - 12．

[52] 姜松，黄庆华．互联网金融发展与经济增长的关系——非参数格兰杰检验 [J]．金融论坛，2018 (3)：6 - 23．

[53] 姜松，周虹．互联网金融发展与货币政策传导机制：冲击与应对 [J]．河北经贸大学学报，2019 (1)：41 - 49．

[54] 姜松，周虹．中国互联网金融发展、货币政策与经济增长——基于省际季度动态面板的实证 [J]．金融与经济，2018 (4)：32 - 37．

[55] 孔丹凤，Bienvenido S. Cortes，秦大忠．中国货币政策省际效果的实证分析：1980 ~ 2004 [J]．金融研究，2007 (12)：17 - 26．

[56] 李炳，赵阳．互联网金融对宏观经济的影响 [J]．财经科学，2014

(8): 21-28.

[57] 李继尊. 关于互联网金融的思考 [J]. 管理世界, 2015 (7): 1-16.

[58] 李克穆. 互联网金融的创新与风险 [J]. 管理世界, 2016 (2): 1-2.

[59] 李宁. 利率市场化与货币政策传导——基于DSGE模型的分析 [J]. 浙江金融, 2017 (1): 7-12.

[60] 李渊博, 朱顺林. 互联网金融创新与商业银行经济发展的关系研究——基于省级面板数据的因果关系检验 [J]. 南方经济, 2014 (12): 36-46.

[61] 林辉, 杨旸. 互联网金融及其在中小企业融资中的应用研究 [J]. 华东经济管理, 2016 (2): 8-13.

[62] 刘芬华, 吴非, 李华民. 互联网金融: 创新金融体征、泡沫风险衍生与规制逻辑 [J]. 经济学家, 2016 (6): 35-42.

[63] 刘海二, 石午光. 互联网金融的理论焦点与理论分歧 [J]. 经济学家, 2015 (5): 62-67.

[64] 刘澜飚, 齐炎龙, 张靖佳. 互联网金融对货币政策有效性的影响——基于微观银行学框架的经济学分析 [J]. 财贸经济, 2016 (1): 61-73.

[65] 刘柳, 屈小娥. 互联网金融改善了社会融资结构吗?——基于企业融资选择模型 [J]. 财经论丛: 浙江财经学院学报, 2017 (3): 38-48.

[66] 刘志阳, 黄可鸿. 梯若尔金融规制理论和中国互联网金融监管思路 [J]. 经济社会体制比较, 2015 (2): 64-73.

[67] 吕凯波, 王晓荣. 颠覆抑或补充: 互联网金融发展对中国金融业的影响 [J]. 经济体制改革, 2017 (4): 147-152.

[68] 马孝先. 金融去杠杆下商业银行对小微企业信贷配给的机制分析 [J]. 宏观经济研究, 2018 (11): 17-25.

[69] 马勇, 陈雨露. 经济开放度与货币政策有效性: 微观基础与实证分析 [J]. 经济研究, 2014 (3): 35-46.

[70] 潘彬, 王去非, 金雯雯. 时变视角下非正规借贷利率的货币政策反应研究 [J]. 金融研究, 2017 (10): 52-67.

[71] 全颖, 杨大光. 互联网金融发展、支付货币电子化及对货币供给的影响 [J]. 中国流通经济, 2016 (7): 122-128.

[72] 邵腾伟, 吕秀梅. 新常态下我国互联网消费金融的表现、作用与前景

[J]. 西部论坛，2017（1）：95-106.

[73] 申创，赵胜民. 市场竞争度、非利息业务对商业银行效率的影响研究[J]. 数量经济技术经济研究，2017（9）：145-160.

[74] 沈悦，郭品. 互联网金融、技术溢出与商业银行全要素生产率[J]. 金融研究，2015（3）：160-175.

[75] 史小坤，邢雯倩，董雪慧. P2P网络借贷的羊群行为及其信息驱动[J]. 金融与经济，2017（7）：10-15.

[76] 孙大超，王博，Wang Gang. 银行业垄断是导致货币政策抑制中小企业的原因吗[J]. 金融研究，2014（6）：99-114.

[77] 孙杰，贺晨. 大数据时代的互联网金融创新及传统银行转型[J]. 财经科学，2015（1）：11-16.

[78] 汤凌冰，彭品，罗长青. 互联网金融对利率影响的实证研究[J]. 求索，2016（8）：109-114.

[79] 陶娅娜. 互联网金融发展研究[J]. 金融发展评论，2013（11）：58-73.

[80] 滕超，叶蜀君. 互联网金融发展对我国金融结构的影响分析[J]. 深圳大学学报（人文社会科学版），2016（6）：97-101.

[81] 汪炜，郑扬扬. 互联网金融发展的经济学理论基础[J]. 经济问题探索，2015（6）：170-176.

[82] 王宝森，王迪. 互联网供应链金融信用风险度量与盯市管理[J]. 中国流通经济，2017（4）：77-84.

[83] 王达. 论美国互联网金融的主要模式、演进及启示[J]. 亚太经济，2014（4）：70-73.

[84] 王达. 美国互联网金融的发展及其影响[J]. 世界经济研究，2014（12）：41-46.

[85] 王达. 美国互联网金融的发展及中美互联网金融的比较——基于网络经济学视角的研究与思考[J]. 国际金融研究，2014（12）：47-57.

[86] 王爽. 货币政策效应区域差异化的诱因：政府行为[J]. 金融发展研究，2009（3）：31-34.

[87] 王馨. 互联网金融助解"长尾"小微企业融资难问题研究[J]. 金融研究，2015（9）：128-139.

[88] 王钊，姜松. 我国蔬菜价格变动的空间计量分析[J]. 农业技术经

济，2013（11）：4-14.

[89] 吴成颂，周炜，张鹏. 互联网金融对银行创新能力的影响研究——来自62家城商行的经验证据 [J]. 贵州财经大学学报，2016（3）：54-65.

[90] 吴晓求. 互联网金融：成长的逻辑 [J]. 财贸经济，2015（2）：5-15.

[91] 肖大勇，胡晓鹏. 互联网金融体系的信用创造机制与货币政策启示 [J]. 福建论坛（人文社会科学版），2014（1）：50-55.

[92] 谢平，邹传伟，刘海二. 互联网金融监管的必要性与核心原则 [J]. 国际金融研究，2014（8）：3-9.

[93] 谢平，邹传伟. 互联网金融模式研究 [J]. 金融研究，2012（12）：11-22.

[94] 闫真宇. 关于当前互联网金融风险的若干思考 [J]. 浙江金融，2013（12）：40-42.

[95] 杨德勇，刘笑彤，赵袁军. 互联网金融背景下中国货币政策工具的使用研究——基于金融市场反应机制及VEC模型的实证分析 [J]. 武汉金融，2017（2）：26-32.

[96] 杨东. 互联网金融的法律规制——基于信息工具的视角 [J]. 中国社会科学，2015（4）：107-126.

[97] 杨东. 互联网金融风险规制路径 [J]. 中国法学，2015（3）：80-97.

[98] 战明华，张成瑞，沈娟. 互联网金融发展与货币政策的银行信贷渠道传导 [J]. 经济研究，2018（4）：65-78.

[99] 张红伟，徐镱菲. 基于动态博弈模型透视互联网金融监管的适度性 [J]. 金融经济学研究，2016（5）：75-84.

[100] 张晶. 互联网金融：新兴业态、潜在风险与应对之策 [J]. 经济问题探索，2014（4）：81-85.

[101] 张文庆，李明选，孟赞. 互联网金融对传统货币政策影响的实证研究——基于第三方支付视域 [J]. 烟台大学学报（哲学社会科学版），2015（3）：98-104.

[102] 张晓慧. 中国宏观经济货币政策研究 [M]. 北京：中国金融出版社，2012.

[103] 郑联盛. 中国互联网金融：模式、影响、本质与风险 [J]. 国际经

济评论，2014（5）：103 - 118.

［104］郑志来. 互联网金融对我国商业银行的影响路径——基于"互联网 +"对零售业的影响视角［J］. 财经科学，2015（5）：34 - 43.

［105］中国互联网金融协会. 2016 中国互联网金融年报［M］. 北京：中国金融出版社，2016.

［106］中国人民银行惠州市中心支行课题组. 互联网金融对货币政策传导的影响研究［J］. 武汉金融，2016（3）：18 - 21.

［107］周应恒，巩世广. 互联网金融的后发优势：国际经验与引申［J］. 改革，2016（2）：56 - 68.

［108］邹静，王洪卫. 互联网金融对中国商业银行系统性风险的影响基于 SVAR 模型的实证研究［J］. 财经理论与实践，2017，38（1）：17 - 23.

［109］邹新月，罗亚南，高杨. 互联网金融对我国货币政策影响分析［J］. 湖南科技大学学报（社会科学版），2014（4）：84 - 89.

后 记

互联网金融发展是前沿领域，对于该领域的研究成果在最近几年呈直线上升态势。但从研究成果的性质来看，大部分研究属于定性研究，定量研究还十分稀缺，而且受限于数据、统计口径等因素，成果进展十分缓慢。尤其是将其与货币政策及其传导机制联系起来进行系列性、探索性的研究成果还并不多见。从这个角度来说，本书就有一定的市场价值和社会效应。有鉴于此，本书充分运用了北京大学数字金融研究中心所编制的"互联网金融发展指数"，将其同货币政策量化指标联系起来，探讨互联网金融发展阶段、相互关系及其对货币政策传导机制的影响效应，得到了卓有成效的研究结论。

因此，借本书成稿之际，向北京大学互联网金融研究中心表示衷心感谢。由于该数据只测算到 2016 年 3 月，其后并未进行更新，因此，也就无法反映统计日期之后的最新样本情况。虽然在本书中运用了更适宜小样本估计的非线性方法或通过构造面板数据的方式来扩充样本容量，但由于运用的数据是月度数据，可能仍无法达到大样本、大数据计量的目的，因而，部分内容也就并未展开、部分结论也就并未拓展。这些都需要在后续研究中继续予以完善。因此，所得到的研究结论，也只能作为现有样本容量下的参考，不能进行过度演绎、过分推演。

除数据约束以外，该研究中所得到的相关结论也有待实践发展的进一步检验。研究中运用 Logistic 成长曲线来模拟互联网金融发展的成长阶段、比较各业态成长阶段的差异性和推断"拐点时间"。虽然在本书中尽可能用线性估计和非线性估计等方法进行综合估计来计算生命周期成长曲线的拐点时间，并据此来研判互联网金融及其各业态所处的发展阶段和推断迈过拐点的时间，但事实上，这里面有个非常重要的前提条件，就是研究中假定的互联网金融及其各业态是按照 Logistic 成长曲线规律进行的。随着金融市场改革、制度创新以及外部环境的改变，互联网金融及其各业态的成长规律有可能发生变化甚至"突变"。所以，从这个角度来说，本书中所推演出来的拐点时间，有可能与实际情况存在一定背离。此部分研究成果，只供学者认识互联网金融成长规律和决策部门制定相关政策作为参考，而不是互联网金融及其业态发展的真实拐点时间，这一点需要格外说明。

互联网金融和货币政策之间的关系与传导机制也是十分复杂的，本书中对于两者关系的揭示也是从数据层面予以推断和论证的。虽然在理论分析部分，本书也给出了货币政策在互联网金融中的理论传导机制，但仍是传统的定性分析和辅助案例支撑，而不是基于严格假设和数理推导凝练形成的一般特征和规律。所以，该部分的研究结论从本质上来说，并未跳出传统货币政策传导机制框架，仍是对传统货币政策传导机制的改进或者"修补"，而并不是"另起炉灶"。这一点需要特别提出。

还有一点需要说明的是，货币政策目标是多元的，基本上涵盖经济增长、物价稳定、充分就业、国际收支平衡四大战略目标。因此，要系统地刻画互联网金融对货币政策传导机制的影响效应，必须从多方面进行、多维度比较。但本书中主要从经济增长的角度进行，揭示互联网金融发展对货币政策传导机制的影响。因为观测数据样本的限制，单纯从经济增长的角度无法对互联网金融影响货币政策效果和有效性进行全面"体检"。在这方面后续研究亟待深化。随着新时期数据的完善，需要从四大目标的综合比较层面进行深入研究，以实现研究的深化，力争挖掘更多新发现、新结论。

最后需要说明的是，本书反映的只是著者在互联网金融发展和货币政策两者关系及传导机制等相关问题研究中的学术观点、方法运用和问题诊断，并不代表著者所在单位的基本立场和根本原则。

虽然本书还存在诸多改进的地方，但也是著者这一段成果的体现和观点的汇集。希望借助本书的出版途径和契机，能将本书中所传达的一些新理念、新方法、新结论，被学术同人广泛引用和传播。当然，也借此机会，向文中引用相关文献的作者表示诚挚敬意。你们的研究成果奠定了本书的逻辑起点和资料支撑。同时，本书的出版离不开家人的强有力支持、离不开学院领导的指导和关心，也借此机会向家人和学院领导表示衷心感谢。此外，本书是著者履职重庆市人文社会科学重点研究基地——劳动经济与人力资源研究中心副主任一职后所出的第一本专著，希望能为提升研究中心的辐射效应、社会影响力贡献微薄之力。最后，感谢经济管理出版社胡茜副主任和编辑、校对老师对本书的鼎力相助以及所付出的辛勤劳动。